in der zehnten Auflage:
jetzt mit europäischem Film-Ruhm

Hier eigenes Foto einkleben

10., völlig überarbeitete und erweiterte Auflage (Stand: Juni 1996)

72.–77. Tausend September 1996

Originalausgabe
Veröffentlicht im Rowohlt Taschenbuch Verlag GmbH,
Reinbek bei Hamburg, Oktober 1990
Umschlagillustration Dieter Wiesmüller
Umschlagtypographie Walter Hellmann
mit freundlicher Genehmigung der
Walt Disney Production Germany
alle Comics Ehapa Verlag mit freundlicher Genehmigung
der Walt Disney Production Germany

Gesetzt aus der Times (Linotron 202)
Gesamtherstellung Clausen & Bosse, Leck
Printed in Germany
1200-ISBN 3 499 18724 8

Hans Emge

Wie werde ich Unternehmer? *und die knallharte Antwort für 12 Mark*

rororo

Rowohlt

Dagobert Duck im Gespräch mit Dieter Wedel und Hans Emge

Wir führen seit 1983 Kurse für ExistenzgründerInnen durch. Seit 1985 bieten wir auch individuelle Gründungs- und Aufbauberatung an.

Wer sich dafür interessiert oder Anregungen und Kritik zum Buch hat, der möge uns schreiben.

Arbeitsgemeinschaft Unternehmensgründung
Postfach 1352
65434 Flörsheim am Main
Tel. 06145/8881

Alle zu nennen, die mich bei der Abfassung dieses Buches gewollt oder ungewollt unterstützt und inspiriert haben, wäre langweilig, für manche unfreiwillige Helfer sogar schädlich. Drei seien hervorgehoben: **Ernst Hacker** hat durch richtungsweisende Ratschläge dem Buch Klarheit gegeben. Er ist der Mentor dieses Buches.

Rainer Wernig pflegt seit einigen Auflagen die steuerlichen Aspekte. Endlich hat es ihm selbst genutzt: Er hat sich als Steuerberater selbständig gemacht.

Gabriele Bock entwickelte als Soziologin und Linguistin den gesellschaftlichen Hintergrund, vor dem Selbständige und Unternehmer agieren, und sorgte zudem für sprachliche Deutlichkeit.

Neu in der zehnten! Dagobert wird Vater.
Im zehnten Jahr und in der zehnten Auflage bekommt unser Dagobert-Buch ein Kind. Es heißt **Kuckuck**, und Dieter Mallmann (Obergerichtsvollzieher) ist der Autor. Schon wieder bei Rowohlt. Den Zeugungsakt dokumentieren wir: **Wenn der Gerichtsvollzieher zweimal klingelt**.

Das zweitschönste Geschenk machte uns Autor/Regisseur Dieter Wedel (Der große Bellheim). Er will seine legendäre Familie Semmeling (Geschichte eines Hausbaus) fortsetzen, und wir dürfen ihn dabei beraten. Doch genug gefeiert. Gibt es denn schon wieder Neues für die neue Auflage? Mehr, als der Buchdeckel hält.

Bitte keine Werbung! geht von der Behauptung aus, daß die Menschen die Werbung satt haben. Was bedeutet das für Jungunternehmer?

In **Lohnkosten – Wurzel allen Übels?** versuchen wir einen Blick hinter die Kulissen zu werfen, weil uns die Standort-Deutschland-Diskussion doch etwas oberflächlich geführt scheint.

Ein Tag im wilden Osten wurde ausrangiert: Unser Beitrag zur Völkerverständigung.

Eigentlich wollten wir nur über die **Pappdeckeltragödie – ein deutsches Konditorenschicksal** schreiben. Es wurde mehr draus: **Sensibilität im Service**.

Und wie immer aktualisierte Zahlen und Daten.

Flörsheim am Main, im August 1996 — Hans Emge

INHALT

III. DIE FINANZIERUNG – OHNE MOOS NIX LOS 52

Von Gründern und Gründungen

Seit zehn Jahren rollt in Deutschland – ob Hochkonjunktur oder Krise – die Existenzgründungswelle. Und seit zehn Jahren begleiten wir mit fast jährlich einer neuen Auflage des Dagobert-Buches diese Entwicklung. Höchste Zeit, einmal unsere Erfahrungen mit den Gründertypen loszuwerden (Typistinnen eingeschlossen).

Die Motive zum Start in die Selbständigkeit sind vielfältiger geworden. Nach wie vor dominiert der Traum von Unabhängigkeit, Freiheit und Selbstbestimmung, der um so reizvoller erscheint, je gequälter, fremdbestimmter und trister das abhängige Arbeitsverhältnis sich gestaltet. Da gibt es keinen Unterschied zwischen Arbeiter- und Akademiker-Gründer. Nur noch Naive glauben mittlerweile, als Gründer das große Geld machen zu können. Immer mehr haben realistischere Zielsetzungen und wissen auch um die Härte der Anlaufzeit und das Risiko des Scheiterns.

Aber es ist ein bedeutender Unterschied, ob sich jemand aus freiem Willen zur Gründung entscheidet, oder ob die Not ihn treibt. Wer freiwillig den Sprung nie gewagt hätte, der wird auch als auf dem Arbeitsmarkt chancenloser Beschäftigungsloser nicht gerade die besten Startchancen haben. Not ist ein schlechter Ratgeber. Tragisch jedoch die Fälle, in denen verzweifelt versucht wird, mit einer Existenzgründung dem Leben neuen Sinn zu geben. Langzeitarbeitslose als Existenzgründer – Chancen wie in der Drogentherapie.

Stellten wir in der ersten Auflage des Dagobert-Buches noch das Gründungskapital in den Mittelpunkt der Betrachtungen, so erscheint uns heute die Gründerpersönlichkeit bedeutender. Wir sind überzeugt davon, daß es den Unternehmer-Typ und den Angestellten-Typ gibt. Der Angestellten-Typ ist für eine freie Gründung ungeeignet und läßt sich auch durch Schulung nicht umwandeln. In unseren Kursen haben wir daher das Ziel der Klärung, nicht der Umerziehung.*

Problem an der Sache ist nur: Wer hilft einem bei der Typen-Bestimmung? Eigentlich wäre das ein Feld für die psychologischen Berufe. Doch die versagen – nicht nur da – völlig. Banker und Berater

* siehe Kapitel «Anforderungen an den Gründer»

haben meist nicht die nötige Sensibilität. Außerdem würden sie sich beim Abraten eigene Geschäfte verderben. Ärgerlich vor allem dann, wenn der Gründer Geld mitbringt. Und schließlich: Es ist eine verdammt unangenehme Aufgabe, jemanden ins Gesicht sagen zu müssen, man halte ihn für nicht geeignet zum Unternehmer. Dies wird stets als Beleidigung aufgefaßt. Der Berater erntet dafür keinen Dank und wird nicht oder nur widerwillig für solche Ratschläge bezahlt.

Schließlich noch das Restrisiko: Man könnte sich irren. Die Literatur hilft sich mit mehr oder weniger stupiden «Fragebögen für Existenzgründer», verbunden mit einer Menge guter Ratschläge.

Im Mittelpunkt stehen stets Fragen wie: ob denn der Gründer körperlich so fit sei, um mehr als 14 Stunden täglich zu arbeiten und ob die liebe Familie moralische und praktische Unterstützung leiste.

Das alles geht am Kern vorbei. Kaum einer der mehreren tausend Gründer, die durch unsere Hände gingen, arbeitet regelmäßig 14 Stunden. Dies ist auch weder sinnvoll noch nötig. Unternehmer neigen jedoch dazu, die Zeitmessung äußerst unkorrekt zu betreiben (Fahrzeiten zum Arbeitsplatz, Pausen, Privatbesorgungen werden eingerechnet. Die Zeitmessung erfolgt praktisch von Haustür zu Haustür). Es ist aber gerade ein Zeichen von Einfältigkeit, sich anderen gegenüber durch die Länge des Arbeitstages legitimieren zu wollen, statt nur sich selbst gegenüber Rechenschaft abzulegen, und zwar über das Arbeitsergebnis. Auch mit der Familie, Frau und Freundin ist das so eine Sache. In den allermeisten Fällen steht die Frau der

Gründungsabsicht des Mannes sehr skeptisch gegenüber. Aber sie unterstützt ihn schließlich doch, wenn er es dann wirklich macht. Eine objektive Einschätzung der Gründerperson durch den Partner ist nicht zu erwarten. Eher dominiert grenzenloses Mißtrauen in die Fähigkeiten des Partners, verbunden mit Angst vor dem gemeinsamen Ruin. Bietet sich alternativ eine lukrativ bestellte «sichere» Festanstellung, wird Himmel und Hölle in Bewegung gesetzt, um am Sprung zu hindern.

Umgekehrt begleitet der Mann die Gründung seiner Frau wohlwollend. Allerdings wird sie nie so richtig für voll genommen, sondern oft als Hobby abgetan. Und Männer mischen sich sehr gerne ein, haben viele gute Ratschläge und spielen selbst gern den Unternehmer im Unternehmen der Frau, solange die Sache nicht wirklich in Arbeit auszuarten droht. Unangenehm berührt den Mann allerdingst stets, wenn er bei der Bank den Kreditvertrag mit unterschreiben soll.

Frauengründungen sind von Anbeginn an viel besser vorbereitet und auch viel ernsthafter als Männergründungen. Frauen überlegen länger und sind risikoscheuer. Nur bestimmte Frauentypen wagen es überhaupt zu gründen, weit eingeschränkter als bei Männern. Frauen scheitern seltener, aber der große Durchbruch bleibt ihnen auch meist verwehrt. Sie streben ihn aber bewußt weit seltener an als Männer.

Existenzgründung ist heute eine kurzlebigere Sache als früher. Kleinkapital muß Nischen nutzen, die oft nur phasenweise lukrativ sind. Und wie Ehe und Meuchelmord bedeutet eine Existenzgründung heute nicht mehr zwangsläufig lebenslänglich. Flexibel bleiben ist wichtiger denn je. Dabei schaden hohe Investitionen oder Ablösesummen für alteingesessene Geschäfte. Was sich nicht in wenigen Jahren wieder einspielen läßt, spielt sich häufig vermutlich gar nicht mehr ein.

Die Möglichkeiten, sich in der «freien Marktwirtschaft» zu ruinieren, sind heute nämlich vielfältiger denn je. Sie sollten dennoch nicht zu intensiv genutzt werden. Ein realistisches Bild von den Existenzbedingungen kleiner und mittlerer Unternehmen zu zeichnen und dabei Illusionen zu zerstören und durch Wissen zu ersetzen, ist Ziel dieses Buches. Wer es liest, ist zumindest vor blauäugigen Schritten gewarnt.

I. Vorbereitungsmaßnahmen zur Existenzgründung

1. Der ewige Traum

Wir alle kennen sie – die großen Geschäftemacher. Nach dem dritten Bier in der Kneipe beschließen sie, sich selbständig zu machen. In den meisten Fällen entscheiden sie sich dabei – ortsbeeinflußt – gleich für eine Kneipe, denn «gesoffen wird immer», wie man vor Augen hat. Mit dem Rausch verfliegt die Aktualität der Idee – nie jedoch die Idee selbst.

Andere schwärmen dagegen in nüchternem Zustand von «sozialen Projekten», möglichst mit pädagogischen Kindergärten, vielleicht auch von Therapie, Tanz und kommunikativem Café, wenn nicht gar von «rebirthing» und Bioenergetik.

Wieder andere fühlen sich wohler im Bereich von Verwaltungen und Kanzleien, Praxen und Shops, Klein- und Großhandel bis hin zu herkömmlichen oder «alternativen» Kaufhausprojekten. Und wer keine Ideen hat, aber trotzdem vom Gründerrausch erfaßt ist, kauft sich die Geschäftsideen bei Norman Rentrop. (Näheres hierzu in den Schluß-Exkursen.)

Solche mehr oder weniger unterhaltsamen Gespräche können bestenfalls mal eine originelle Idee gebären (die auf ihre Realisierbarkeit geprüft werden muß) oder eine Information liefern (deren Wahrheitsgehalt zu überprüfen ist). Keineswegs sind sie jedoch Vorbereitungsmaßnahmen für Gründungen, und sofern sie überhaupt

Konsequenzen zeitigen, sind diese meist voreilig und negativ. Wir wollen in diesem Kapitel ein sinnvolles, wenn auch aufwendiges Konzept des *Durchcheckens* einer Gründungsidee liefern. Grundsätzlich gilt: Lieber fünfmal vergeblich durchgecheckt als einmal zu hohes Lehrgeld gezahlt. Denn jedes Checking führt zu neuem Lernerfolg, und jeder vermiedene Fehler läßt die Chancen für einen erfolgreichen Einstieg steigen.

2. Die Theorie des «Überwirtes»

Nach der Theorie des «Überwirtes» von Ernst Hacker ist diese Gesellschaft durch Fachleute (Wirte) geprägt. Geraten diese auf fremdes Terrain, so finden sie dort ihren Überwirt (so wie sie selbst für andere den Überwirt darstellen). Ein Überwirt verlangt Lehrgeld, indem er die Schwächen des einzelnen ausnutzt.

Hacker entwickelte seine Theorie aus Beobachtungen der lokalen Gaststätten-Szene. Er stellte fest, daß die Wirte, die tagsüber bei etlicher Arbeit gute Geschäfte machten, sich nach Feierabend in einer Kneipe mit Nachtkonzession trafen, um sich dort in gewohnter Umgebung von des Tages Mühe zu entspannen.

Einmal in Stimmung geraten, ließen sie dann eine «Granate» (Sekt) nach der anderen steigen. («Paul, eine Granate.» – «Eine gute, Erwin?» – «Vom besten, Paul.» – «300,–!») So gelangten die Gastwirte, die von 11 bis 23 Uhr ihre Tageseinnahmen machten, an ihren Überwirt, der sie ihnen von 22 bis 3 Uhr zum mehr oder weniger großen Teil wieder abnahm.

Man kann erahnen, weshalb die Nachtkonzession so begehrt (und teuer) ist. Die Wirte haben in Paul ihren Überwirt gefunden, so wie sie selbst Überwirte sind für die Kiosk-Besitzer, die ab 8 Uhr arbeiten und schon am frühen Abend ihren Laden dichtmachen, da sich um diese Zeit die ihre Arbeitslosigkeit geheimhaltenden Familienväter wieder nach Hause begeben können.* Der Bierpreis steigt natürlich

* Auch viele Rentner treffen auf ihren Überwirt, den Spielautomaten. Sie beleben am Vormittag die Gaststätten, trinken zwei Bier und zwei ‹Kurze›, füttern den

von Überwirt zu Überwirt – die Menge sinkt, d. h. höherer Stückgewinn.*

Diese Theorie läßt sich erweitern. Die Fachleute sind *einseitig ausgebildet*. Ihre daraus resultierende Unkenntnis auf *fachfremden Gebieten* wird von Überwirten ausgenutzt. Gerade ein Unternehmensgründer wird mit zahllosen Überwirten konfrontiert.

Beispiel: Ein Zahnarzt sucht ein Haus als Praxis und Wohnhaus zu kaufen. Er ist dabei auf den Makler angewiesen, dessen Wirken er meist nicht überprüfen kann. Um sich gegen die unverbindlichen Informationen des Maklers abzusichern, fehlt ihm jegliche Kenntnis aus den notwendigen Gebieten Bauwesen, Rentabilitätsrechnung, Analysen des Immobilienmarktes, Rechtslage und dergleichen mehr. Er kann diesem Umstand nur abhelfen, indem er sich an andere Überwirte wendet, z. B. an Bausachverständige, Rechtsanwälte usw., die ihm, zum Teil aus Konkurrenz- und Geschäftsgründen, helfen. Ansonsten bleibt er bei oberflächlicher Betrachtung stehen (Farbe der Tapeten, Größe der Zimmer, kurz: *Außeneindrücke*) und fällt auf jede Kosmetik herein, die Makler und Hausverkäufer oft gut beherrschen (Anstrich verdeckt Nässe und Risse).

Das aufwendige Durchchecken vor der Gründung kann die Gefahren, die das Betreten fachfremder Gebiete mit sich bringt, stark einschränken. So lassen z. B. eine halbjährige Beobachtung des Immobilienmarktes in den Tageszeitungen, Objekt-Besichtigungen und das Studium von Exposés zu einer Reihe von Objekten bereits ein Gefühl dafür aufkommen, welche Immobilien heute marktgängig, welche Gegenden bevorzugt, welche Preise «marktgerecht» – sprich realisierbar – sind. Erst ab dem Zeitpunkt, wo man beginnt, die Tricks der Makler zu durchschauen, sollte man überhaupt ernsthaft an einen

Automaten und wechseln dann das Lokal, denn wer mehr in einer Kneipe trinkt, gilt als Säufer. So verbringen diese ausgemusterten Arbeitskräfte den Vormittag und opfern ihre Rente für das «Glück».
Jeder Spielautomat schluckt einige Rentnerleben!

* Trotzdem kein Anlaß zu Mitleid. Der durchschnittliche Kioskbesitzer am wunderschönen deutschen Rhein ist einfacher bis mittlerer Beamter oder Angestellter, überläßt während der Woche seiner Frau das Geschäft, besitzt einen herrlichen Bungalow und vergißt über zahlreiche Kommissionszettel oft die Gesamtrechnung am Jahresende …

Kauf denken. Wer glaubt, beim Immobilienkauf ohne Makler auskommen zu können, macht sich weitgehend Illusionen.*

Weitere Beispiele für Wirte und ihre Überwirte

Wirt	**Überwirt**
Kleintransport-Unternehmer	Spediteur oder Großunternehmer
Tankstellenpächter	Mineralölkonzern
Copyshop-Besitzer	Kopiergeräte-Hersteller
Kleinere Handwerksbetriebe	Generalunternehmer
Gastwirte in «gebundenen» Kneipen	Brauereien
Vertragswerkstatt	Herstellerunternehmer
Schuldner	Bank

Sucht selbst weitere Beispiele aus eurem Bereich.

* Er trifft dann eventuell auf die «Von-Privat»-Verkäufer, oft Neunmalschlaue, die Preise verlangen, daß einem die Haare zu Berge stehen, und dann noch treuherzig bemerken, dafür spare man ja die Maklerprovision (i. d. R. 5% vom Kaufpreis + MWSt). Erbengemeinschaften treiben es dabei besonders wüst. In Mainz ist bei diesen «Privaten» das «1-Million»-Syndrom verbreitet. Makler haben also durchaus eine Funktion: Sie ordnen den Markt und setzen – wenn auch oft überhöhte – Preismargen, aus denen sich ein Bild gewinnen läßt. Zu trauen ist ihnen trotzdem nicht. Und selbst der, der sich statt eines Kaufs «nur» einen unvorteilhaften 10-Jahres-Gewerbemietvertrag aufdrücken läßt, dürfte die unangenehmen Folgen noch einige Zeit spüren.

Die Makler stehen hier nur beispielhaft für alle Überwirte. Ihre besondere Bedeutung ergibt sich allerdings daraus, daß ein Immobilien-(Fehl-)Kauf oft lebenslängliche, der Fehlkauf eines Videorecorders dagegen nur kurzzeitige Folgen hat. Überall, wo wir uns nicht auskennen, stoßen wir auf unseren Überwirt. Übervorteilung bis zum Betrug ist eine häufige und risikolose Begleiterscheinung gerade im existenzbedrohten Kleinhandel. Großunternehmen dagegen können sich da großzügiger zeigen, denn sie haben die Marktmacht, Reklamationen von vornherein in den Preis einzurechnen.

Die Sicherheit, die aus zahlreichen Checkings gewonnen wird, reduziert das Lehrgeld, das jeder Anfänger zu zahlen hat. Je geringer die Kapitalbasis, desto nötiger wiederum diese Minimierung. Zur Frustration besteht dennoch kein Anlaß.

3. Anforderungen an den Gründer

3.1. Allgemeine persönliche Voraussetzungen

Im Vorwort wurde schon auf die zahllosen lächerlichen Fragen hingewiesen, die die Literatur dem Unternehmensgründer stellt. Wichtig ist meines Erachtens nur folgendes:

- psychische Stabilität
- Ausdauer
- gewisser Spaß an der Sache
- Fähigkeit, permanent mit Konflikten zu leben
- Entscheidungsfähigkeit
- Durchsetzungsfähigkeit
- Bereitschaft, Arbeits- und Freizeit bei Bedarf zu vermischen, d. h. die Möglichkeit, aber auch Notwendigkeit zur freien Zeiteinteilung.

So wie am Anfang Lehrgeld gezahlt werden muß, wird «Lehrzeit» nötig sein, d. h. Mehrarbeit, weil die Organisation noch nicht klappt, die Beziehungen noch nicht vorhanden sind und das Wesentliche nicht erkannt wird.

3.2. Fachliche Voraussetzungen

Fachmann auf dem eigenen Gebiet zu sein ist unabdingbar. Zur Erfahrung trägt Berufstätigkeit wesentlich bei. Außerdem muß die Lernfähigkeit bestehen, sich in wichtige andere Gebiete, vornehmlich kaufmännischer Art, einzuarbeiten. Der Unternehmer muß zwar nicht alles selbst machen, wie oft bejammert wird, er muß aber alles, was für ihn gemacht wird, verstehen, zumindest oberflächlich durchschauen.

3.3. Rechtliche Voraussetzungen

3.3.1. Fachliche Qualifikationen

Unbeschadet von tatsächlich vorhandenen Kenntnissen und Fertigkeiten werden oft formale Fähigkeitsnachweise gefordert, ohne die ein Unternehmen nicht *geführt* werden darf. *Gründen* darf man dagegen so ziemlich jedes Unternehmen, wenn man eine Person einstellt, die den Fähigkeitsnachweis erbringen kann und das Unternehmen leitet, evtl. auch ohne daß ihr etwas davon gehört.

Nach Artikel 2 Abs. 1 und Artikel 12 Abs. 1 Grundgesetz kann nämlich jeder Deutsche seinen Beruf frei wählen, also auch ein *Ge-*

werbe ausüben. Die *Berufsausübung* kann aber von zahlreichen Qualifikationsnachweisen abhängig gemacht werden.

Handwerk: So ist die Führung eines Handwerksbetriebes denen vorbehalten, die einen Meisterbrief besitzen, der gemäß Handwerksordnung die Meisterprüfung voraussetzt. Ingenieur-Abschlüsse sind ihr weitgehend gleichgestellt. In Ausnahmefällen geht es auch anders:

1. durch Einstellung eines «Lizenzmeisters» in der GmbH*,
2. mit einem *persönlich haftenden* Gesellschafter, der den Meistertitel besitzt,
3. mit einer Ausnahmegenehmigung zur Weiterführung des Betriebes (erreichbar für Gesellen, die auf einer Meisterschule angemeldet sind)**,
4. bei handwerksähnlichen Tätigkeiten, wie z. B. Dachrinnenreinigung oder bei geringem Handwerksanteil (bis zu 20 % des Umsatzes), wie z. B. Fahrradhandel mit unbedeutendem Reparaturgeschäft oder Antik-Möbelhändler, die ihre eigenen Möbel vor dem Verkauf restaurieren.

Die Handwerkskammer ist mit zunehmender *Überbesetzung* im Handwerk besonders scharf, beobachtet den Anzeigenmarkt und schickt schnell ihre Abmahner mit der Drohung, «den Laden dichtzumachen» oder bei Zuwiderhandlung zigtausend Mark zu verlangen. Ist erst mal abgemahnt, so greift die Paranoia schnell um sich, denn jeder neue Kunde könnte ein Spitzel sein.***

* Die Kammern verlangen mittlerweile schriftliche Arbeitsverträge, die eine Beschäftigung von ca. 20 Stunden/Woche und einen Lohn von ca. 1800,– DM/Monat als Minimum voraussetzen. Damit erschweren sie die Scheinbeschäftigungen, denn 1800,– DM/Monat zuzüglich 20 % Sozialversicherungsanteil zahlen zu müssen, nur um den Laden führen zu dürfen, ist recht happig. Selbst wenn der «Lizenzmeister» keinen Pfennig für sich behalten wollte, blieben an Sozialversicherung und Lohnsteuer über 1000,– DM abzuführen.

** Die Handwerkskammern haben zunftartigen Charakter, schließen sich also gerne ab und verteidigen ihre Pfründe, wenn zuviel Konkurrenz droht. Ist man Handwerksgeselle, so gehört man dazu. Dem Nichthandwerker wird wohl immer rätselhaft bleiben, weshalb beispielsweise ein Bäckergeselle i. d. R. leicht zur Meisterschule im Schuhmacherhandwerk zugelassen wird, dagegen einem Anlernling im Schuhmachergewerbe diese höhere Weihe seltenst widerfährt.

*** W. reparierte Autos, ohne die Zulassung zu besitzen. «Du kannst dir nicht vorstellen, wie uns nach der Abmahnung die Nerven flatterten. Da brauchten wir beim Frühstück nur einen Typ unten im Auto sitzen zu sehen, der Zeitung las. War der nach einer Stunde immer noch da, dann war der Tag gelaufen: alle Kunden absagen, Termine verschieben, beobachten, wann der Typ wegfährt, Kennzeichen notieren. Wir bekamen allmählich Paranoia. Dabei hatten wir noch Glück, denn die Nachbarn spielten prima mit, auch wenn ihnen der Lärm manchmal etwas auf die Nerven ging. Gut ist halt, daß in Deutschland jungen Leuten, die kräftig arbeiten und freundlich grüßen und ‹die man kennt›, die Schwarzarbeit manchmal nachgesehen wird. Auch die Behörden verhalten sich dann ruhig. Aber sicher ist das keineswegs.»

Güterverkehrsbetriebe: Eine Berufstätigkeit im Speditionsgewerbe in nicht untergeordneter Tätigkeit oder eine Fachprüfung vor der IHK muß gemäß Güterverkehrsgesetz nachgewiesen werden.

Arzt, Architekt, Steuerberater und dgl.: sind keine Unternehmer, sondern Freiberufler, die besonderer Qualifikationen bedürfen, welche das jeweilige Kammerwesen in den Berufsordnungen regelt.

Die Liste ist nicht vollständig! Es sei dennoch auf Milch- und Waffenhandel, Taxi- und Spielcasinokonzessionen usw. hier verzichtet (siehe Formalkramüberblick in der Anlage).

3.3.2. «Persönlicher Charakter und Moral»

Beim Bewachungs-, Versteigerungs-, Vermittlungs- und Gastronomiegewerbe werden ein «Leben in geordneten Verhältnissen» und «Zuverlässigkeit» vorausgesetzt. Ferner darf die Person nicht dem «Trunk» ergeben sein und nicht die «Förderung von Schlemmerei, Glücksspiel, unlauteren oder unsittlichen Geschäften» planen. Vorstrafen wirken oft hinderlich oder gar verhindernd, da sie den augenscheinlichen Beweis dafür bieten, daß irgendeine Gewähr nicht gegeben ist.*

Einfachster Weg, die rechtlichen und persönlichen Voraussetzungen zu erfahren, ist eine fallspezifische Anfrage beim Gewerbeamt der Stadt.

Das stimmt allerdings. Ein altgedienter Handwerkskammerassessor erzählte mir: «Die meisten erwischen wir, weil ein Handwerkskonkurrent uns einen Wink gibt. An zweiter Stelle stehen die Nachbarn und an dritter die unzufriedenen Kunden der Schwarzarbeiter.»

* Ein Beispiel sei gegeben. Die Vermittlung von Immobilien und Krediten ist nach § 34c GewO erlaubnispflichtig. Die Erlaubnis wird erteilt, wenn diverse Papiere vorgelegt bzw. von Amts wegen angefordert werden, was so ca. 600,– DM kostet, nämlich: Führungszeugnis, Gewerbezentralregister-Auszug, Unbedenklichkeitsbescheinigung des Finanzamtes, diverse Erklärungen über Bußgeldverfahren bis Vergleichsverfahren, evtl. Auszug aus dem Bundesschuldregister. Ob dagegen ein Finanzvermittler die Zinsrechnung beherrscht, ist für die Zulassung unerheblich!

4. Überlegungen zum Aus- und Einstieg

Ist man beruflich nicht gebunden, so erübrigen sich diese Überlegungen. Steckt man gerade in einer Aus- oder Weiterbildung oder in einem Studium, sollte man einen Gedanken daran verschwenden, ob man dies aufgeben will und welche Konsequenzen das hat. Die Vorstellung, man könne das so nebenbei weitermachen, erweist sich meist als Illusion.

Steht man in einem Arbeitsverhältnis, so sollte man rechtzeitig einen Blick in den Arbeitsvertrag werfen. Ist kein schriftlicher vorhanden, gelten die gesetzlichen Regelungen. Wichtig sind die Kündigungsfristen, da bei vorzeitigem Ausscheiden mit einer Vertragsstrafe zu rechnen ist, wenn nicht gerade die fristlose Kündigung provoziert werden soll, was schlecht wäre. Es sollte nämlich noch ein gutes Zeugnis als Rückversicherung mitgenommen werden können.

Weiter ist zu klären, ob ein Wettbewerbsverbot vereinbart ist. So ist z. B. bei Handelsvertretern nach dem Ende ihres Arbeitsverhältnisses ein befristetes Berufsverbot üblich, um sie daran zu hindern, die Kunden gleich abzuwerben.

Möglicherweise kann auch Sonderurlaub während der entscheidenden Gründungsphase gewährt werden. Eine vorzeitige Freistellung, d. h. offizielle Weiterbeschäftigung neben der Gründungsarbeit, wäre ideal, wird aber meist nur Spitzenkräften gewährt, um diesen informationsmäßig den Betrieb zu entfremden.

In Zusammenhang mit Gründungsvorhaben, bei denen der Chef nicht Konkurrenz wittert, bietet sich manchen begehrten und schwer ersetzbaren Kräften eine besondere Chance: Weiterarbeit als Teilzeitkraft neben der Unternehmensgründung für eine gewisse Phase. Dies erspart dem Gründer Sorgen um den eigenen Lebensunterhalt, schont damit die Kapitalbasis, erhöht die Kreditwürdigkeit und sichert evtl. Chancen für eine – wenn auch schmachvolle – Rückkehr.

Wer das für ein unwahrscheinliches Ereignis hält, blättere schon mal zu der Hitliste der Unternehmenspleiten in den Schluß-Exkursen.

Übrigens – ratet mal, wieviel eine alleinstehende Person nach gescheiterter Unternehmensgründung noch pfändungsfrei (netto) verdienen darf im Monat? (Lösung im Anhang)

5. Vorüberlegungen zum Absatz

Hier sollen nur vorläufige Betrachtungen angestellt werden, die später erweitert werden müssen. Es geht darum, zu überlegen, wem ich mein Produkt bzw. meine Leistung verkaufen kann, wieviel ich verkaufen kann und mit welchen Mitteln. Grundsätzlich sollte am Anfang die Einstellung stehen, daß die Menschheit bisher ohne unsere Unternehmertätigkeit ausgekommen ist, und wir sollten uns überlegen, was sie dazu bewegen könnte, in Zukunft ihr Geld gerade bei uns zu lassen. Da die Kaufkraft generell gesunken ist, können wir von einem allgemeinen Wachstum der Nachfrage nicht mehr ausgehen.

Wir müssen uns darüber informieren, wie sich die Nachfrage in unserem partiellen Markt entwickelt, ob eine geographische Nachfrageverschiebung (Nord-Süd, Stadt-Land, Strukturkrisen, Abnabelungsgebiete) vorhanden ist, welche Konkurrenz uns gegenübersteht und wie sie sich verhalten wird. Eventuell glauben wir sogar, eine Marktlücke entdeckt zu haben, und müssen daher überlegen, ob das neue Produkt oder die neue Leistung überhaupt begehrt wird bzw. ob und wie wir sie mittels Marketing begehrlich machen können. Eine Analyse der von uns anvisierten Kunden (Zielgruppen) wird uns auch helfen, uns über die Gestaltung von Preisen und Absatzmengen Gedanken zu machen. Dies alles braucht im Rahmen der Vorüberlegungen nur grob angerissen zu werden. Die Einschätzungen müssen in jedem Fall auf realistischen Annahmen basieren, die wir aus Branchendaten und vielleicht auch eigenen Erfahrungen erhalten, wobei hierbei vor voreiligen Schlüssen gewarnt sei.

6. Vorüberlegungen zu den Räumlichkeiten

Die wichtigste Vorüberlegung dabei ist die Frage, in welchem Maße ich als Gründer *standortabhängig/lageabhängig* bin. Es gibt Unternehmen (z. B. Schafzucht), die von einer stadtbezogenen Lage unabhängig sind. Für sie ist die Grundrente (Miete) deshalb günstig, weil sie sich den billigsten Standort aussuchen können. Andere sind extrem standortabhängig (z. B. der Handel) und können damit hohen Grundrenten nicht entgehen. Dies trifft vor allem für absatzorientierte Standorte zu, weniger für rohstoff- oder energieorientierte.

Brauchen wir eine *zentrale Lage*, z. B. die Augustinergasse am *Standort* Mainz, so müssen wir hohe Grundrente zahlen. Diese Notwendigkeiten zu negieren und sich z. B. mit einem Natursaftladen am Stadtrand von Mainz-Mombach anzusiedeln würde trotz geringerer Mietkosten vermutlich den Untergang beschleunigen. Die Lage ist entscheidend für die Passantenfrequenz, erhebt aber auch die Frage nach Parkplätzen. Neben Standort/Lage als den wichtigsten Kriterien gibt es eine Reihe von Festlegungen für die Räumlichkeiten, die getroffen werden müssen: Größe, Ausstattung, Nutzungsmöglichkeiten, (gesetzliche und tatsächliche) Renovierungen, Vertragsdauer und Höhe der Miete sowie deren Anpassung. Sondiert man auf diese Weise den Immobilienmarkt, so bekommt man schnell einen Überblick über die hieraus zu erwartenden Kostenbelastungen. Beim *Kauf* von Räumlichkeiten muß die Prüfung erheblich genauer sein und vor allem um Gebäudezustandsanalysen ergänzt werden. Statt Miete sind dann die Kosten für Finanzierung (Fremdkapitalzins oder langfristiger Eigenkapitalzins) plus Abschreibung, plus Erhaltungsaufwand als kalkulatorischer Kostenposten einzusetzen. Bei Kauf sind die Kosten in den ersten 10 bis 20 Jahren *immer* höher als die Miete*, das Risiko ist beim Kauf um einiges höher, weshalb nur finanzkräftige Gründer überhaupt an Kauf denken und sich dabei auch mit einer möglichen Wiederverkaufbarkeit oder Umnutzung/Vermietbarkeit der Immobilien befassen sollten.

Bei der Bewertung sind folgende Aspekte, gewichtet je nach individueller Bedeutung, zu berücksichtigen:

Standortkriterien: Nachfragekraft, Konkurrenzbedingungen, Arbeitskräfte, staatliche Rahmenbedingungen, Lebensqualität, Mentalitätsprobleme, Strukturentwicklung.

Lagekriterien: Lauflage/Fahrlage, Konkurrenz, Verkehrslage (Parkplatz, U-Bahn), Grundrenten, Erweiterungsmöglichkeit, Wohngebietsauflagen, Lebensqualität, soziales Umfeld, staatliche Umgestaltungskonzepte.

Viel zu verhandeln gibt es nicht, wenn man ein Ladenlokal in guter Lage sucht. Es herrscht nämlich seit Jahren schon ein «Anbietermarkt», d. h., die Vermieter können sich ihre Gewerbemieter aussuchen, wie vor wenigen Jahren noch die Wohnungsmieter.

Der gravierende Unterschied: auf dem Sektor der Gewerbevermietung herrscht Wilder Westen, d. h., es ist vertraglich so ziemlich alles erlaubt, begrenzt nur durch das in Extremfällen anwendbare Rechtsinstitut der «guten Sitten».

Weshalb wird so vieles akzeptiert? Durch die Gründerwelle ist ein Lemming-Verhalten ausgelöst worden, von dem Gewerbevermieter in besonderer Weise profitieren. Es ist ihnen häufig möglich, ruinierte Mieter durch neue zu ersetzen, ohne die ruinöse Miete senken zu müssen. Auf die Dauer entstehen dadurch natürlich «verbrannte Lagen».

Ruinöse Mieten sind auch eine Erklärung dafür, daß manche Bran-

* Auch wenn diverse Makler in großflächigen Anzeigen frech behaupten, durch «die Steuer» könne man von Anfang an «mit Gewinn» vermieten.

che mittlerweile auf dem Zahnfleisch geht *. Auch im goldenen Mainz kennen wir Ladenräume, die seit Verfassung dieses Buches vor drei Jahren viermal den Mieter wechselten, und der fünfte hört sich auch schon sehr schwächlich an.

Für Nebenlagen scheint sich der Markt weitgehend gedreht zu haben. Die Mieten bröckeln, und sogar «Alternative» und Ausländer finden hier Gnade in den Augen des Hausbesitzers. Geringere Mieten bei höheren Kosten für Werbung und Zwang zu hohem Produktnutzen oder Erlebniswert ist hier das Gebot, und da immer häufiger die Kundschaft Umwege scheut, wird oft der Mindestumsatz nicht erreicht, sobald ein Konkurrent in besserer Lage ähnliches anbietet.

Bei Büroräumen sind die Mieten extrem unterschiedlich, wobei hier der Standort dominiert. Fressen die Banken am Standort Frankfurt weiter eine Nutzungsschneise zwischen Hauptwache und Hauptbahnhof, so explodieren die Büromieten so sehr, daß nicht mal die aidsgeschädigten Bordelliers mithalten können.

Die einzige systematische Orientierung bietet der Preis- und Mietenspiegel des Ring Deutscher Makler (RDM), der vierteljährlich etwas Licht in den Nebel um die Gewerbemieten wirft.

7. Vorüberlegungen zu den Sachmitteln

Für eine vorläufige Finanzbedarfsrechnung ist eine Schätzung der benötigten Sachmittel erforderlich. Diese bestehen aus Anlagen und Maschinen, Fahrzeugen, Büro- und Geschäftsausstattung, ersten Rohstoff- bzw. Warenlagern. Da hier die mangelnden Erfahrungen oft zu erheblichen Unterschätzungen führen, sollte auf die vermeintlich realistische Schätzung ohne Zögern ein Aufschlag von 20–30 % gemacht werden, der außer Kalkulationsfehlern auch Unvorhersehbares und Inflation abdeckt.

* So arbeiten beispielsweise von den 2300 Videotheken in Westdeutschland nach Einschätzung eines Branchen-Inkasso-Büros nur ca. 100 mit Gewinn! (Handelsblatt 4. 8. 87)

8. Vorläufige Umsatz- und Betriebskostenschätzung

Beispiel: Wir wollen einen Saftladen im Innenstadtbereich eröffnen.

1. Betriebskostenschätzung

Miete für 8 qm incl. Nebenkosten	2000,– DM	pro Monat
Werbung (Anlaufphase)	500,– DM	pro Monat
Allgemeine Verwaltungskosten	100,– DM	pro Monat
Kfz (anteilig bei 50 % Privatnutzung)	200,– DM	pro Monat
Versicherung / Steuern (ertragsunabhängig)	100,– DM	pro Monat
Abschreibung 20000,– DM für Saftpresse auf 5 Jahre (linear)	400,– DM	pro Monat
Zinsen * 20000-DM-Kredit bei 12 %	200,– DM	pro Monat
Löhne (Eigenleistung plus Freund)	aus Gewinn zu speisen	
	3500,– DM	pro Monat
Sicherheitsaufschlag 30 %	1050,– DM	
	4550,– DM	pro Monat

2. Mindest-Umsatz- / Deckungsbeitragsschätzung. **

Unsere Marktforschung hat ergeben, daß sich ein Verkaufspreis von über 2,50 DM pro Glas Saft kaum realisieren läßt, d. h. zu erheblichen Absatzrückgängen führt, während ein Preis von 1,50 DM nur unterproportionalen Mengenzuwachs zeitigt.

* Ohne Berücksichtigung von Tilgungen.

** Deckungsbeitrag ist der Teil des Umsatzes (Erlöses), der über die variablen – *direkt zurechenbaren – Kosten* (hier: Materialkosten) hinausgeht.

Wir entscheiden uns für einen Preis von 2,50 DM. Also ist jetzt zu prüfen, ob eine Absatzmenge von 2300 Gläsern Saft als Minimum realistisch ist, was bei 20 vollen Öffnungstagen 115 Gläser pro Tag bedeutet. Erst mit dem 116. Glas beginnt die Finanzierung des Lohns. Ergeben die Marktanalysen, daß dies vermutlich nicht erreichbar ist, kann die weitere Vorbereitungsarbeit eingestellt werden. *

Mindest-Umsatz-/Deckungsbeitragsschätzung*

Alternative Verkaufspreise	Materialkosten	Deckungsbeitragsanteil	benötigter Umsatz zum Break-even-point	
für 0,2 Ltr. Saft			Mengeneinheiten	Werteinheiten
1,–	1,–	0	unendlich	
1,50	1,–	0,50	7000	
2,–	1,–	1,–	3500	3500,–
2,50	1,–	1,50	2333	
3,–	1,–	2,–	1750	

* Deckungsbeitrag ist der Teil des Umsatzes (Erlöses), der über die variablen – **direkt zurechenbaren – Kosten** (hier: Materialkosten) hinausgeht.

9. Vorbereitungsdauer – Vorbereitungskosten – Steuerwirkung – Exposé

Die Dauer der Vorbereitung hängt von der Art und der Größe des Unternehmens ab. Im allgemeinen braucht man sechs bis zwölf Monate. Wichtig ist, die Maßnahmen auch *sinnvoll* aufzubauen. Will man z. B. ein Schreibbüro eröffnen, so muß *erst* nach Räumlichkeiten gesucht werden, *dann* nach Mobiliar und Maschinen. Die Vorbereitungskosten betragen 2000,– bis 20000,– DM, die eigene Arbeitszeit nicht eingerechnet. Daher sollte die Vorbereitung sofort abgebrochen werden, wenn das Vorhaben sich an einem entscheidenden Punkt als

* Wir müßten, wie durch Kapitel V deutlich wird, unter Umständen noch 15% Mehrwertsteuer auf den Saftpreis aufschlagen. Darauf verzichten wir in unseren Beispielsrechnungen aus Vereinfachungsgründen.

nicht durchführbar oder nicht sinnvoll erweist. Wichtig ist, nicht in euphorische Schwärmereien zu verfallen, sondern möglichst viele Personen mit Fachwissen zu befragen und deren Argumente abzuwägen. Alle Kosten, die aus der Vorbereitung resultieren, genannt *Vorlaufkosten*, können von der Steuer abgesetzt werden, d. h. sparen je nach Steuersatz (siehe Einkommensteuer) Geld. Vorlaufkosten können abgesetzt werden, egal ob die Unternehmung wirklich gegründet oder ob das Vorhaben erst gar nicht begonnen wird.

Diese Möglichkeit zwingt schon vor Beginn der Geschäftstätigkeit zur Ordnung. Die Vorlaufkosten müssen *glaubhaft* gemacht werden. Dazu sollten alle Belege (Rechnungen, Quittungen, Bescheide) gesammelt oder Eigenbelege hilfsweise erstellt werden (z. B. Fahrtenbuch). Absetzbar sind unter anderem Reisekosten, Miete für Büro, Verwaltungskosten, Geldbeschaffungskosten (siehe Finanzierung), Beratungskosten, Literatur.

Alle wichtigen Vorüberlegungen sollten in überzeugender Form in einem *Exposé* (Kurzbeschreibung) zusammengefaßt werden. Dies ordnet die eigenen Gedanken, da es zur Systematik zwingt, und es ist Grundlage für die Überzeugung von Teilhabern, Kreditgebern, für Genehmigungen durch die befaßten Behörden und dgl. mehr.

Beispiel: Das Exposé kann folgenden Aufbau haben:

1. Projektname, Beteiligte, Anschriften
2. Ausgangssituation
3. Persönliche Daten und Erfahrungen
4. Geschäftsidee und deren Markt
5. Konkurrenz
6. Erläuterung notwendiger Vorbereitungsmaßnahmen
7. Planung bzw. Realisierung des eigenen Betriebsaufbaus
8. Liquiditätsplanung
9. Kosten- und Rentabilitätsplanung, Erlösplanung
10. Zukunftserwartungen

Der Umfang sollte zwischen 10 und 20 Seiten liegen, der Inhalt nicht zu optimistisch klingen.

Bei der Überarbeitung kann ein Berater notwendig und nützlich sein, denn gerade bei formalisierten Institutionen überzeugt ein Exposé mehr als mündliche Schilderungen, da diese Leute meist etwas zur Rückversicherung «in der Hand haben» müssen.

Es sollte jedoch zunächst den Gedanken des eigenen Kopfes entspringen. Innerhalb der subventionierten Existenzgründungsberatung ist es zur Unsitte geworden, daß Unternehmensberater ihren Beratungsbericht, den sie erstellen müssen, um an die Staatsgelder ranzukommen, dem Beratenen auch gleich als Exposé in die Hand drücken.

Der arme Gründer erntet dann bei den Banken bestenfalls Bedauern, oft sogar offenen Spott und Hohn, wenn er mit dem geschönten Papier («Gefälligkeitsgutachten») seinen Kreditwunsch untermauern will.

Mittlerweile müssen wir erkennen, daß Gründer ihre Chancen durch «vorgründerischen Geschäftsverkehr» erheblich verbessern können. So ist für den Handel der Flohmarkt, für das Handwerk die Schwarzarbeit ein äußerst gutes Trainee, d. h. eine praktische und umfassende Grundausbildung, bei der finanzielle Zwänge und Risiken beschränkt, der Ernstfall jedoch durchaus simulierbar ist.

Leider ist das illegal, kann jedoch durch einen Reisegewerbeschein legalisiert werden. Dennoch sind «reisende Gesellen» nicht nur bei Handwerkskammern unbeliebt.

10. Überbrückungsgeld für Arbeitslose

Nach den Bestimmungen des Arbeitsförderungsgesetzes **kann** Arbeitslosen, die sich selbständig machen, ein Überbrückungsgeld für die Anlaufphase gezahlt werden. Die Dauer beträgt maximal 26 Wochen. Voraussetzung: vorher mindestens einmonatige Arbeitslosigkeit. Die Höhe der Zahlung ist vom bisher bezogenen Arbeitslosengeld abhängig. Besonders angenehm: Die Bezugszeit wird zeitlich nicht auf das Arbeitslosengeld angerechnet. Problem ist der knappe Etat. Wer im zweiten Halbjahr eines Jahres gründet, hat praktisch keine Chance, da die Mittel oft im Frühsommer bereits erschöpft sind. Der Zuschuß wird in Höhe des bisher bezogenen Arbeitslosengeldes gewährt.

II. Der Markt – das unbekannte Wesen

1. Was ist ein «Markt»?

Noch vor der Frage nach der Geldbeschaffung, zumindest aber in direkter Abhängigkeit von ihr, muß sich der Gründer fragen, ob sein Produkt bzw. seine Leistung überhaupt auf dem Markt verkaufbar ist. Der Umfang der Absatzmöglichkeiten und der Preis bestimmen wiederum zum Teil den Umfang der nötigen Geldbeschaffung.

Zunächst soll geklärt werden, was es mit dem «Markt»-Begriff auf sich hat. Unter **«Markt»** ist kein geographischer Ort zu verstehen, sondern ein *technisches Zusammentreffen von Angebot und Nachfrage*. Da die hiesige Gesellschaftsordnung unter «freie Marktwirtschaft» firmiert, soll im wesentlichen das «freie Spiel der Kräfte», sprich unreglementiertes Zusammentreffen von Angebot und Nachfrage, den Preis entstehen lassen. Zumindest für das kleine Kapital ist dies im wesentlichen zutreffend – es nimmt in der Tat aus freier Entscheidung am «freien Spiel der Kräfte» teil – als Spielball.

Viele glauben, die Vermarktung sei kein Problem. Überzeugung und Glaube mag in manchen Bereichen sinnvoll und sogar notwendig sein, nicht jedoch dort, wo Wissenschaftlichkeit die Methode der Konkurrenz ist. Hier ist der kritische Zweifel oder, wie Bert Brecht es nennen würde, «das Zweifeln, das kein Verzweifeln ist», die bessere Methode.

Es stellt sich daher das Problem, den Markt zu *analysieren*, d. h. theoretisch durchzuspielen, wie der Markt auf unser neues Angebot mit großer Wahrscheinlichkeit reagieren wird. Bevor dies geschehen kann, müssen wir ihn natürlich genau kennenlernen, d. h. *beobachten*.

2. Die «Marktlücke»

In den meisten Fällen glaubt der Gründer, eine **«Marktlücke»** entdeckt zu haben, die er beabsichtigt auszufüllen. Typische Formulierungen:

«Hier fehlt ein ...»

«Die Leute müssen daher immer ...»

Meist geht er dabei von seinem eigenen Bedürfnis aus, durch das er etwas als fehlend empfindet. Geprüft werden muß zunächst, ob eine genügend große Zahl von Menschen, die auch über das nötige Geld verfügen, den Mangel, sprich das Bedürfnis nach einem neuen Angebot/Anbieter ebenfalls empfindet. Dies muß vor Ort geklärt werden, und auch die lokale Mentalität der Bewohner muß einkalkuliert werden. So würde z. B. ein Wiesbadener Geschäftsmann bei oberflächlicher Betrachtung vermutlich feststellen, daß es im Mainzer Handelsangebot an hochwertiger Wohnkultur und extravaganter Mode mangelt. Eine konkrete Analyse jedoch würde ergeben, daß dies auch einen Grund hat, der vor allem in der Provinzialität dieser groß gewordenen Kleinstadt und ihrer Bevölkerungsstruktur liegt. Verfestigend wirkt die Nähe zu Frankfurt und Wiesbaden und die daraus möglicherweise resultierende Haltung, daß man in Mainz eben nichts Exklusives bekomme und daher zum «shopping» nach ... fahren und davon auch erzählen müsse, so man was auf sich hält. Mit diesem Handikap wäre unser Wiesbadener Geschäftsmann beladen, unabhängig von der Güte seines Angebotes. Örtliche Präsenz – für gewöhnlich ein Vorteil – würde hier zum Nachteil. Folgt man dieser Darstellung, ergibt sich, daß in Mainz also *keine* «Marktlücke» für hochwertige Wohnkultur und extravagante Mode besteht.

Wir sehen, nicht allein der Mangel läßt die Marktlücke entstehen, er muß auch als solcher empfunden und behoben werden können, sprich, ein *Käuferpotential* muß vorhanden sein.

Die Realität: Kürzlich übernahm die Bank eines der wenigen exklusiven Möbelgeschäfte in Mainz und verkaufte auf eigene Rechnung! Ein köstlicher Anblick, wenn Banker Möbelhändler spielen müssen, weil sie einen Kredit in den Sand gesetzt haben.

Heute präsentieren wieder zwei Geschäfte Schöner Wohnen in Mainz. Wie lange diesmal?

3. Der Einbruch in Konkurrenzmärkte

Neben der vermuteten Marktlücke gibt es einen weiteren, nicht so häufigen Ansatz für eine Unternehmensneugründung: die *direkte Konfrontation* mit der Konkurrenz, in der Reinform zu erkennen an Sprüchen wie: «Was der kann, kann ich schon lange.» Die richtige Antwort müßte heißen: «Das wird nicht reichen – du wirst scheitern.»

Wer als Anfänger darauf angewiesen ist, seine Kunden überwiegend der direkten Konkurrenz abzujagen, muß dieser um so höher überlegen sein, je fester die Konkurrenz im Sattel sitzt (sprich, je länger und kapitalstärker sie auf dem Markt ist).

Dabei wirken die zahlreichen Bedingungen, denen ein Anfänger ausgesetzt ist (z. B. mangelnde Kontakte), in der Regel gegen ihn und für die Konkurrenz. Jeder soll sich nur mal in seiner eigenen Konsumentenrolle beobachten und überlegen, was passieren müßte, bevor er selbst seine Routineeinkäufe bei «seinem» Bäcker, Metzger, Zigarettenautomaten ändern würde.

Die alleinige Konfrontation mit der Konkurrenz sollte also anfangs tunlichst vermieden, die Marktlücke gesucht werden. Aus dieser heraus sind *dann* Offensiven sinnvoll, wenn man sich stark genug glaubt.

Eine dynamische Konkurrenz wird jedoch kaum so lange warten und eher den Spieß umdrehen.

So erging es dem blauäugig-dynamischen Brötchen-Bringer-Service, der schon bald glaubte, sich mit einem zusätzlichen Ladengeschäft für Backwaren, Zeitschriften und Kaffeeausschank verbessern zu können. Er nahm sich damit die wesentlichen Vorteile des mietfreien und stationär nicht gebundenen Arbeitens in einer Marktlücke und provozierte das traditionelle Bäckerhandwerk. Die drehten den Spieß um und nahmen ebenfalls die gängigen Zeitungen ins Angebot. Als die geldgierige Bundesbahnverwaltung den Bahnhofskiosk wieder zur Vermietung freigab, stand der 50 Meter entfernt gelegene Brötchenladen im Abseits.

Erbärmlich dümpelt er vor sich hin, mit viel Arbeit kaum noch kleine Brötchen verdienend.

Ein Profi aus Frankfurt zeigt seit sechs Jahren, wie es richtig gemacht wird, und gelegentlich läßt er sich auch in den Medien bewundern, so daß man von ihm lernen kann.

4. Das Käuferpotential

Der Umstand, daß in einem Stadtteil kein adäquater Buchladen arbeitet, ist ein notwendiger Bestandteil der Marktlücke und leicht festzustellen, aber keineswegs hinreichend. Beobachtet werden muß, ob es dort überhaupt eine latente Nachfrage nach Büchern gibt, wie groß diese ist, wo sich die Menschen zur Zeit mit der Ware Buch eindecken etc.

Als erstes sind Qualifikationsmerkmale zu entwickeln, die für unsere Untersuchung wichtig sind, z. B. Grunddaten: männlich/weiblich, ledig/verheiratet, Paar/Single/Wohngemeinschaft, oder Ausprägungen demographischer Merkmale folgender Art (Methode des Polaritätsprofils):

	sehr gut	**gut**	**mittel-mäßig**	**schlecht**	**sehr schlecht**
Einkommen		X			
Bildung/Ausbildung					X
Kaufkraft					X
Wohnverhältnisse	X				

Was wäre das für ein Mensch? (Lösung im Anhang)

Wichtig ist, daß nur die für unser Angebot wichtigen Merkmale geprüft werden. So ist z. B. für den Obstverkäufer im Gegensatz zu manch anderem Verkäufer gleichgültig, ob der potentielle Kunde evangelisch oder katholisch ist.

Nach der Zusammenstellung der wesentlichen Merkmale erstellen wir das Profil unseres Wunschkunden (*Zielgruppenbildung*). Anschließend erheben wir Daten darüber, wie sich die Bevölkerung in dem Bereich, den wir als unser Markteinflußgebiet betrachten, zusammensetzt. Je stärker die Abweichung, je weniger Kunden insgesamt unserer Zielgruppe entsprechen, desto eher können wir davon ausgehen, daß kein Käuferpotential für unser Angebot vorhanden ist. Bei geringeren Differenzen oder sehr flexiblen Produkten können wir unser Angebot evtl. dem Käuferpotential anpassen.

Um mit unserem Buchladen zu schließen: Stellen wir fest, daß in unserem Stadtteil nur Heimatvertriebene mit guten Ersparnissen wohnen, so verzichten wir auf den Plan mit der anarchistischen Buchhandlung «Bakunin» und legen unseren Schwerpunkt lieber auf «Bildbände der Heimat». Daneben müssen wir wohl auch unser Personal und uns selbst den veränderten Bedingungen anpassen.

Wie locker das manchen von der Hand geht, ist schon bemerkenswert: Eine Gruppe, deren erster Buchladen aus der Startbahn-West-Bewegung entstanden und streng «alternativ» aufgemacht ist, eröffnete unlängst eine Filiale: hell, modern, schick – kurz: gestylt wird hier ein Mittelschichtpublikum angesprochen und bedürfnisorientiert bedient.

Als special guest gratulierte der mittlerweile zum Bürgermeister avancierte Startbahn-Einsatzleiter bei der Eröffnung. Daß er seitdem nicht mehr kam, liegt wohl daran, daß er eben kein Zweitbuch benötigt.

Seine Frau indes wurde Stammkundin.

5. Allgemeine und spezielle Marktentwicklung

Jedem dürfte aufgefallen sein, daß mit dem Ausbruch der Krise die Realeinkommen aus unselbständiger Arbeit sinken, die Unternehmensgewinne dagegen steigen. Das heißt, die breite Masse der Bevölkerung hat weniger Kaufkraft, während ein kleiner Teil über mehr Kaufkraft verfügt. Über die *Zielgruppe* läßt sich ableiten, zu welchen Kreisen unsere potentiellen Kunden gehören. Deren Kaufkraftentwicklung läßt sich zum Teil auch spezifisch (z. B. Rentner) – mit Datenmaterial der statistischen Ämter ermitteln.

Zweitens kommt es darauf an, ob das *Produkt*, das man anbieten will, auf der Prioritätenliste der Einsparungen oben oder unten steht (so soll für Kneipen gelten: Gesoffen wird immer), ob es sogar besondere Entwicklungen zeigt, weil der Konsument es als Möglichkeit zum Einsparen begreift (z. B. Do-it-yourself-Bedarf, Energiesparprodukte), oder ob ein Konsumverzicht gar zum guten Ton gehört (Weihnachtsbaum-Verzicht: Rettet den Deutschen Wald). Drittens müssen *soziale und kulturelle Veränderungen* beachtet werden, die – oft von der Wirtschaftsentwicklung beeinflußt – zu Nachfrageverschiebungen führen (z. B. Fahrradboom, Naturwolle).

Schließlich müssen *konjunkturelle* und *strukturelle* Veränderungen beobachtet werden (z. B. Stahlkrise führt zu Strukturverschiebungen, Hochzinsphase zu geringerer Kreditneigung). Hilfreich sind bei solchen Untersuchungen die Wirtschaftsteile von Tageszeitungen, spezielle Wirtschaftszeitungen, Fachzeitschriften und die Branchenmeldungen der Verbände und Kammern. Mit dem «Gründerboom» haben findige Geschäftsleute den Markt mit solchen Spezialinformationen bereichert (Rentrop, Computerdienst Volksbanken, Impulse).

6. Kundenverhalten und Kaufentscheidung

Das Verhalten von Menschen wird durch physische und psychische *Bedürfnisse*, die in ihrer heutigen Ausprägung weitgehend sozial bestimmt und bestimmbar sind, geprägt. Hunger, Durst, Sexualität, Schlafbedürfnis, Prestigebedürfnis und Streben nach Anerkennung sind treibende Kräfte. Die Bedürfnisbefriedigung ist weitgehend vermarktet, d. h. ist zur Ware geworden und kann nur noch durch den Kaufakt geschehen, weshalb der Mangel an Geld vornehmlich die Psyche des Menschen angreift und dessen Integration in die Gesellschaft, die sich über die Warenbeziehung abspielt, weitgehend stört.

Je anonymer die Lebensweise (Großstadt-Singles), um so größer wird die Bedeutung der Kommunikation als Mittel der Kundengewinnung. In vielen Bereichen tritt das Produkt bereits in den Hintergrund, das Erlebnis in den Vordergrund. Dies gilt nicht nur für Kiosk und Kneipe. So geht man nicht zum «besten» Masseur, sondern zum bestinformierten, sucht Kontakt von Bäckerei bis Videothek, von Buchhandlung bis Brummi-Fahrer-Imbiß.

Voraussetzung ist eine kundenfreundliche Stammbesetzung in den Geschäften. Hierdurch ergibt sich ein Vorteil gegenüber großen Ladenketten, die durch zahllose Teilzeitkräfte weder die erforderliche Kontinuität gewährleisten noch das Personal zu einer Freundlichkeit, die über das McDonald's-Lächeln hinausgeht, anstiften können – beides Voraussetzungen für die persönliche Kundengewinnung und Bindung. Persönlicher Verkauf bis hin zum Verkauf der eigenen Persönlichkeit ist also eine der letzten Chancen des Kleingewerbes.*

Neben diesen Bedürfnissen spielen *Erfahrungen* eine Rolle. Viele Kunden sind sehr stark davon geleitet, wie sie in einem Geschäft behandelt werden. Dabei spielen rein sachliche Gesichtspunkte (fachliche Beratung) in vielen Bereichen eine geringe Rolle (weshalb hierzulande auch so viele schwache Verkäufer Erfolg haben), während die emotionale Seite dominiert. So wird in einem «Alternativ-Betrieb» die Szene-Kleidung genauso erwartet wie im Juweliergeschäft Anzug und Kostüm. Dabei kommt es nur darauf an, wie der Kunde sich behandelt *fühlt*. Dies ist vor allem von der Konkurrenz abhängig.

Kein Mensch würde so vermessen sein, an der Kasse des Supermarktes noch Freundlichkeit zu erwarten, und in manchen Kaufhäusern ist man bereits auf «Verkäuferjagd» angewiesen, hat man eine Frage zum Produkt. Daher fiel Discobesuchern auf, wie nett und zuvorkommend doch die Bedienungen in der neuen Bhagwan-Disco auftraten, bevor die Bosse sich mit dem Geld ihrer Gläubiger nach Oregon absetzten. Das ist mensch nicht mehr gewohnt.

Umgekehrt ist es jedoch unangenehm, wenn man vom Verkäufer bzw. der Verkäuferin mit einem ständigen «Bitte sehr?» genervt wird und sich nicht in Ruhe umsehen kann. Dies ist vor allem in kleineren Geschäften der Fall, weshalb sich dort Kunden unter Kaufdruck gesetzt sehen und unter Umständen «zum Umschauen» doch lieber erst mal in ein Einkaufszentrum gehen.

Bei kleinen Geschäften ist im allgemeinen die Schwellenangst der

* Näheres hierzu in den Schlußexkursen unter: «Der Erlebniskauf».

Kunden groß. Kann man im Sommer sein Angebot vor der Tür ausbreiten, so belebt das sichtlich den Umsatz. Passanten können die Ware besichtigen, ohne die Schwelle überschreiten zu müssen. Wichtig sind ebenfalls große unverbaute Schaufenster, die Passanten auch nach Ladenschluß Einblick bis in die Regale gewähren. Gute Beleuchtung, Spiegeleffekte und viel Grün gehören heute ebenfalls dazu.

Relativ selten kommt bei Deutschen vor, daß sie sich vor Ort beschweren, denn das ist ihnen doch zu peinlich und «bringt doch nichts», wie sie sich stets versichern. Um so größer die Verwirrung und hilfloser die Reaktion einer Gaststätten-Bedienung, wenn auf die stereotype «Hat's geschmeckt»-Frage ein deutliches »Nein!« ertönt.

Solches Verhalten der Kunden korrespondiert oft mit einer erstaunlichen *Spätkonsequenz*. Viele Menschen haben in solchen Dingen ein Elefantengedächtnis und meiden einen Laden, in dem sie sich einmal schlecht behandelt fühlten, ihr Leben lang, selbst wenn der Laden schon dreimal den Besitzer gewechselt hat.

Für den Existenzgründer entstehen hier große Gefahren, aber auch Chancen, wenn er sich durchdacht und konsequent auf diese Fakten einstellt. Überdies spielt für die Kaufentscheidung auch das *soziale Umfeld* eine große Rolle, nämlich Familie, Freunde, Verwandte, Kollegen und unter diesen wiederum vor allem die «Meinungsführer». Daher ist es nicht verwunderlich, daß gerade Kneipen publikumsmäßig so homogen strukturiert sind.

Diese Überlegungen gewinnen Bedeutung für die Werbung, wobei – abhängig von Produkt/Leistung – noch unterschieden werden muß, ob der Hauptteil unserer Geschäfte in:

- Impulskäufen (z. B. Pizza an der Imbißecke),
- Routinekäufen (z. B. Zeitung am Kiosk) oder
- extensiven Kaufentscheidungen (z. B. Einrichtungsgegenstände im Möbelhaus)

besteht. Daneben ist entscheidend, ob wir vorwiegend an Privatleute oder an Geschäftsleute verkaufen, was wiederum mit der Theorie des «Überwirtes» korrespondiert. Daraus ergibt sich auch die Bedeutung des einzelnen Kunden für den Gründer.

7. Die Konkurrenz

Grundsätzlich ist jeder Unternehmer unser Konkurrent, denn was der Käufer an Geld beim Metzger läßt, kann er dem Autohändler nicht mehr geben.

Diese globale Betrachtung bringt aber dem Neugründer nichts und spielt eher auf der Verbandsebene eine Rolle.* Individuell vertragen sich Metzger und Autohändler meist, fühlen sie sich doch – auch ideologisch gefördert – als «Geschäftsleute» in einem Boot sitzend, in dem sowohl Angestellte als auch einfache Privatleute (ohne Vermögen und Titel) prestigemäßig keinen Platz haben. Außerdem treffen sie sich vielleicht im örtlichen Handwerker- und Gewerbeverein, wo sie in fröhlicher Runde unter anderem aushecken, wer im Kommunalparlament darüber wachen soll, daß der Hebesatz für die Gewerbesteuer nicht erhöht wird. In vielen Gemeinden sind sie sogar richtig kämpferisch gegen «das Großkapital» ausgerichtet und verhindern mittels Baunutzungsordnung seit zehn Jahren neue Standorte für Großmärkte.

Für den Neugründer ist der ein Konkurrent, der das gleiche Produkt oder ein Ersatzprodukt anbietet und in dem Marktgebiet operiert, das er für das seine hält.

So stellt z. B. ein Bio-Laden in Marburg für einen in Mainz keine Konkurrenz dar, wohl aber das Mainzer Reformhaus oder – mit Einschränkung – der Bio-Großversand. Ähnliche oder gleiche Unternehmen in sicherer Entfernung können uns unter Umständen Informationen liefern und Lieferantenbeziehungen verschaffen. Die Konkurrenz dagegen wird sich abschotten. Wir müssen sie um so sorgfältiger und mit dem nötigen Einfallsreichtum beobachten und erforschen.

Checkliste:

- Welche und wieviele Konkurrenten?
- Wer steckt dahinter? (Einzelunternehmer, Ladenkette, Konzern?)
- Was sind die Unternehmer bzw. ihre Repräsentanten vor Ort für Charaktere?
- Finanzkraft der Konkurrenz?

* So, wenn z. B. die Unternehmerverbände in fast trauter Eintracht mit Verbraucherverbänden gegen die bösen Mineralölkonzerne zu Felde ziehen, weil die «den Bogen mal wieder überspannt» haben, sprich, sich auch auf Kosten und Gefahren anderer Unternehmer Extraprofite unter den Nagel reißen.

- Dynamik? (Wie aggressiv ist Werbung, Reaktionsfähigkeit?)
- Preis- und Sortimentsgestaltung?
- Wie gehen die Geschäfte der Konkurrenz, und warum gehen sie so?
- Verhalten gegenüber Kunden
- Verhalten gegenüber dem Personal
- Verhalten gegenüber Zulieferern
- Marktmacht der Konkurrenz (Verhältnis zu Mitbewerbern)
- Einfluß der Konkurrenz auf Stadtverwaltung und Ortspolitiker.

Vorsicht ist geboten, wenn man seine Entscheidung aufgrund einer *Momentaufnahme* trifft. So kenne ich ein Schreibwarengeschäft, das in ungünstiger Lage zu einer Schule eröffnet hat, obwohl der Konkurrent direkt an der Schule lag. Begründung: «Der ist so unfreundlich zu den Kindern, daß die meisten lieber den Umweg zu uns in Kauf nehmen.» Dies war völlig korrekt beobachtet, doch nach kurzer Zeit machte der kinderfeindliche Konkurrent dicht (vielleicht, weil er sich wirklich mit seiner Einstellung die Kundschaft vergrault hatte!?). Sein Nachfolger ist äußerst kinderfreundlich und beliebt, weil der den lieben Schülern mit seinem tollen Kopiergerät die Spick-Zettel verkleinert – ein Service, der sich rumspricht.

Jetzt stehen die mit ihrer schlechteren Lage tatsächlich im Abseits. Sie haben die Dynamik der Entwicklung nicht beachtet und werden über kurz oder lang daran zugrunde gehen.
Eine unumgängliche Maßnahme wäre gewesen, sich unbedingt eine Option auf Übernahme beim Hauseigentümer offenzuhalten, um zu dem günstigen Standort wechseln zu können, sobald der Kinderfeind dicht macht. Am Schluß einer also notwendigerweise dynamischen Analyse muß man sich die Frage beantworten können: Wie reagiert die Konkurrenz auf meine Unternehmensgründung? Wird sie mir z. B. mit monatelangen Dumping-Preis-Kampagnen einheizen, so kann das in meiner Finanzbedarfsrechnung nicht unberücksichtigt bleiben. Setzt sie vermutlich die Gerüchteküche in Gang, so muß man vorher überlegen, ob man diese abblocken, im Vorfeld verhindern soll oder ob man kontert. Solche Schmutzkonkurrenz ist so alt wie die Marktwirtschaft und ändert nur die äußere Form. So war es z. B. in den fünfziger Jahren schick, über neu eröffnende, ausländische Gastwirte zu kolportieren, sie verwendeten Hundefleisch in der Küche. Heute wird anderes unterstellt, im Gastronomiebereich zunehmend erfolglos.

8. Preise und Leistung

Ein typischer Fehler von Neuanfängern liegt in der Preisgestaltung. Häufig wird nämlich geglaubt, man könne die alteingesessene Konkurrenz im Preiskampf aus dem Feld schlagen. Außerdem seien die Konkurrenzpreise ja wahnsinnig überteuert und man selbst daher in der Lage, durch Verzicht auf einen Teil des Stückgewinnes in den Markt zu kommen und durch gewonnene Absatzmengen, verbunden mit Fixkostendegression, die Profitmasse sogar noch zu steigern.

Beispiel: Konkurrent Videohändler Raffer, verkauft im Jahr 100 Videorecorder à 2000,– DM. Bei einem Kostpreis von 1000,– DM hat er 100 % Profit, das heißt 100 × 1000,– DM = 100 000,– DM.

Unser Konzept:

Wir nehmen nur 1500,– DM pro Recorder, das heißt 50 % Profit, dadurch nehmen wir Raffer 80 Kunden ab und lassen noch 200 potentielle Kunden zu tatsächlichen werden; daraus folgt: 280 × 500,– DM = 140 000,– DM Profit.

Da wird der Raffer aber staunen!

Zwei Fehler sorgen häufig dafür, daß zum Schluß *wir* die Staunenden sind:

1. Wir haben schlichtweg falsch kalkuliert, d. h. wesentliche Posten vergessen oder falsch umgelegt (Fixkosten). Raffer hat gar keine 1000,– DM Profit, sondern nur 500,– DM, und unsere Kosten, da wir noch nicht so gute Beziehungen haben und unsere Angestellten noch «menschenähnlich» behandeln, sind 20 % höher als die von Raffer, mithin 1800,– DM. D. h. bei *gleichem* Ladenpreis von 2000,– DM pro Videorecorder hat Raffer noch 500,– DM Profit, wir nur 200,– DM. Daher sollten wir vorsichtig sein, daß Raffer den Spieß nicht umdreht, solange er preislich mehr Luft hat als wir.

2. Wir haben geglaubt, die Kunden bei Raffer seien in erster Linie preisfixiert, während in Wirklichkeit die meisten von ihnen bei Raffer kaufen, weil dieser als guter Fachmann gilt, mit zahlreichen Vereinen Kontakt hat und im Kirchenchor singt. Daher wandern nicht 80 Kunden ab, sondern nur 10, wodurch unsere Profitmasse schon erheblich sinkt.

Daher sollte ein Anfänger von sich aus nur dann den Preiskampf beginnen, wenn der Preis in den veränderbaren Margen kaufentscheidend wird *und* wenn er preislich mehr Luft hat (z. B. günstigere Bezugsquellen, billigere Arbeitskräfte in Form von «Verwandtenausbeutung», günstigere Mieten etc.). Dies kommt bei Anfängern selten vor, weshalb man sich zunächst lieber in etwa den Preisen der Konkurrenz (bei vergleichbarer Leistung) anpassen sollte, um deren Reaktionen auf diesem Gebiet nicht unnötig herauszufordern.

Weit wesentlicher ist eine Abgrenzung und offensives Verhalten in der Frage des *Leistungsprogramms*. Dieses muß *kundengerecht* sein, *erlebbar* und auch *gewünscht*. Eine Leistung, die der Kunde nicht honoriert, ist sinnlos und wirkt eventuell sogar lächerlich (z. B. Damasttischdecken auf

Tischen einer Säuferkneipe). Oft wird der Wunsch allerdings erst durch das Angebot geweckt. Je höher der Kunde den Nutzenvorteil, den er bei uns erhält, einschätzt, desto mehr Spielraum gewinnen wir bei der Preisgestaltung. Wichtig ist daher, neben dem Produkt bzw. der Dienstleistung einen *Zusatznutzen* zu bieten, den der Kunde anderswo nicht zu bekommen glaubt.

Zur Leistung gehören neben dem eigentlichen Produkt auch dessen Verpackung, der Service, die Angebotspalette, Kundendienst, Lieferungs- und Zahlungsbedingungen, Garantie und Rückgabemöglichkeiten, Imagevorteil (bei Neuanfängern meist negativ). Daneben spielen zahlreiche subjektive Faktoren eine Rolle, z. B. die Ausgestaltung der Räume, Auftreten des Chefs, Aussehen und Verhalten der Verkäufer(innen) etc.

Auch hier muß untersucht werden, welche Leistungen die Konkurrenz bietet und welche nicht, und vor allem, was von den Kunden bereits als Mangel empfunden wird. Ideal ist eine Preis-Leistungs-Gestaltung, die den Kundenwünschen gerade gerecht wird. Dies ist bei Dienstleistungen besonders einfach. So kann eine Kosmetikerin ein Standardprogramm für eine Behandlung zu einem günstigen Preis entwerfen. Kunden, die mehr zahlen würden, versucht man diesen (Konsumentenrente genannten) Mehrbetrag durch besondere Leistung abzuknöpfen («Darf es etwas Besonderes für Sie sein?»). Vorsicht ist auch hier am Platze, damit Personen mit schmalem Geldbeutel sich nicht diskriminiert fühlen.

9. Das Marketing-Instrumentarium

Ein besonderer Kurs wäre allein für dieses Thema vonnöten. Der typische Anfänger-Fehler ist zu glauben, es reiche, mit einem ansprechenden Angebot zu einem ansprechenden Preis am Markt zu erscheinen. Richtig ist, daß er damit alleine in dieser reizüberfluteten Gesellschaft überhaupt nicht wahrgenommen wird, d. h. sein Angebot wird nur zufällig und in kleinsten Kreisen bekannt. Zwar ist diese

Flüsterpropaganda die beste, ist er jedoch auf Mengenumsatz angewiesen, so dauert sie viel zu lange. Die Anfangsverluste werden nicht enden, und er wird so unbemerkt vom Markt verschwinden müssen, wie er kam, etliche Kunden hinterlassend.

Wichtigster Grundsatz: Zur Geschäftseröffnung müssen die Elefanten tanzen, und die Presse muß dies im *redaktionellen Teil* berichten.

Jeder in unserer Zielgruppe muß durch unsere Eröffnungswerbung möglichst *mehrfach* berührt werden, z. B. durch mehrere Werbeträger. Dies verhindert schnelles Vergessen und zeugt (scheinbar) von unserer ökonomischen Potenz. Dabei muß die Werbung dem Angebot angemessen sein. So kann ein Leichenbestatter nicht durch eine Luftschiffwerbung in Erscheinung treten, die er am Standort eines Atomkraftwerkes macht. Die Antwort auf die Frage, ob man sich an eine professionelle Werbeagentur wenden soll, ist von Art und Umfang des Unternehmens abhängig. Auf alle Fälle sollte man den Rat von Leuten mit Ahnung einholen, die Werbung planmäßig und zielgruppenorientiert betreiben und genügend Geld dafür im Finanzplan einkalkulieren.

Je genauer ein Werbeträger unsere Zielgruppe abdeckt, desto geeigneter ist er. So ist z. B. für ein Sportfachgeschäft in Wiesbaden das «Wiesbadener Sportmagazin» der am besten geeignete Werbeträger, während eine Stehpizzeria in der Mainzer Neustadt, deren Zielgruppe geographisch eingeschränkt ist, durch Handzettelverteilung und Briefkastenwerbung die beste «Trefferquote» erzielt. Als *Verkaufsförderung* sind Sonderaktionen gerade zu Beginn sinnvoll, z. B. Gutschein für verbilligte Pizza auf den Werbezetteln.

Wichtig ist der Erstkontakt. Ist er hergestellt, kann das Angebot überhaupt erst wirken.

Die Hemmschwelle, ein neues Geschäft zu betreten, ist für viele groß. Die Flüsterpropaganda, d. h. Weiterempfehlung durch zufriedene Kunden über deren soziales Kontaktfeld, ist dabei weit erfolgreicher als jede Werbung, dauert jedoch einige Zeit und kann durch negative Flüsterpropaganda unzufriedener Kunden oder gar von der Konkurrenz lanciert konterkariert werden.

Neben Werbung und Verkaufsförderung sind *die Öffentlichkeitsarbeit* (für den Neuanfänger z. T. schwierig) und der *persönliche Verkauf* (für ihn vorrangig) zu nennen.

Man sollte sich nichts vormachen; zwar fördern die Zahl der Vorzimmer und der seltene persönliche Auftritt des Unternehmers unter Umständen dessen Image, der Anfänger kann sich einen solchen Luxus aber nicht leisten. Er muß auch mit dem scheinbar unbedeutendsten Kunden persönlich reden, stets präsent und dienstbereit sein. Dies macht meines Erachtens die unvermeidbare Hauptbelastung des Unternehmers aus. Mit zunehmender Etablierung kann er sich dann vom direkten Kontakt zurückziehen, d. h.

diesen gezielter einsetzen und Routineverkäufe delegieren. Dies sollte jedoch auch später behutsam geschehen und nie vollständig. Ohne persönlichen Touch fühlt sich ein Kunde schnell vergessen und wendet sich denen zu, die sich mehr um ihn kümmern. Hier sei auf die wichtige Rolle des Personals hingewiesen, das den Chef auch in den Augen der Kunden in Routinesachen vollständig ersetzen können muß.

Schließlich sei noch auf die Bedeutung des Firmensignets hingewiesen, das zu entwickeln man einem Grafiker überlassen sollte. Es darf nämlich nicht kleinkariert wirken und sollte mit Schriftzug und eventuellem Slogan komplett entwickelt werden. Als Block muß es *jede* Werbung, die Briefbögen, die Visitenkarte und die Eingangstür zieren und sich dem Kunden einprägen. Ein guter Test der Werbewirksamkeit ist, nach einiger Zeit einmal auf den gewohnten Werbeträgern eine Werbung *ohne* Firmennamen, nur mit Signet erscheinen zu lassen und mit Werbegeschenken die Werbeberührten aufzufordern, bei der werbenden Firma vorzusprechen.

> Die ersten zehn aufmerksamen Leser unserer Anzeige, die heute in unseren Mainzer Geschäftsräumen mit dieser Anzeige erscheinen, erhalten 100,– DM bar.
> Alle anderen eine Sondermünze als besonderes Dankeschön.

Wohin würde der Leser jetzt laufen? (Antwort im Anhang.)

10. Ein paar Bemerkungen in Sachen Zeitungsanzeigen

Eine besondere Bedeutung hat für viele Unternehmen die Kleinanzeige in der Zeitung. Sie ist unproblematisch aufzugeben («schalten» heißt das in der Fachsprache), aber teuer und wird, wie wir in zahllosen Tests im Rahmen unserer Kurse festgestellt haben, fast immer preislich unterschätzt. Wir wollen den Test auch den werten Lesern nicht vorenthalten. Macht halt ein Spielchen draus, setzt einen Preis für den Gewinn aus und stellt folgende Frage:

Was kostet eine Anzeige in abgebildeter Größe in einer regionalen Tageszeitung, Auflage 66000 Exemplare, 2spaltig, im «Anzeigenfriedhof», ohne Extras, ohne Rabatt für Mehrfachschaltung, ohne Mehrwertsteuer?

?

(Lösung steht hinten, und daher wird der Besitzer des Buches nicht mitspielen dürfen, zumindest aber nicht gewinnen, weil sonst jeder glaubt ...)

Spiel zu Ende?

Einige werden wohl auch einen höheren Betrag geschätzt haben und jetzt in den Ruf «So billig» ausbrechen.

Diese sollten einmal den «Anzeigenfriedhof» einer Zeitung durchblättern, um – je nach Rubrik unterschiedlich – feststellen zu können, wie leicht eine solche Größe übersehen wird. Wenn ihr die Zahl der Anrufer / Besucher exakt feststellen könntet, die aufgrund einer solchen Anzeige mit euch in Kontakt treten, dann könntet ihr die Werbekosten pro Werbeberührten ermitteln.

Beispiel: Aufgrund der o. g. Anzeige versammeln sich 20 Leute vor unserem Saftladen, um sich die Sache mal anzusehen:

$$\frac{\text{Werbekosten}}{\text{Werbeberührte}} = \ldots\ldots\ldots\ldots\ldots$$

Könnt ihr ruhig mal selbst ausrechnen! (Lösung nicht im Anhang!)

Ihr seht, soviel Saft können die vielleicht 15 Leute, die dann wirklich den Laden als Kunden betreten, gar nicht trinken, damit die Anzeigenkosten wieder reinkommen. Daher können unsere Saftladenbesitzer nur darauf hoffen, mit jeder Anzeige einige Stammkunden zu gewinnen, die den Profit bringen und möglichst noch kostenlose Flüsterpropaganda machen.

Erfolgreicher sind Anzeigen im Textteil der Zeitung. Die sind i. d. R. aber viermal so teuer, was auch sein Gutes hat, da sonst jede Zeitung bald wie ein Anzeigenblatt aussähe.

Natürlich können sich große Unternehmen Schaltungen im Textteil locker leisten und haben daher auch hierdurch Wettbewerbsvorteile. Ein klein bißchen billiger werden die Anzeigenpreise durch Mengenrabatte, z. B. bei 6 Schaltungen im Jahr 5 %, bei 12 10 %, bei 24 20 %. Je größer und etablierter eine Zeitung, desto weniger braucht ihr euch einzubilden, «mit denen handeln» zu können. Ihr werdet im übrigen feststellen, wie viele Zeitungen zu sogenannten Zeitungsgruppen zusammengeschlossen sind, d. h. wie wenig Konkurrenz es gerade auf dem lokalen Markt gibt, was die Preise natürlich leicht nach oben gehen läßt. So hat unser lokales Monopolblatt 1985 die Millimeterpreise um satte 20 % erhöht, mit der Begründung, sie hätten ja schließlich seit 15 Monaten (!) keine Preiserhöhung mehr vorgenommen. Und: der neue Preis ließ sich offensichtlich mühelos «am Markt durchsetzen», wie die standardisierte Formulierung heutzutage lautet. Die Quittung: Seit 1988 gibt es in Mainz ein Konkurrenzblatt.

Kleinere, neue Zeitungen und Anzeigenblätter müssen dagegen oft erhebliche Zugeständnisse machen, um «in den Markt» zu kommen. Bei denen müßt ihr euch dann fragen, ob und von wem das Blatt überhaupt gelesen wird.

Aus der Problematik läßt sich, ist man auf Zeitungsanzeigen ange-

Marktprofi

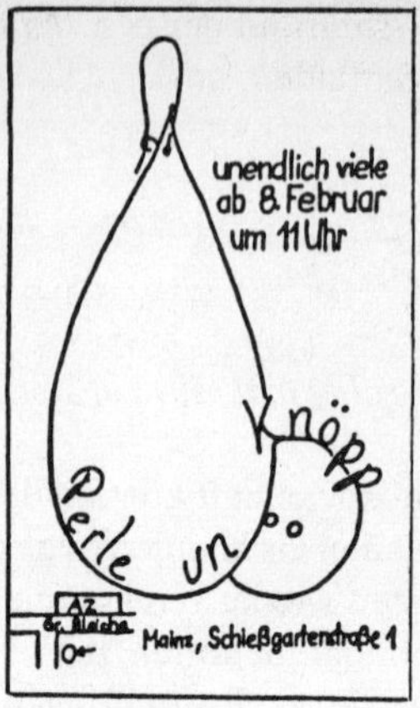

Marktamateur

wiesen, nur eine Folgerung ziehen: Die Anzeige muß, so klein sie ist, auf jeden Fall *auffallen*. Oft ist ein Grafiker nötig (engagierte Studenten gibt es ab 50,– DM/Stunde).

Wichtig ist, die rechteckige, gradlinige Form, die im Anzeigenfriedhof dominiert, zu durchbrechen.

So klein sie sind, sie wirken auf der ganzen Seite *und* sagen durch die Form was aus.

Jedoch eine Warnung sei gleich angeschlossen:

Je besser sich dieses Buch verkauft und je mehr Inserenten plötzlich die herkömmliche Form verlassen, um so mehr nutzt sich dieses Mittel ab.*

Und noch was ist wichtig: Macht euch die Gedanken um die Gestaltung eurer Werbung möglichst frühzeitig. Denn zur Eröffnung hin ist die Hektik groß, und dann sind schnell aus Zeitnot Zugeständnisse zu Lasten von Qualität/Originalität gemacht. Um die einseitige Fixierung auf Zeitungsanzeigen aufzuheben, Phantasien zu beflügeln und ein realistisches Preisgefüge in den Köpfen entstehen zu lassen, sei auf eine Reihe von Werbemöglichkeiten und deren Preis verwiesen (vgl. die Tabelle im Anhang).

* Das ist ein ähnliches Phänomen wie bei den zusätzlichen Heckbremsleuchten in Pkw («Schaufensterbeleuchtung»).

Beispiel: Den Inhabern des Glasperlen- und Knöpfe-Ladens in Mainz war schnell klar, daß ihre 200,– DM teuren Zeitungsanzeigen nicht die optimale Werbung sind, zumal sie damit bestimmte Teile ihrer Zielgruppe (Schülerinnen) kaum erreichten. Also beschlossen sie, Glasperlen aus Werbezwecken zu verschenken. Da aber Perlen zu klein sind, um publikumswirksam verschenkt werden zu können, legten sie je eine Perle in ein aufgeblasenes Cellophan-Tütchen, gaben eine kleine Visitenkarte bei und banden das Tütchen zu. Mit einem Korb voller Werbegeschenke gingen sie dann durch die Cafés und vor Schulen. Die Aktion kostete, die eigene Arbeitskraft nicht gerechnet, weniger als *eine* Zeitungsanzeige und erreichte ca. 1000 Personen. Die Verteiler/-innen trugen natürlich selbstgebastelten Perlenschmuck …

III. Die Finanzierung – ohne Moos nix los

1. Absatzmengen- + Absatzpreisplanung = Umsatzplanung

Wie schon angedeutet, spielen die kalkulierten Preise und Mengen für die Ermittlung der benötigten Finanzmittel eine entscheidende Rolle. Für den Anfänger ist diese Kalkulation erheblich schwieriger als für den Profi, der aufgrund langjähriger Erfahrung bereits ein Gespür für die Vermarktungslage entwickelt hat. Grundsätzlich bieten sich drei Möglichkeiten.

1.1. Teilmärkte

Man bildet aus «unserem» Markt einen repräsentativen Teilmarkt und beackert diesen intensiv. Dies ist billiger, als auf dem Gesamtmarkt einzusteigen, und schafft dennoch einen Überblick über das Kundenpotential.

Auf diesem Teilmarkt können wir dann nach Herzenslust auch Preis-, Marketing- und Leistungstests durchführen, ohne daß unsere Fehlversuche gleich überall bekannt werden.

Problematisch daran ist, wie ein solcher Markt geschaffen werden kann und ob er sich so einfach abgrenzen läßt.

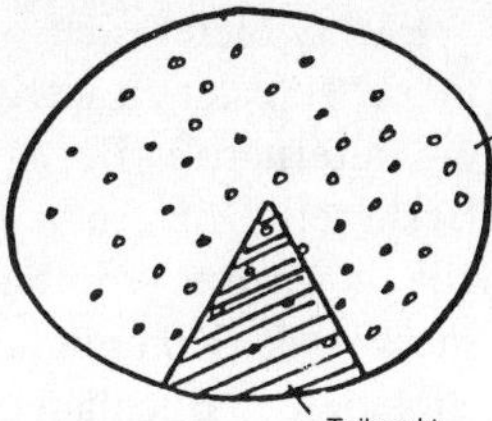

Abgrenzungsmöglichkeiten:

- Filiale nur in einem bestimmten Gebiet,
- Werbung nur mit bestimmten Werbeträgern bzw. Werbemitteln,
- Scheinanzeigen, d. h. wir bieten etwas an, was wir noch gar nicht besitzen, um die Resonanz zu testen (eine oft von Baulöwen benutzte Methode).

Auch ist es schwierig, das Problem der Repräsentativität zu lösen. Wir müssen hierbei auf die Klassifikationsmerkmale (siehe Käuferpotential) unseres Marktes zurückgreifen und diese auf den Testmarkt anwenden. Kommt der Testmarkt unserer Zielgruppe näher als das durchschnittliche Käuferpotential unseres Marktgebietes, so müssen Abstriche vom Umsatzergebnis gemacht werden.

Aus geographischen Gründen ist Berlin für Großunternehmen ein bevorzugtes Testgebiet. Die Ab«grenzung» ist sprichwörtlich, es handelt sich um einen von absatzpolitischen Gesichtspunkten her vorteilhaften «Punktmarkt», d. h. zum Beispiel keine größeren Entfernungen, hohe Verdichtung der Wohnstruktur.

Problematisch ist jedoch die soziale Zusammensetzung (Überalterung, zu viele «Alternative»).

Beispiel «Schlafsäcke»: Wir wollen den Großstädtern für ihre Hinterhöfe und Gärten einen «Schlafsack für Ohrwürmer»* verkaufen, damit sie auch ihren Teil zum Erhalt der Natur in der Stadt beitragen können.

Berlin bietet sich an, um als Teilmarkt getestet zu werden. Also rein in die alternative Berliner Presse (taz-Berlinteil, Zitty usw.), Rundbrief an alle Öko-Bürgerinitiativen, «Schlafsäcke» als Kommissionsware in alle Bioläden, Buchläden, Gärtnereien usw. bringen, Stände auf allen «alternativen» Festen, Messen, Ausstellungen. «Schlafsäcke» über Lehrer/innen und Erzieher/innen an Schulen und Kindergärten verschenken, die über eine Grünanlage verfügen. Natürlich muß ein flotter Slogan kreiert werden («Jute hält den Ohrwurm warm»), und die Testmarktaktion soll

* Nein, kein Jux. Dieses mit Holzwolle gefüllte Jutesäckchen zum Aufhängen in Bäumen und Sträuchern gibt es, und ich kenn sogar jemanden, die es für 5 DM gekauft hat ...

zeitlich begrenzt sein. Gelingt es uns innerhalb der Zeitvorgabe nicht, die projektierte Zahl von «Ohrwurmschlafsäcken» zu verkaufen, so wird die Aktion abgebrochen, der Restbestand an einen «alternativen» Versandhandel zum Dumpingpreis verscherbelt und in Westdeutschland keine Verkaufskampagne begonnen. Westdeutsche Insider, die dennoch von der mißlungenen Aktion Wind bekommen, können diese dann getrost auf das Konto «Die spinnen doch, die Berliner» buchen.

Hat man schon einen «guten Namen», so empfiehlt es sich, die Operation Testmarkt unter dem Namen eines neuen Unternehmens zu beginnen, so daß das Mißlingen der Aktion nicht neben Geld noch den Ruf kostet.

Geht es dagegen gut, so wird die Aktion, gewürzt durch die Berliner-Testmarkt-Erfahrung, in Westdeutschland unter dem alten guten Namen angeleiert.

1.2. Vergleichsmarkt

Wir suchen nach einem Gebiet, wo ähnliches aufgezogen wurde, wie wir es vorhaben, und bereisen dieses.

Beispiel Sportzeitung: Wir wollen in Mainz eine Sportzeitung machen, erfahren, daß es so etwas schon in Hamburg gibt, und fahren

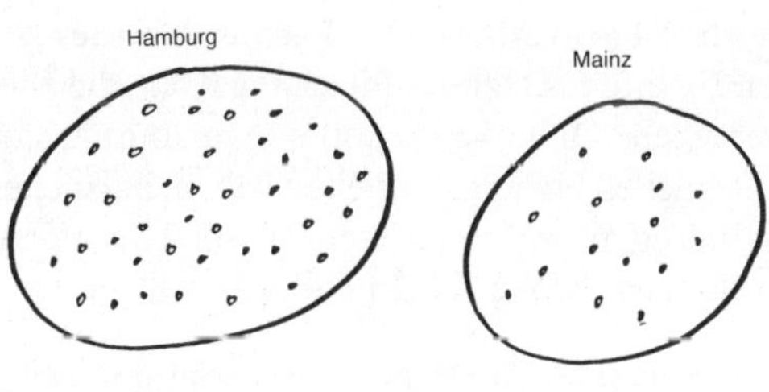

dorthin. Der dortige Unternehmer ist kein Konkurrent und vielleicht so freundlich, uns einiges zu erzählen (Erfahrungsaustausch), wenn wir ihn zu einem tollen Essen einladen, ihm kräftig schmeicheln und die Vorteile von Artikelaustausch oder ein paar heiße Tips ausspielen. Stoßen wir bei ihm auf Granit, so läßt sich vielleicht auf Umwegen etwas erfahren: Personal, morgendliche Verfolgungsjagd der Abo-Austräger, Rundlauf durch alle Hamburger Kioske mit der Frage, ob sie die Zeitung führen und wie gut sie geht, wer sie kauft usw. Anfrage bei Vereinen, in der Druckerei, fingierter Anzeigenauftrag mit der Bitte um festgestellte Verkaufsauflagen und Anzeigenpreisliste.

Kurz und gut: je größer der Umweg, desto mehr Arbeit und desto größer die geforderte Phantasie.

Nächste Adressen sind die IHK Hamburg, der Zeitschriftenverlegerverband, evtl. ein Unternehmensberater. Schließlich noch müssen wir Hamburg mit Mainz vergleichen: Einwohner, Sportvereine, Sportarten, Konkurrenz etc. Vielleicht stellen wir jetzt fest, daß Hamburg und Mainz kaum vergleichbar sind, aber auch in Bochum eine solche Sportzeitschrift existiert. Dann beginnt die Sache von neuem, und am Start in Bochum wird man feststellen, um wieviel planmäßiger man die Untersuchung organisiert und was man selbst bereits an Erfahrung dem Branchenkollegen in Bochum zum besten geben kann.

1.3. Statistik

Schließlich bleibt die Möglichkeit, Statistiken zu wälzen. Adressen dabei sind die Fachverbände*, Fachzeitschriften, Statistische Landesämter, Institut für Handelsforschung Köln, die alle über *Branchendaten* verfügen. Ohne Scheu sollte man Journalisten, die über betreffende Branchen etwas geschrieben haben, aufsuchen und zu ihrer Meinung befragen, was in unserem Beispiel Sportzeitung jedoch nicht ratsam ist, da sie vielleicht Konkurrenz wittern.

* Die überall genannte IHK hat meist nur die Funktion eines Wegweisers, der einen an kommerzielle Berater oder an Fachverbände u. dergl. verweist. Viel Brauchbares haben die Ratsuchenden von der IHK selbst selten in die Hände bekommen.

Das Buch «Verbände und Organisationen der Wirtschaft» läßt die Unzahl möglicher Ansprechpartner deutlich werden (z. B. Branchendienst der Sparkassen). Bei den Branchendaten sollte man sich an den Mindestumsatzzahlen orientieren, denn ein Anfänger steht fast immer schlechter da als der Durchschnitt der Branche. Je besser das Zahlenmaterial von uns aufbereitet und präsentiert wird, desto leichter ist es auch, einem Banker den Kreditwunsch näherzubringen, denn erstens liebt er meistens Statistiken und Tendenzen, zweitens steigt dann seine Achtung vor unserem Können und unserer Ernsthaftigkeit. Als Krone des Ganzen sollte man die Zahlen auch noch kurz «problematisieren» und dann ins Exposé (siehe oben) heften.

Kommen wir auf unseren Saftladen zurück. Wir kalkulieren, abgesichert durch genannte Methoden, mit 2,50 DM/Glas und mit folgenden Monatsmengen:

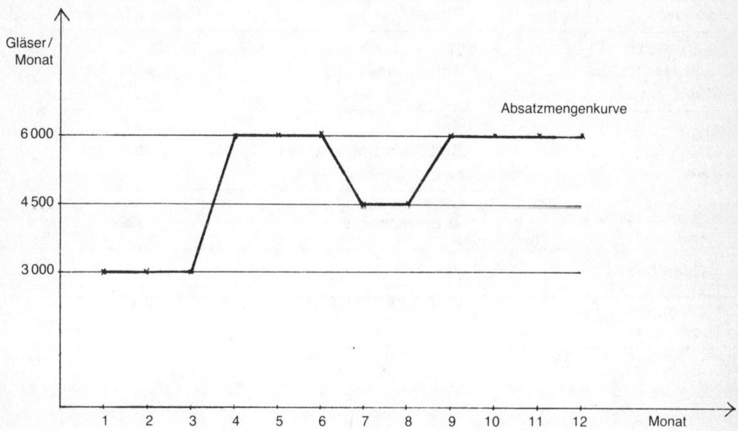

Soweit die fundierten Umsatzdaten. Diese Sollzahl sollte jeden Monat mit der Istzahl verglichen werden, d. h. eine Umsatzgraphik gehört nicht nur in Comics zum Unternehmen. Wir stellen die Abweichungen so am schnellsten fest und können Teilziele setzen und das Kollektiv oder die Angestellten informieren und damit motivieren. Wer nicht glaubt, daß man Angestellte mit solchen Zahlen motivieren

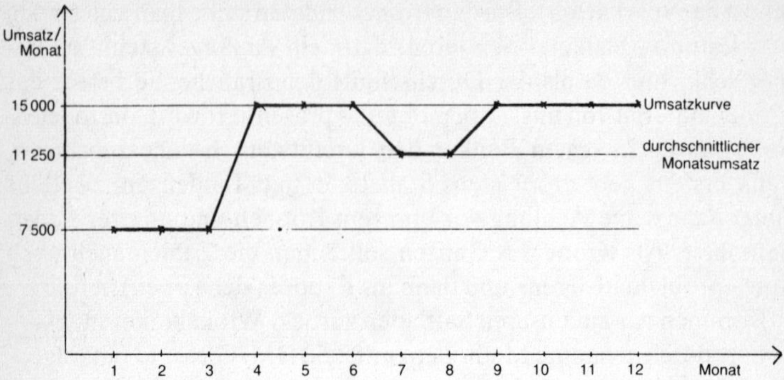

Monat	Phase	Gläser / Monat
Januar Februar März	Anlaufphase	3000
April Mai Juni	Stabilisierungsphase I	6000
Juli August	«Sommerloch»	4500
September Oktober November Dezember	Stabilisierungsphase II	6000

kann, täuscht sich. Selbst gewerkschaftlich engagierte Verkäufer/innen lassen sich zu stolzen Worten hinreißen, wenn «unsere» Abteilung wieder mal den höchsten Tagesumsatz gebracht hat. Die Identifikation* der Angestellten mit «ihrem» Unternehmen mag im Bereich des Handels besonders hoch sein (trotz schlechter Bezahlung und unangenehmen Arbeitszeiten), indes ist sie in vermindertem Umfang auch in anderen Bereichen wirksam bzw. erwirkbar.

2. Der Kapitalbedarf

Reicht der geplante Umsatz unserem Saftladen?

Diese Frage können wir jetzt noch nicht beantworten. Zunächst einmal müssen nämlich der *Kapitalbedarf* und dann die *Kosten* ermittelt werden, was wiederum einige Begriffserklärungen voraussetzt.

* Ausdrucksform dieser Identifikation ist z. B. der unreflektierte Sprachgebrauch: «Das haben *wir* nicht», «*Unsere* Waren sind von bester Qualität». Kommt es ob der langen Wartezeiten an der Kasse zum Streit, so greift der Kunde die Kassiererin an, und diese verteidigt sich *und* das Unternehmen («*Wir* können auch nicht hexen»). Äußerst selten ist dagegen ein gemeinsames «Wir» zwischen Kunden und Kassiererinnen gegen die Chefs («*Was die* mit *uns* machen»).

2.1. Anlagevermögen und Abschreibung

Unter *Anlagevermögen* versteht man all das, was auf längere Zeit betrieblich genutzt wird (Investitionen), z. B. Grundstücke, Gebäude, Maschinen und Anlagen, Fuhrpark, Geschäftsausstattung (z. B. Büroschränke, Schreibmaschine).

Kauft man dies, so ist viel Geld nötig (hoher Liquiditätsbedarf) am Anfang. Zu *Kosten* wird eine Investition aber – erst und nur – im Rahmen ihrer *Abschreibung*, und auch nur in diesem Rahmen kann man sie von der Steuer absetzen. Ausnahme: Investitionen bis 800,– DM können *sofort* abgesetzt werden.

Beispiel: Für unseren Saftladen ist eine Saftpresse für 20000,– DM (Kapitalbedarf, Anlagevermögen) gekauft worden, die fünf Jahre nutzbar ist. D. h. die Abschreibung pro Jahr beträgt 20000,– DM : 5 = 4000,– DM.

Die Abschreibung dient dazu, den Gewinn (hier: fünf Jahre lang) zu mindern, so daß am Ende wieder das Geld zum Kauf einer neuen Maschine vorhanden ist.

Anders ausgedrückt: ohne Abschreibung würden die 4000,– jährlich als Gewinn erscheinen, vom Unternehmer je nach Charakter verfressen, versoffen oder in andere Bereiche langfristig investiert. Bricht dann die Saftpresse prognosegemäß nach 5 Jahren auseinander, so fehlt das Geld für eine neue.*

Für die Steuerzahlung ist die Abschreibung bedeutend. Nur im Rahmen der Abschreibung nämlich kann die Maschine als Kostenposten die Steuerzahlung mindern.

* Problem daran ist jedoch, daß auch bei Abschreibung die 20000,– DM wegen der Geldentwertung i. d. R. nicht ausreichen, um in 5 Jahren wieder eine Saftpresse kaufen zu können.

Beispiel: Beträgt die Abschreibung für unsere Saftpresse 4000,– DM pro Jahr, so sind nur diese 4000,– pro Jahr Kosten, die die Einkommensteuer mindern. Beträgt der Steuersatz der Einkommensteuer (Näheres unter Kapitel V) 30 %, so führt die Abschreibung zu folgender Steuerersparnis:
30 % von 4000,– = 1200,–.

Daher ist dem Unternehmer so sehr an *hohen* Abschreibungssätzen gelegen, denn wäre die zulässige Abschreibung 8000,– im Jahr, so könnte sich seine Steuerersparnis verdoppeln. Insgesamt können natürlich stets nur die Anschaffungskosten der Saftpresse abgeschrieben werden, also zusammen 20000,– DM. Aber ein gutverdienender Unternehmer will natürlich lieber heute Steuer sparen als morgen.

Für Neugründer ist das meist weniger bedeutend, denn ist ihr Steuersatz 0 % – durch Verluste am Anfang –, so wirkt auch die Abschreibung vorerst nicht:
0 % von 4000,– = 0,– Steuerersparnis.

(Beachte jedoch: Vor- und Rücktragbarkeit, Kapitel V.)

Ob Abschreibung oder nicht – empfindlich trifft den Unternehmensgründer der hohe Geldbedarf (z. B. 20000,– für Saftpresse) am Anfang, den man – soweit durch Investitionen verursacht – dadurch verringern kann, daß man mietet, least * (dann siehe unten: Betriebskosten) oder Gebrauchtmaschinen kauft.

2.2. Umlaufvermögen

Darunter versteht man all das, was den Betrieb nur durchläuft, d. h. entweder zum Verbrauch oder zum Verkauf bestimmt ist, z. B. Rohstoffe, Hilfsstoffe, Betriebsstoffe, Waren, Forderungen, Kasse, Bankkonto.

Der Finanzbedarf ist auch davon abhängig, wie schnell das Waren-

* Leasing ist in allen mir bekannten Fällen für Unternehmensgründer zu teuer. Auch wer glaubt, man könne da mit geringen Sicherheiten tolle Maschinen bekommen, irrt gewaltig.

lager umschlägt. So brauchen Antiquitäten im Schnitt ein Jahr. Drogerieartikel nur sechs Wochen und Hackfleisch – hoffentlich – nur einen Tag, bis es verkauft ist. Was schneller verkauft wird, bringt schneller Geld in die Kasse, womit wieder neue Ware gekauft werden kann (*Umschlagsgeschwindigkeit*); mithin wird der Kapitalbedarf verringert. Der Kapitalbedarf ist für eine sinnvoll bemessene Erstausstattung zu berechnen. Das Warenlager kann um so kleiner sein, je schneller und zuverlässiger unsere Lieferanten sind (negativer Extremfall: Warenhortung in der Sowjetunion). Die Zeit, die vergeht, bis ein Kunde bezahlt hat, ist ebenfalls maßgeblich für den Kapitalbedarf, denn solange ein Kunde nicht zahlt, d. h. wir Forderungen an ihn haben, müssen wir ihn kreditieren. Daher ist ein Anreiz oft sinnvoll, um zur schnelleren Zahlung zu bewegen.

Beispiel: Zahlungsfrist 30 Tage, 2 % Skonto * bei Zahlung innerhalb zehn Tagen. Klingt harmlos, ist aber auf 20 Tage gerechnet ein ziemlich hoher Zinssatz.
Formel:

$$\frac{\text{Skontosatz}}{\text{Zahlfrist ./. Skontofrist}} \times 360 = \text{Skontovorteil (in Prozent)}$$

$$\frac{2}{30 \text{ ./. } 10} \times 360 = 36\%$$

Das heißt, wer seine Schulden gleich zahlt, erhält dafür einen Nachlaß, der einer 36%igen Bankverzinsung für 20 Tage entspricht. Es kann also sinnvoll sein, einen Überziehungskredit (Betriebsmittelkredit) in Anspruch zu nehmen, um eine Rechnung rechtzeitig mit Skontoabzug zahlen zu können.

* Skonto ist ein Rabatt, der bei Barzahlung oder bei Zahlung innerhalb einer kurzen Frist gewährt wird.

Außerdem gilt es als Zeichen guter Bonität, wenn die Zahlungen unter Ausnutzung des Skontovorteils geleistet werden.

Beispiel: Unser Saftladen hat es da verhältnismäßig einfach. Er braucht lediglich Obst und Gemüse, die er für drei Tage bevorratet (3 × 500,– DM). Die Kunden zahlen bar. Wir haben also eine hohe Umschlagsgeschwindigkeit des Warenlagers und schnelle Geldeingänge, was zu hierfür recht geringen Liquiditätserfordernissen führt.

2.3. Betriebskosten

Darunter verstehen wir alle Kosten, die durch den Betrieb entstehen und die, da sie oft vorverauslagt werden müssen (Anlaufschwierigkeiten, Kreditierung), den *Finanzbedarf* (Liquiditätsproblem) bestimmen, weit stärker jedoch für die *Rentabilität* eine Rolle spielen. Betriebskosten sind z. B. Löhne, Mieten (Abschreibungen), Verwaltungskosten aller Art, Heizkosten, Zinsen (hängen von der Summe des Finanzbedarfs ab), Fahrzeugkosten,* Wartung und Reparatur, Werbekosten, Steuern, Steuerberater, Versicherungen und ... und ... und ...

Sie sollten auf Monatsbasis berechnet werden. Der Finanzbedarf sollte so ausgelegt sein, daß für *mindestens drei Monate* die Betriebskosten vorverauslagt werden können, ohne daß eine Mark hereinkommen muß.

Beispiel:

Betriebskosten Saftladen

Die Daten sind aus dem letzten Kapitel bekannt, jedoch müssen sie jetzt weit genauer geprüft sein als in der Phase der Vorüberlegungen. Wir übernehmen sie hier unverändert.

* Wie man seinen PKW und das liebe Telefon steuerlich behandeln kann, klären die Schluß-Exkurse.

Löhne und Gehälter:	0,–
Miete (incl. Nebenkosten):	2000,–
Werbekosten (Anlaufphase):	500,–
Allgemeine Verwaltungskosten:	100,–
Versicherung und Steuern (ertragsunabhängige):	100,–
Abschreibung:	400,–
Zinsen (Zahl aus nachfolgender Kapitalbedarfsrechnung):	200,–
Kfz-Kosten:	200,–
	3500,– × 3 Monate =
	10500,–

Die Abschreibung *muß* natürlich liquiditätsmäßig am Anfang nicht eingespielt werden, wird sie jedoch auf Dauer nicht eingespielt, sagt das etwas über die Rentabilität des Ladens.

Ein Jahresbericht des Vereins Creditreform erklärt den starken Anstieg der Zusammenbrüche bei 4–10 Jahre alten Firmen mit «anhaltendem Kapitalverzehr», sprich, die Abschreibungen konnten nicht erwirtschaftet und damit der Neubedarf an Investitionen nicht finanziert werden, was die Wettbewerbsfähigkeit sinken ließ.

2.4. Kosten der eigenen Lebensführung

Mit der Unternehmertätigkeit entfallen im allgemeinen die Arbeitseinnahmen. Wer von seinen Aktiendividenden oder Mietshäusern nicht leben kann, wird daher schon am Anfang Geld aus der Unternehmung entnehmen müssen, d.h., der Kapitalbedarf steigt entsprechend. Die Kosten der eigenen Lebensführung sind relativ unterschiedlich. Alternative und Kleinbürger sind zu äußerster Askese fähig, während Freiberufler zu eher aufwendigem Lebensstil neigen. Auf alle Fälle sollten sich die Berechnungen auf die Grundlage der bisher benötigten Summen beziehen und die persönlichen Versicherungen addieren (siehe Versicherungen). Für sechs Monate sollte der Finanzbedarf berechnet werden.

Beispiel: Unsere Saftladenbesitzerin hat es auch hier gut. Sie lebt von den Zinsen ihrer Sparkassenbriefe, und auch ihr Freund will kein Gehalt, sondern nur einmal die Woche ein saftiges Rindersteak im argentinischen Restaurant als Anerkennung:

200,– DM pro Monat × 6 = 1200,– DM.

3. Rentabilität und Liquidität am Beispiel Saftladen

3.1. Gesamtkapitalbedarf

1. Investitionen für Anlagevermögen:	20000,–
2. Umlaufvermögen (Grundausstattung):	5000,–
3. Betriebskosten (3 Monate):	10500,–
4. Kosten d. priv. Lebensf. (6 Mon.):	1200,–
= Gesamtkapitalbedarf:	36700,–
+ Reserveaufschlag* (15%):	5500,–
	42200,–

3.2. Rentabilitätsberechnung

Wir greifen auf die bereits bekannten Zahlen zurück und nehmen der Einfachheit halber an, unsere Schätzungen (Kapitel I) hätten sich exakt bestätigt. Das Gegenteil ist meist realistischer.

Wir trennen jedoch jetzt die Abschreibung von den übrigen Betriebskosten (3500,– ./. 400,– = 3100,–).

Unsere Saftladenbesitzer haben eine augenscheinlich prächtige Rentabilität – und das schon am Anfang. Stets liegt der Umsatz über den

* Der Reserveaufschlag wird gebildet, um unvorhergesehene Kostensteigerungen abzufangen (Inflation, Fehlkalkulation, Vergessenes).

1. Abschreibung:	400,–
2. Betriebskosten (ohne Abschr.):	3 100,–
3. Rohstoffkosten (Durchschnitt):	5 000,–
= Monatskosten:	8 500,–
durchschn. Monatsumsatz:	11 250,–
Über-/Unterschuß:	+ 2 750,–

Gesamtkosten. Jedoch der Schein trügt. Bei näherem Hinsehen erkennen wir auf Anhieb, worin die Pracht liegt:

Es bestehen praktisch keine Personalkosten, d. h. die beiden betreiben rigorose Selbstausbeutung.

Um ein realistisches Bild vom Saftladen zu bekommen, führen wir in die Rentabilitätsrechnung *kalkulatorische Kosten* ein. Dies sind Kosten, die zu keinen Ausgaben führen und praktisch nicht entstehen, die aber anzusetzen sind, um herauszubekommen, ob die Sache auch unter normalen Umständen rentabel wäre.

Kalkulatorische Kosten müssen überall da angesetzt werden, wo man etwas umsonst bekommt, was normalerweise nicht umsonst ist. Kennzeichnend ist der Satz: «Ich könnte ja auch statt dessen ...»

Überlegt mal selbst, was bei euch alles «umsonst» vorhanden ist und anders genutzt werden könnte ...*

Da die kalkulatorischen Kosten nicht beachtet werden, täuschen sich viele Kleinunternehmer über ihre wirkliche Lage.

Beispiel: Ein Tante-Emma-Ladenbesitzer, der bei mir um die Ecke seit 50 Jahren sein Geschäft im eigenen Haus betrieb, erzählte mir, als er vor einem Jahr dichtmachte und die Räume an eine Boutique vermietete: «Die zahlen halb soviel Miete, wie ich früher am Laden verdiente.»

Das heißt, der Mann hätte die Hälfte seines Gewinns der «kalkulatorischen Ladenmiete» zuzuschreiben gehabt. Daneben hätte er sei-

* Kleintransportunternehmer sind da besonders großzügig. Da sie das Auto ja sowieso haben, rechnen sie nur Benzin in ihre Kosten ein. Die Wochenenden verbringen sie – ebenfalls unberechnet – unter dem Auto. So akzeptieren sie jede Frachtrate ihres Auftraggebers und haben vorübergehend sogar Geld in der Tasche, von dem sie glauben, es sei Gewinn.

nen eigenen Lohn und auch den seiner Tochter als «kalkulatorischen Lohn» einsetzen müssen. Sein Kapital, das in den Vorräten steckte, hätte er als «kalkulatorische Kapitalverzinsung» mit dem banküblichen Anlagezins abziehen müssen, und dann wäre ihm klargeworden, daß der Laden völlig unrentabel war.

Kalkulatorische Kosten	**Ich könnte ja statt dessen ...**	**Opportunitätskosten** (= dadurch entgangenes Geld)
kostenlose Arbeit des Freundes	den Typ als Verkäufer ins Kaufhaus schicken	2000,–/Monat Verkäufergehalt
eigene Unternehmertätigkeit	als Antreiber in einem Kaufhaus arbeiten (Substitut, später Abteilungsleiter)	4000,–/Monat Abteilungsleitergehalt
eigene Ladenräume	Räume als Ladengeschäft vermieten	entgangene Miete
Eigenkapital	Geld als Sparkassenbriefe zur Bank bringen	entgangene Sparzinsen
Privatwagen	abschaffen und radfahren	Summe der Kfz-Kosten

Klar, die Rechnung wird manchem Leser zu ökonomisch erscheinen, denn schließlich gibt es ja so was wie Freude an der Selbständigkeit (oder herkömmlicher: erhöhtes Prestige als Geschäftsmann/frau), die Lohnarbeit erscheint vielen zu Recht als schreckliche Perspektive, und auch unser Tante-Emma-Händler geht nicht mehr arbeiten. Jedoch: bedenklich stimmt, daß solche Rechnungen verpönt sind, solange man Unternehmer ist; kaum jedoch hat man dichtgemacht, so wird mit diesen Opportunitätsüberlegungen offen argumentiert. Es stecken offenbar irrationale Faktoren dahinter, die fehl am Platze sind.

Korrigieren wir daher unser Bild vom Saftladen durch eine realistische Rentabilitätsrechnung, wobei klar sein muß, daß kalkulatorische Kosten vom Finanzamt nicht als steuersenkend anerkannt werden. Versteuert werden müssen daher 2750,–/Monat. Die Rohstoffkosten haben wir, um die Sache zu vereinfachen, linearisiert, d. h. mit dem Durchschnittswert von 5000,– / Monat für alle Monate gleichbleibend angenommen.

Erweiterte Rentabilitätsrechnung

1. Abschreibung	400,–
2. Betriebskosten (ohne Abschreibung)	3 100,–
3. kalkulat. Personalkosten	2 000,–
4. kalkulat. Unternehmerlohn	4 000,–
5. Rohstoffkosten (Durchschnitt)	5 000,–
= kalkulierte Monatskosten	14 500,–
durchschn. Monatsumsatz	11 250,–
Über-/Unterschuß	·/.3 250,–

Jetzt sieht es schon ganz anders aus! Die Bedeutung kalkulatorischer Löhne sinkt natürlich mit den Beschäftigungsmöglichkeiten, und da heute viele als Alternative nur noch Zeitung austragen können, ist der kalkulatorische Lohn entsprechend niedrig anzusetzen.

Jetzt könnt ihr euch entscheiden, das Geschäft trotzdem zu beginnen, auch wenn ihr nur die Hälfte des kalkulierten Lohnes erzielt, einfach aus außerökonomischen Gründen. Nur wißt ihr jetzt auf Mark und Pfennig, woran ihr seid.

3.3. Liquiditätsrechnung

Die Liquiditätsrechnung soll uns verraten, ob wir stets genug Geld haben, um weiterarbeiten zu können. Ansonsten droht uns Zahlungsunfähigkeit (Illiquidität), was im Konkurs endet. Liquidität muß nichts mit Rentabilität zu tun haben, d. h. auch ein sehr rentabler Laden kann zahlungsunfähig werden.

Wir stellen die uns schon bekannten Einzahlungen und Auszahlungen jeden Monat gegenüber und schauen uns an, ob wir mit 20000,– DM Geldbestand am Anfang auskommen. (Siehe Tabelle S. 70.)

Wir sehen: mit 20000,– DM kommen wir anfangs nicht ganz hin. Noch vor dem Verkaufsbeginn haben wir unser Konto um 5000,– DM überzogen, jedoch im April schon wieder ausgeglichen. Ende Dezember haben wir dann sogar schon 45400,– auf dem Konto, d. h. 25400,– mehr, als wir ursprünglich einzahlten. Jetzt kann das Finanzamt kommen!

Noch eines wird deutlich: die besondere Belastung, die die *fixen Kosten* für die Liquidität bedeuten. Während die variablen Kosten mit dem Umsatz steigen oder fallen, zehren die fixen Kosten unbarmherzig an unserem Kontostand, was sich im «Sommerloch» besonders unangenehm bemerkbar macht.

4. «Todeslinie» und Break-even-point

Um die bisher gewonnenen Zahlen noch einmal auf einen Blick vor uns zu haben, tragen wir sie in eine Grafik ein. Rufen wir uns die Zusammenhänge nochmals in Erinnerung:

Rohstoffkosten:	Kosten für das Obst und sonstiges Material 1,–/Glas Saft, schwanken also mit der Zahl der verkauften Saftgläser

		Monat 0	1	2	3	4	5	6	7	8	9	10	11	12
	Verkaufte Gläser		3000	3000	3000	6000	6000	6000	4500	4500	6000	6000	6000	6000
Einzahlungen	+ Saftumsatz (2,50/Glas)		7500	7500	7500	15000	15000	15000	11250	11250	15000	15000	15000	15000
Auszahlungen – variable Kosten	./. Rohstoffkosten (1,–/Glas)		3000	3000	3000	6000	6000	6000	4500	4500	6000	6000	6000	6000
	Deckungsbeitrag		4500	4500	4500	9000	9000	9000	6750	6750	9000	9000	9000	9000
Auszahlungen – fixe Kosten	./. Betriebskosten (ohne Abschr.)		3100	3100	3100	3100	3100	3100	3100	3100	3100	3100	3100	3100
	./. Investitionen	20000												
	./. Umlaufvermögen (Grundausstattg.)	5000												
	./. Private Lebensführung		200	200	200	200	200	200	200	200	200	200	200	200
	Gesamtgeldzu- -abfluß	./.25000	1200	1200	1200	5700	5700	5700	3450	3450	5700	5700	5700	5700
	Geldbestand (Monatsanfang)	+20000	./.5000	./.3800	./.2600	./.1400	+4300	10000	15700	19150	22600	28300	34000	39700
	Geldbestand* (Monatsende)	./.5000	./.3800	./.2600	./.1400	+4300	10000	15700	19150	22600	28300	34000	39700	45400

* Bei negativem Geldbestand muß ein Überziehungskredit möglich sein.

Gesamtkosten	Betriebskosten (incl. Abschreibung) 3500,– + jeweilige Rohstoffkosten
Umsatz:	Erlöse für Saftgläser zum Verkaufspreis von 2,50 DM
Kalkulatorische Gesamtkosten:	jeweilige Rohstoffkosten + Betriebskosten + kalkulat. Personalkosten 2000,– + kalkulat. Unternehmerlohn 4000,–

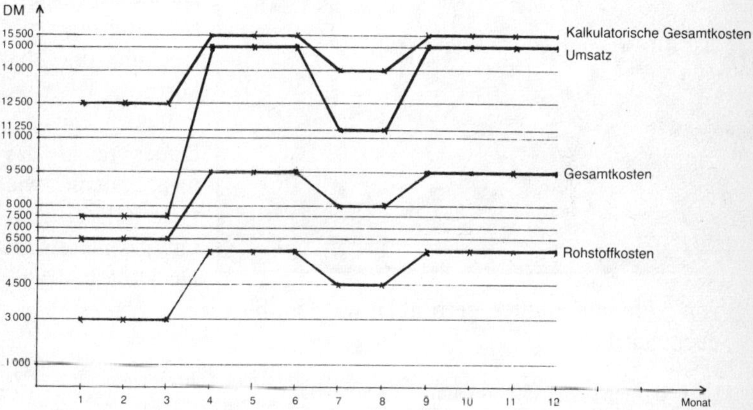

So – jetzt ist die Verwirrung wohl komplett. Also werden wir diese Grafik jetzt ausführlich erklären müssen.

Die *Rohstoffkostenkurve* stellt für meinen Geschmack die *unterste Todeslinie* dar. Fällt der Umsatz unter diese Linie, so sollte man meines Erachtens aufhören, denn dann können die Rohstoffe vom Verkaufserlös nicht mehr bezahlt werden, oder, anders ausgedrückt, ihr verkauft ein Glas Saft, das euch an Rohstoffen 1,– DM kostet, für weniger als 1,– DM. Das gibt keinen Sinn, denn jeder Kunde, der ein Glas Saft trinkt, *vergrößert* eure Verluste!

Anders ist es, wenn eure Umsätze knapp oberhalb der Todeslinie liegen, d. h. ihr das Glas Saft z. B. für 1,05 DM verkauft. Ihr macht auch jetzt noch *Verluste*, denn die Umsätze liegen ja noch unterhalb der *Gesamtkosten*, aber jeder Pfennig, der über 1,– DM liegt, hilft euch beim Zahlen der Miete, der Zinsen usw., d. h. jeder Kunde trägt etwas dazu bei, daß eure Fixkosten gedeckt werden. Man nennt den über die Rohstoffkosten (variable Kosten) erzielbaren Verkaufserlös deshalb auch *Deckungsbeitrag* (= Beitrag zur Deckung der Fixkosten).

Jedoch auf die Dauer reicht das nicht, denn wie viele Gläser Saft mit jeweils einem Deckungsbeitrag von 5 Pfennig müßten getrunken werden, bis ihr alle Fixkosten gedeckt hättet?

$$\frac{\text{Fixkosten (incl. Abschreibung)}}{\text{Deckungsbeitrag/Glas}} \triangleq \frac{3\,500,\text{– DM}}{0{,}05 \text{ DM}} = 70\,000 \text{ Gläser pro Monat!}$$

Die *Gesamtkostenkurve* setzt sich aus den fixen und den variablen Kosten zusammen, also Miete, Abschreibung, Rohstoffkosten usw. Auf die Dauer muß der Umsatz mindestens die Gesamtkosten dekken. Dort, wo der Umsatz die Gesamtkosten übersteigt (im Beispiel permanent der Fall), liegt der *Break-even-point*, und hicr beginnt der Gewinn. Ohne Gewinn ist das eingesetzte Kapital auf der Bank rentierlicher angelegt, die eigene Arbeitskraft in Lohnarbeit besser bezahlt. Denn merke:

> Der Lohn des Unternehmers und die Verzinsung des Eigenkapitals stellen grundsätzlich für den Betrieb keine Kosten dar, sind also aus dem versteuerten Gewinn zu decken.

Die *kalkulatorische Gesamtkostenkurve* drückt also aus, wie hoch die Kosten wären, wenn die Unternehmerin 4000,– und ihr Freund, der Verkäufer, 2000,– DM brutto im Monat bekäme. Wir sehen, daß die Umsatzkurve stets unterhalb der kalkulatorischen Gesamtkosten liegt. Der Saftladen ist also im 1. Jahr nicht rentabel.

Jetzt kann man die Sache durchspielen, wie immer man will, um den Laden doch noch rentabel zu machen. So können weitere Produkte verkauft werden, die die fixen Kosten mittragen, schlechtere Rohstoffe verwendet, der Umsatz durch Sonderverkaufsaktionen (Marktstände) erhöht werden: das Grundschema bleibt sich gleich. Es ist ein einfaches Schema, das aber nach Belieben ausgebaut werden kann.

Meine These zur Bedeutung der drei Rechnungen sei ebenfalls noch vermerkt: am Anfang ist die *Liquidität* das entscheidende Problem, mit zunehmender Tätigkeit wird es die *Rentabilität*. Trotz guter Rentabilität kann einem Unternehmen am Anfang durch Liquiditätsschwierigkeiten das Genick gebrochen werden. Trotz schlechter Rentabilität kann ein liquiditätsstarker Unternehmer ewig weitermachen. Der *Kapitalbedarf* allerdings ist die absolute Grenze, die den Marktzugang beschränkt und an deren Schlagbaum die Banken stehen. Sie ist in unserem Beispiel gefährlich niedrig angesetzt, verhindert in der Realität jedoch die meisten Neugründungen bzw. ist für deren rasches Scheitern mitverantwortlich. Vier von fünf Neuunternehmern überleben die ersten fünf Jahre nicht, zumindest nicht als Unternehmer. Den Banken dies zum größten Teil anzulasten, war früher meine Position. Nach einigen Praxiserfahrungen denke ich, daß in *manchen Fällen* Banken durch ihre restriktive Haltung Existenzgründer sogar vor dem Ruin bewahren, auch wenn das sicher nie Hauptmotiv ihrer Verweigerung ist.

5. Kapitalbeschaffung

So weit vorgestoßen, ist die Sache einfach. Wir kennen den Kapitalbedarf und können die Quellen durchchecken, die uns zur Verfügung stehen.

5.1. Eigenkapital

Eigenkapital ist Geld oder sind in die Unternehmung eingebrachte Sachmittel (z. B. Pkw), evtl. auch immaterielle Werte wie Patente, die dem oder den Eigentümern der Unternehmung gehören. Eine Faustregel besagt, daß ⅓ des Kapitalbedarfs aus eigenen Mitteln aufgebracht werden sollte. Weniger ist gefährlich, weil leicht Illiquidität droht, wenn das Polster zu dünn ist. Mehr ist unter Umständen auch nicht sinnvoll, denn Fremdkapital ist manchmal billiger als langfristig angelegtes Eigenkapital (vornehmlich in Phasen der Zinssenkung), und zudem sind Zinskosten steuerlich als Betriebsausgaben absetzbar.

Beispiel: Unsere Saftladenbesitzerin hat 1990 von ihrem Erbe für 100000,– DM Sparkassenbriefe mit 8% Verzinsung gekauft und gibt die Zinsen von 8000,– DM pro Jahr nicht bei der Steuer an, was hier ausdrücklich mißbilligt sei.

Ein Kredit kostet sie heute ebenfalls 8%. Ihr Steuersatz sei mit 20% kalkuliert:

a) Eigenfinanzierung
20000,– DM Sparbriefverkauf – 8% Zinsverlust → 1600,– DM/Jahr

b) Fremdfinanzierung
20000,– DM Kredit aufgenommen

– 8% Zinsen →	1600,– DM/Jahr
./. 20% Steuerersparnis	320,– DM
	= 1280,– DM/Jahr

Zu allem Überfluß kann diese Steuerhinterzieherin die 20000,– DM Kredit auch noch mittels Sparbriefen sichern, so daß sie noch 80000,– DM Kreditreserve hat.

Eine weitere Möglichkeit der Eigenkapitalbeschaffung ist die Aufnahme neuer Teilhaber. Dies sollte man *allein* aus Gründen der Kapitalbeschaffung besser nicht tun. Einzig die Konstruktion der «Stillen Gesellschaft» (siehe Rechtsformen) bietet gewisse Ansätze, da hierdurch auch eine Mitbestimmung bei der Geschäftsführung möglich wird.

5.2. Fremdkapital

5.2.1. Aus dem Innenleben einer Bank

5.2.1.1. Wie die Bank uns sieht

Eine Bank muß man sich wie ein hundsgewöhnliches Kaufhaus vorstellen, wenngleich, wie wir seit Marx wissen, sie eine ungleich höhere Profitrate hat. Das kommt daher, daß sie praktisch mit Hilfe fremden Geldes ihr Eigenkapital nicht nur einmal, sondern bis zu siebzehnmal verleihen kann (Kreditschöpfungsmultiplikator). Ja, richtig gelesen, jede Mark, die der Bank gehört, wird nicht einmal, sondern **vielfach** von **ihr** verliehen, und *daher* erklären sich auch die wahnsinnig hohen Bankprofite und nicht aus der einfachen Zinsdifferenz zwischen Soll-Zins (Zins, den die Bank für ihren Kredit verlangt) und Haben-Zins (Zins, den der Sparer bekommt). Dazu kommen die immer bedeutender werdenden Provisionen, die sie von Aktie bis Wechsel kassiert.

Äußerer Ausdruck der Macht der Banken ist ihre Top-Lage im Zentrum der Städte und die kalte Pracht der Marmorpaläste, die beim Neuling Unbehagen aufkommen läßt, gerade wenn er die heiligen Hallen mit einem Kreditgesuch betritt. Andererseits wundert es den gerade um eine 50000-DM-Erbschaft reicher gewordenen Jungspund, daß nicht alles gleich vor ihm auf die Knie fällt ob seiner großzügig gezeigten Bereitschaft, das Geld gerade diesem Palast anzuvertrauen.

Vertrauen ist übrigens das Schlüsselwort, das dem Marmorpalast Bank zugeschrieben wird, während es dem Marmorpalast Versicherung zunehmend verlustig geht.

Und schließlich können wir ja das soziale Prestige, das Banken immer noch genießen, daran ablesen, daß uns als positive Vorbilder immer noch Personen vorgestellt werden, die «bei der Bank» sind, egal was immer sie dort darstellen.

Um einen kleinen Eindruck davon zu geben, welche Gedanken sich eine Bank darüber macht, wie sie uns zu behandeln hat, gebe ich ein paar Details aus dem internen Papier «Merkblatt zur Eingruppierung von Privatkunden» einer Großbank wieder. Daraus wird auch deutlich, mit welchen Geldbeträgen euch bei der Bank welche Beachtung widerfährt.

Einkommen, Vermögen, gesellschaftliche Stellung, Anlageverhalten, Kreditbedarf und Kreditfähigkeit lassen sich bei Privatkunden am ehesten aus der Zugehörigkeit zu ihrer Berufsgruppe ableiten, den Angehörigen einzelner Berufsgruppen ist ein annähernd gleiches Potential gemeinsam. Daher ist die berufliche Stellung das Hauptkriterium zur Einordnung unserer Privatkundschaft in die entsprechenden Kundengruppen; dieses Merkmal wird bereits bei der Kontoeröffnung bekannt.

Tja, die haben wohl noch nicht mit der neuen «Gründerzeit» gerechnet. Da könnte doch so eine abgerissene Type einfach als «Unternehmer» firmieren und in eine höhere Einordnung rutschen.

Weit gefehlt – es geht weiter im Text:

Zu der Kundengruppe PK7 (besonders betreuungsintensive Privatkunden) gehören: Inhaber von im Handelsregister eingetragenen Firmen, Führungskräfte der I., II. und III. Ebene, das heißt Firmen mit Umsätzen von 1 Million bis über 50 Millionen, und «Meinungsführer» (Journalisten, Politiker, Repräsentanten von Kirchen, bedeutenden Vereinen und Organisationen).

Na also. Unternehmer sein reicht nicht – es muß schon etwas mehr hinter dem Unternehmen stecken, und auch als «Meinungsführer» einer Halbstarken-Clique erreicht man nicht die höheren Weihen eines «PK7». Abgestuft davon gibt es jedoch noch die Gruppe «PK6» (betreuungsintensive Privatkunden), die vornehmlich leitende Angestellte und Beamte sowie Kleinunternehmer umfaßt.

Da sind dann auch wir drin, sofern nicht eine «weitere Entscheidungshilfe», nämlich das «bestehende bzw. zu erwartende Geschäftsvolumen (Potential)» uns weiter runter in die bankmäßige Bedeutungslosigkeit wirft.

Potential wird definiert als «Summe aller Geschäfte (Einlagen + Kredit + Wertpapiere)», wobei Eigenheimfinanzierungen unberücksichtigt bleiben.

Beispiel: Wer ein Aktiendepot von 50000 DM unterhält, ein Darlehen von 30000 DM laufen hat und noch über 10000 DM Termingeld verfügt, stellt ein «Potential» von 90000 DM dar.

Besonders betreuungsintensive Privatkunden sind wir bei über 100000 DM «Potential», betreuungsintensiv von 50000 bis 100000 DM. Und ab 500000 DM lernen wir plötzlich Banker kennen, von deren Existenz wir vorher nie wußten: Die Vermögensverwalter. *Preisfrage: Was ist der Idealkunde der Bank? [Lösung im Anhang]*

Soweit zur Klarstellung – denn die in letzter Zeit verstärkte Bankwerbung könnte in unseren Köpfen sonst leicht falsche Vorstellungen über unsere Bedeutung für die Bank aufkommen lassen, kurz, wir könnten uns überschätzen.

Es ließe sich noch viel zitieren aus diesem sehr informativen Bankpapier – für dessen Zuspielung ich mich besonders bedanke –, wie z. B. die Einstufung der Kunden als «konservativ» oder «flexibel», die «Herauf- oder Herabselektierung» z. B. bei erwarteter Erbschaft, die «Intensität der Verbindung zu unserem Hause». Eines darf aber nicht verheimlicht werden:

Veränderungen innerhalb der Geschäftsverbindung oder aber in der Privatsphäre unserer Kunden erfahren nicht nur die Berater, auch die Schaltermitarbeiter und die Kassierer erhalten oftmals Hinweise vom Kunden selbst, die unsere Belange tangieren. Eine gute Kooperation zwischen den einzelnen «Funktionen» einer Geschäftsstelle und auch mit anderen Fachbereichen ist somit selbstverständliche Grundvoraussetzung für die Aktualität der Branchennummern.

Für uns kann das nur heißen, den Spieß umzudrehen. So kann die Wirkung eines beim Kassierer geseufzten «Ach, wäre die Erbtante doch nur schon im Himmel» nur positiv sein – wenn, ja wenn die Bankfiliale auch ordentlich geführt wird und sich an die Anweisungen von oben hält.* Füttert der Kassierer den frommen Wunsch jedoch

* Mehrere Banker meldeten sich zu dieser Aussage. Ihr Urteil: Naiv. Begründung: Für Banker ist es eminent wichtig, zu möglichst vielen potenten Kunden ein persönliches Verhältnis aufzubauen. Dies stärkt die eigene Position in der Bank. Gibt man jedoch allzuviel seines Wissens an die Bank preis, so sinkt der eigene Wert ähnlich dem eines Spions, der über alle Verbindungen ausgepackt hat. Eine Anzahl persönlicher Kunden mit dickem Potential ist eine Rückversicherung auch für jeden Wechsel. Die neue Bank kauft mit dem Banker auch dessen Kunden, denn warum sollten die noch bei der alten Bank bleiben, wenn ihr bester persönlicher Kontakt geht. Eine scharfe Waffe in einer Zeit, da die Gewinnung von potenten Neukunden, ob Firmen oder Private, äußerst schwierig geworden ist.

nicht in die Datenbank seines Hauses, sondern flüstert ihn der Tante ins Ohr, so war sie wohl ein besonders betreuungsintensiver Privatkunde, was wir dann selbst nicht mehr werden können.

5.2.1.2. Wie wir die Bank sehen

Doch drehen wir den Spieß einmal um und stufen wir die Banker einmal ein. Dem Rahmen entsprechend konzentrieren wir uns nur auf die Geld-Verkäufer*, sprich Kredit-Banker.

Grundsätzlich lassen sich zwei Typen von Kredit-Bankern unterscheiden: der sicherheitsorientierte und der rentabilitätsorientierte Typ. Man erkennt sie an den Fragen, die sie stellen. Der rentabilitätsorientierte Typ hilft meines Erachtens dem Kreditsucher am ehesten weiter. Er ist auch meist vom Wesen her der flexiblere und dynamischere Mensch, der vor-, mit- und nachdenkt. Der Sicherheitsorientierte dagegen hat nur eine Sorge, nämlich die, ob der Kredit und er selbst auch in jeder Hinsicht abgesichert sind, vor allem in seiner eigenen Hierarchie.

Dabei entwickeln Sicherheitsorientierte erstaunliche Ideen, um sich vor Entscheidungen drücken zu können, z. B. den Trick, einen Kreditantrag «über die Kompetenz» zu heben.

Beispiel: Kreditsachbearbeiter Ängstlich darf ohne Rückfragen Kredite bis 20000 DM vergeben (Kompetenzgrenze). Ihn suchen drei junge Leute heim, denen er nicht im Dunkeln begegnen, die er aber dafür gerne zum Friseur schicken möchte. Sie verwirren ihn mit ihrem

* Für die Geld-Anlage sei nur ein Tip gegeben: Wer es sich leisten kann, möge sein Privatvermögen bei einer anderen Bank in einer anderen Stadt anlegen, um sich dadurch etwas der Kontrolle und dem Zugriff der Banken zu entziehen. Wer allerdings eh nichts hat und die letzten Märker zum Leben braucht, für den stellt sich das Problem vorläufig nicht. Noch mal zur Klarstellung: bei den meisten kleinen und mittleren Banken gilt die «magische 100000-DM-Grenze», d. h., ab sechs Stellen im Haben ist mensch Mensch bei der Bank.

Projekt im Rahmen der Software-Erstellung, von der Ängstlich nun überhaupt nichts versteht, und bieten zu allem Überfluß auch noch Hardware zur Sicherheit an. Am meisten aber erschreckt Ängstlich, daß sie mit einem Kreditantrag von 15000 DM auch noch ausgerechnet in seiner Kompetenz liegen. Er gibt sich daher aufgeschlossen und jovial, soweit ihm dies möglich, und macht die jungen Leute auf einige kalkulatorische Versäumnisse aufmerksam. So bringt er über Aufschläge für Damnum, Kreditversicherung, Risiko und was ihm sonst noch alles einfällt die Kreditsumme auf 22000 DM. Die jungen Leute sind zufrieden, denn sie hatten schon mit ihrem 15000-DM-Begehren Bedenken. Sie überlassen Sachbearbeiter Ängstlich noch einige Unterlagen, unterschreiben den Kreditantrag und verlassen voller Hoffnung die unwirtliche Stätte.

Ängstlich faßt die Sache schnell zusammen und legt sie in einem unbeobachteten Augenblick in den Aktenstapel seines Vorgesetzten Kreditleiter Schnüffler. Dieser findet den Antrag am nächsten Tag und weiß sofort, was Sache ist: Ängstlich hat ihm mal wieder eine Entscheidung untergeschoben, und das, obwohl Schnüffler wirklich genug zu tun hat. Einiges bleibt im Antrag wie üblich unklar – wie üblich fragt er bei Ängstlich nach, wie er denn die Sache so sehe und der antwortet, auch wie üblich: «Ich weiß nicht so recht, aber wenn Sie die Leute noch mal selbst vorladen wollen.» Dazu hat der Schnüffler aber weder Zeit noch Lust, denn wegen 22000 DM so einen Aufwand?! Also läßt er Ängstlich die Standardablehnung rausschicken.

Die Chancen der Kreditsucher sinken also oft erheblich, wenn sie nicht *direkt* mit dem/der kompetenten Mann/Frau reden können.

Wer bei welchem Betrag seine Kompetenzgrenze hat, ist von Bank zu Bank und auch abhängig von der Größe der Filiale unterschiedlich. Folgende Faustregel für eine mittlere Filiale soll dennoch genannt werden:

Kompetenzgrenze	
Kreditsachbearbeiter:	15000,– DM
Leiter Kredit:	150000,– DM
Leiter der Filiale:	500000,– DM
Zentrale:	über 500000,– DM

Der sicherheitsorientierte Kreditbanker bringt es allerdings in der

Regel zu nichts, denn ihm fehlt es an Dynamik und am Drang nach Profit, d. h., er hat immer noch nicht begriffen, daß Banken heute einiges tun müssen, um ihre Kredite zu verkaufen, während der rentabilitätsorientierte leichter den üblichen Weg eines Kredit-Bankers geht: ihm winkt der Filialleiterposten. Denn merke: Filialleiter kommen in den meisten Fällen aus der Kreditabteilung, nicht so häufig aus der Anlagenabteilung, aber fast nie aus der Revision.

5.2.2. Der Bankkredit

Banken wollen von Anfängern meist 2–3fache Sicherheit und akzeptieren dabei nur «bleibende Werte», nicht jedoch projektierte Gewinne (Risikofinanzierung). Wer also Immobilien, Wertpapiere, Edelmetalle als Sicherheit bieten kann, hat es leicht und kann sich voll auf die Kreditkonditionen konzentrieren. Alle anderen müssen unter Umständen bei den Konditionen erhebliche Zugeständnisse machen, um den Kredit überhaupt zu bekommen. In der Regel ist es einfacher, einen 10000-DM-Kredit für die neue Wohnungseinrichtung zu bekommen als für eine Unternehmensgründung. Wir wollen hier nur *zwei* Kreditformen behandeln: das Darlehen und den Betriebsmittelkredit.

5.2.2.1. Darlehen

Es läuft lang- und mittelfristig. Häufig werden Grundpfandrechte zur Absicherung verlangt. Die Konstruktion ist stets gleich. Der Zins wird für einige Zeit festgeschrieben, z. B. für zwei oder fünf Jahre. Dann muß umgeschuldet oder zurückgezahlt werden. Wenn wir nicht den vollen Kreditbetrag ausgezahlt bekommen, ist die Differenz, also das sogenannte Abgeld (Disagio), sofort steuerlich absetzbar (Geldbeschaffungskosten).

<u>Beispiel:</u> 10000,– Kredit, Laufzeit 3 Jahre, 96% Auszahlung.
Disagio ist also 4% = 400,–.

Wir müssen, obwohl wir nur 9600,– ausgezahlt bekommen, den vollen Betrag von 10000,– DM verzinsen und tilgen. Dafür ist der Zinssatz pro anno geringer. Für uns stellt sich das Problem, den Effektivzins zu berechnen, heute weniger, denn die neue Preisangabenverordnung regelt auch, wie der anfängliche effektive Jahreszins zu berechnen ist. Schwindel wird immer noch betrieben, jedoch in verringertem Maße.

Bei Kreditnehmern mit schlechten Bonitäten werden die Banken eher auf

– hohes Disagio / kurze Laufzeit / hohe Tilgung

oder gleich auf einen Betriebsmittelkredit optieren, den sie kurzfristig problemlos kündigen können.

Es sei jedoch davor gewarnt, nur den Zinssatz zu beachten. Wichtig ist auch, daß man mit der Bank zurechtkommt, denn sonst kann bei den geringsten Schwierigkeiten in der Kreditbedienung viel Ärger entstehen. Man sollte den Bankern ruhig einige Fragen über Auswirkungen des Kredits auf Einkommensteuer, Gewerbesteuer usw. stellen, auch um ihr Wissen und ihre Fähigkeiten zu testen. Dabei sind die Banker am besten, die einiges Wissen und ihr Unwissen im Detailbereich sofort zugeben. Allerdings muß bedacht werden: konkrete Auskünfte in solchen Fragen zu geben ist den Banken verboten, denn dies ist Privileg der Steuerberater.

Außerdem wollen die Bankinstitute nicht für Falschauskünfte haften. Aber informell kann da doch einiges laufen.

Grundsätzlich gilt: ein Kreditgespräch ist weder ein Bittgang, noch darf es zum Verhör ausarten, und – es gibt Konkurrenz, auch zwischen den Banken. Bankgespräche und Kreditgespräche sind kostenlos, und je mehr Banken man mit seinem Kreditantrag heimsucht, desto mehr Routine bekommt man. Vorsicht aber: *auf keinen Fall* einen *schriftlichen Kreditantrag* stellen, denn sonst können die Banken diverse Bearbeitungsgebühren und Kosten wirksam machen. Den schriftlichen Antrag stellen wir erst, wenn mündlich «alles klar» ist.

Noch eines sei beachtet. Wer ein Darlehen aufnimmt, der soll unbedingt die Klausel «Sondertilgungen sind jederzeit möglich» in den Vertrag aufnehmen lassen. Es könnte ja sein, daß durch den Tod der Oma, Lottogewinn oder reiche Heirat, um nur einige Möglichkeiten aufzuzählen, plötzlich genügend Geld vorhanden ist, um den teuren Kredit zurückzuzahlen. Ohne die Klausel könnte und wird die Bank oft auf die Idee kommen, für die schnellere Rückzahlung Geld zu verlangen («Vorfälligkeitsentschädigung»).

Es ist schon beachtlich, welch unvermutete Phantasie diese Banker entwickeln, um die verschiedenen Arten, der Kundschaft Geld aus den Taschen zu leiern, in harmlose und gefällige Worte zu kleiden.

5.2.2.2. Betriebsmittelkredit

Jeder, der ein festes Einkommen hat, kann sein Girokonto «überziehen», das heißt sich von der Bank Kredit geben lassen. Diese Großzügigkeit, genannt Überziehungs- oder Dispositionskredit, wissen viele Menschen zu schätzen und vor allem zum Monatsende hin auch zu nutzen, denn es ist bequem und unbürokratisch. Am Ende des Quartals kassiert dann die Bank den hohen Zins vom Konto ab.

Es gibt aber auch Menschen, die permanent ihr Konto überziehen und daher hin und wieder an die «Schallgrenze» (3 Monatseinkommen) stoßen.

Beispiel:
Lektor Altmann überzieht, da er viel zuwenig verdient, permanent sein Konto bis zur Schallgrenze und auch mal ein bißchen darüber. Der Bankcomputer macht Meldung, und beim nächsten Bankbesuch wird Altmann überraschend auf seinen Kontostand hin angesprochen. Ihm ist die Sache natürlich peinlich, und so freut er sich, daß die ihm heute hyperfreundlich entgegentretenden Bankmenschen schon eine Lösung für ihn parat haben: Umschuldung des Dispo-Kredits in einen Kleinkredit mit festem Betrag und fester Laufzeit. So ist sein Girokonto wieder ausgeglichen, und der Zinssatz, so freut sich Altmann, ist auch günstiger.

Er wundert sich jedoch, daß die nächste Kontoüberziehung, die durch die Belastung mit Kleinkreditzinsen, -tilgung und -gebühren zustande kommt, von der Bank sofort scharf gerügt wird: «Sie haben jetzt einen Kleinkredit, da ist eine Überziehung für Sie nicht mehr möglich.» Und das Spiel beginnt von neuem: «Aber wenn Sie uns Sicherheiten stellen können, sind wir gerne bereit ... Reden Sie doch einmal mit unserem Herrn ...»

Drei Monate später. Unser Lektor hat schon wieder ein Buch auf den Markt gebracht, das zum Bestseller zu werden droht, und ausnahmsweise den Dank des Verlags gespürt. Mit den 10000 DM Prämie für besondere Leistungen läuft er sofort zur Bank und bietet freudestrahlend die sofortige Rückzahlung des Kredits an. Die Reaktion ist kühl bis frostig. Ohne «Vorfälligkeitsentschädigung» sei da nichts zu machen.

Was kann man daraus lernen?

Banken lieben die Berechenbarkeit. Hohe Dispokredite, die täglich rückzahlbar sind, lassen sich schwerer kalkulieren als ein Kredit, bei dem man auf Jahre hinaus Zins und Tilgung kennt. Also drängen Banker ihre Kreditnehmer in die Umschuldung oder, wenn sie ihnen zu unsicher geworden sind, zur Rückzahlung.

Beim Unternehmer heißt die Kontenüberziehung «Betriebsmittelkredit»; die Kreditlinie, bis zu der er sein Konto überziehen darf, ist meist höher als beim Privatmann. Ansonsten gilt die gleiche Problematik wie bei Lektor Altmann.

Ist die Umschuldung, in die uns die Bank drängen will, für uns von Vorteil?

Einerseits ja, denn die Zinsen für feste Kredite sind niedriger, und die ständige volle Ausnutzung des Dispokredits gilt als Zeichen schlechter Bonität. Außerdem kann uns die Bank den Kredit sehr schnell kündigen.

Andererseits zahlt man beim Betriebsmittel- oder Dispokredit nur jeweils für den in Anspruch genommenen Kredit*. Er ist also optimal, wenn unser Kreditbedarf kurzfristig ist oder stark schwankt. Wir haben täglich genau den Kredit, den wir brauchen. Beim festen Kredit dagegen könnte es uns passieren, daß wir plötzlich über zuviel Kreditgeld verfügen und dadurch unnötige Zinskosten entstehen.

Beispiel:

100000,– DM Finanzbedarfsspitze
a) 100000,– DM für ein Jahr fest bei 9 % Zinssatz
b) 100000,– DM Kreditlinie bei 12 % Zinssatz

Der Kreditbedarf erreicht im Januar, Juli, Oktober, Dezember jeweils 100000,– DM, in den restlichen acht Monaten 20000,– DM.

a) Kreditkosten
9% von 100000,– DM = 9000,– DM.

b) Vier Monate 100000,– DM zu 12%	= 4000,– DM
Acht Monate 20000,– DM zu 12%	= 1600,– DM
	5600,– DM

Die Rechnung ist grob vereinfacht, denn nicht benötigte Kreditgelder können wir kurzfristig bei der Bank anlegen, vielleicht zu 4 %, was jedoch nichts daran ändert, daß für einen kurzfristigen Spitzenbedarf ein Betriebsmittelkredit sinnvoll ist.

* Eine «Bereitstellungsgebühr» zu verlangen, die für den nicht in Anspruch genommenen Teil des Kredits zu zahlen ist, ist selten geworden.
Beispiel: Kreditlinie 100000,–, Betriebsmittelkredit 30000,–, Bereitstellungsgebühr 1 % von 70000,– = 700,–.
Darauf muß man sich heute nicht mehr einlassen.

In unserem Beispiel sollte man die 20000,– DM Dauerkreditbedarf zu einem Darlehen umschulden, was zinsmäßig günstiger kommt.

Eine wichtige Finanzierungsregel betrifft also die *Fristigkeit*: Langfristig gebundenes Kapital (z. B. Maschinen) sollte mit Eigenkapital, zumindest aber mit *langfristigem* Fremdkapital finanziert sein.*

Finanziert man über einen (kurzfristigen) Betriebsmittelkredit, so besteht stets die Gefahr, daß dieser von der Bank gekündigt wird, gerade wenn sie den Eindruck hat, daß der Laden nicht so läuft. Um den Kredit zurückzuzahlen, muß dann kurzfristig die Maschine verkauft werden, und welche oft ruinösen Folgen das hat, kann der ermessen, der schon mal in den Gebrauchtmaschinenmarkt reingerochen hat. Mir sind Beispiele bekannt, wo fast neue Maschinen oder ein original verpacktes Rohstofflager nur noch zu *einem Drittel des Bezugspreises* veräußert werden konnten, trotz heftigster Bemühungen der die Veräußerung betreibenden Bank. Da dies die Tendenz ist, wundert mich, woher die Stattwerke Berlin in ihrem Buch «Schatz im Silbersee» den Optimismus nehmen, «Waren und sonstige bewegliche Sachen» als zu «50 % vom Handelswert» beleihbar anzunehmen, ein Optimismus, der wohl auch ihre eigene Kreditvermittlungspraxis prägt, den aber Banker nach meiner Kenntnis heute nicht mehr teilen.

5.2.3. Lieferantenkredite

Sie sind recht einfach zu bekommen, aber teuer, da allein schon die entfallenden Skontierungsmöglichkeiten (siehe Umlaufvermögen) teuer kommen. Dazu entfallen die Möglichkeiten, Nachlässe auszuhandeln. Brauereien sind in solchen Krediten besonders rührig. Sie richten sogar die Gaststätten ein, wollen aber außer der Alleinbelieferung mit Bier und diversen anderen Getränken auch noch langfristige Verträge, Mindestabnahmemengen und ähnliches. Auf diese Kredite

* Häufig genug aber wird bonitätsschwachen Gründern auf ihr Kreditgesuch für eine Investition vom Bankangestellten Ängstlich ein (kurzfristiger) Betriebsmittelkredit angeboten; unseriös aber einträglich für die Bank: eine gute Zinsmarge bei verringertem Risiko.

sollte jeder, der es sich leisten kann, d. h. der genug Eigenkapital oder Sicherheiten für andere Kredite hat, verzichten. Im allgemeinen sind nämlich nur die Kredithaie teurer.

5.2.4. Privatdarlehen

Familien-, Verwandten- und Freundeskreis verfügen oft über Geld, mit dem sie nichts Sinnvolles anzufangen wissen.

Aufgrund der persönlichen Beziehungen kann es uns gelingen, an dieses Geld ranzukommen. Entsteht irgendwann Mißtrauen oder geht die persönliche Beziehung kaputt, so wird das Geld oft sofort zurückgefordert. Schriftliche Verträge gibt es keine, und schon droht einer mit Gerichtsverfahren und Pfändung.

Daher sei nur schärfstens empfohlen: kein privates Darlehen ohne schriftlichen Vertrag. Darin sollen geregelt sein: Höhe, Laufzeit, Kündigungsfrist, Zinssatz (zumindest das, was die Bank für Einlagen zahlt, d. h. Habenzinssatz), Sicherheit.

Wer Ärger vermeiden will, soll seinen Darlehensgebern auch klar sagen, wie sicher die Sicherheiten sind, d. h. wieviel sie bei Inanspruchnahme wirklich bringen, ein Ansinnen, dem sich die «alternative» Kreditiererei noch viel stärker verweigert als der herkömmliche Bereich. Die Einstellung, daß so etwas «unter Freunden» doch nicht gemacht würde, zeugt zwar von viel Moral, aber wenig Realitätsbezug.

Wohlgemerkt: Wer aus persönlichen, sozialen oder politischen Gründen jemandem einen Kredit gibt, *von dem er weiß*, daß die Sicherungsübereignung bestenfalls 50 % der Kreditsumme wert ist, möge dies tun. Wer jedoch 100 % Absicherung vorgetäuscht bekommt, wird im Schadensfall recht bösartig aus seiner Gutgläubigkeit erwachen.

5.2.5. Staatliche Mittel aus diversen Programmen

Die zahlreichen Existenzgründungskredite des Staates sollen in diesem Werk keinen Eingang finden. Zur Vorwarnung sei darauf hingewiesen, daß die Anträge *vor* der Beschaffung, z. T. sogar *vor* der Gewerbeanmeldung, gestellt werden müssen und daß *nur* Anlage- und Umlaufvermögen gefördert werden, nicht die Betriebs- und Lebenshaltungskosten. Eigenkapital (mind. 15 % der Fördersumme) ist ebenso nötig wie viel Zeit, gute Nerven und eine Engelsgeduld. Denn: *erstens* sind die Sicherheiten im Schnitt genauso zu erbringen wie bei einem gewöhnlichen Bankkredit,
zweitens sind die Konditionen etwas günstiger als auf dem Kapitalmarkt (Faustregel ·/· 3 %), schwanken aber, so daß hier mit veralteten Zahlen und Daten aufgewartet würde,
drittens gibt es keinen Anspruch auf die Mittel, d. h. sie stellen keine sichere Kalkulationsgrundlage dar,
viertens kann man die Programme bei jeder Bank und beim Presse- und Informationsamt der Bundesregierung bekommen. Programmbroschüren gibt es auch noch, wenn die Mittel schon längst erschöpft sind.

Alles in allem schätze ich sie als partiell nützlich, aber generell Illusionen erzeugend ein.

Wer also drankommt, möge sie mitnehmen (Mitnahme-Effekt), wer fest mit ihnen kalkuliert, kann seine Überraschung erleben.

Wie sieht diese Überraschung aus?

Nun, die Programme sehen allesamt vor, daß der Kreditantrag vor Beginn der Maßnahmen gestellt werden muß. Am bequemsten also, man stellt den Antrag morgen, auch wenn man erst in einem Jahr gründen will.

Dann könnte man in aller Ruhe auf die Bewilligung warten.

Leider geht das nur theoretisch. Praktisch scheitert es an diversen Unterlagen, die zur Bearbeitung einzureichen sind, z. B. der Mietvertrag mit mindestens 5 Jahren Laufzeit und 5 Jahren Option. Also stellen die Gründer erst den Antrag, wenn sie den Mietvertrag in der Tasche haben. Dann aber läuft die Sanduhr. Wir beobachten bei allen Gründern, daß sie in unglaubliche Hektik (siehe auch: Phasenschema einer Unternehmensgründung) geraten, sobald sie Miete zahlen müssen. Und das unabhängig von der Miethöhe. Also wird jetzt renoviert und möbliert, maschinisiert und personalisiert. Der Kreditantrag kommt also just zu dem Zeitpunkt auf den Weg, wenn schon Geld gebraucht wird. Die Bank hilft mit einem Dispositionskredit, hält ihn aber in der Regel so knapp, daß der Gründer schnell «überziehen» muß. Voll Dankbarkeit darüber, daß die Bank das zuläßt, wird auf den Zinssatz gar nicht mehr geachtet. Und der liegt dann schnell beim dreifachen des öffentlichen Kredites.

Nach 1–3 Monaten kommt statt der erlösenden Kreditzusage des Staates in der Regel eine Rückfrage. Bis diese beantwortet ist und bis die Antwort akzeptiert wird, vergehen wieder etliche Wochen. Der Hausbank kann das nicht nur egal sein, sie verdient sogar noch gut daran. Sollte dann am Ende statt einer Kreditzusage ein Ablehnungsbescheid stehen, wird der Spielraum eng, denn ein Zurück gibt es nicht mehr.

Wichtig auf alle Fälle: Man suche sich Banker, die Routine in der Bearbeitung staatlicher Kreditprogramme nicht nur vorgeben, sondern auch haben.

Und: Wenn es Probleme gibt, immer direkt mit dem zuständigen Staatsbeamten Kontakt aufnehmen. Wird zwar nicht gerne gesehen, ist aber meist äußerst erfolgreich.

Vor einer weiteren Falle sei gewarnt: Der ERP-Kredit, der mit 50 % Volumen den größten Teil ausmacht, muß bereits ab dem 3. Jahr getilgt werden. Und zwar extrem hoch: 12,5 % p. a. Das führt meist zu bösen Liquiditätslöchern und hohen Ausreizungen des teuren Dispo-Kredits. Denn: So schnell, wie getilgt werden muß, spielt ein Gründer den Kredit selten ein.

5.2.6. Einige Anmerkungen zur Seriosität der Banken

Wir sehen – so oder so –, an der Bank kommt man als Unternehmensgründer nicht vorbei. Über die eigene Bedeutungslosigkeit im klaren, soll noch mal die Frage gestellt werden, ob und in welchem Umfang man den Banken trauen kann, eine Frage, die wir uns für den Versicherungsbereich aufsparen wollen.

Zweifellos herrscht ein gewisses Maß an Seriosität. Während man auf dem Flohmarkt nicht so ohne weiteres einen größeren Schein aus der Hand geben sollte, ohne nicht gleichzeitig mit der anderen nach dem Wechselgeld zu grabschen, ist das bei einer Bank unproblematisch. Zahlt man eine größere Summe ein (oder bekommt sie bar ausgezahlt*), so wird man in einer guten Bank im Nebenzimmer bedient, damit man unbeobachtet von Terroristen und Bekannten bleibt. Man gibt dem Banker das Geld, der verschwindet damit zur Hauptkasse und kommt *stets* mit der Quittung zurück. Der Gedanke, man könne doch auch einfach mit dem Geld abhauen, scheint bei Bankmenschen wenig verbreitet, zumindest geben sie es nicht zu. Vermutlich sind die Bargeldsummen auch weit unterhalb ihrer Reizschwelle. **

Beim nächsten Schritt, den *mündlichen Zusagen* nämlich, ist es schon schwieriger. Im allgemeinen sollte man mündlichen Zusagen nicht trauen, denn abgesehen von der bei ehrgeizigen Bankern üblichen – bei ehrgeizigen GRÜNEN zunehmend unüblichen – Rotation, die einem oft sehr plötzlich einen neuen Kontaktmenschen beschert, erinnern sich manche Banker nicht mehr gern an ihr gefälliges Geschwätz von gestern. Und hat man dann keine Druckmittel, ist man also kein «potenter» Kunde, sondern hat sich nur als solcher gefühlt, so ist der Käse gegessen.

Beispiel: Eine Kleinsparerin will für ihr Geld höhere Zinsen. Der Bankmensch «rät» zu einem Sparbuch mit 48monatlicher Kündigung.

* Über das «warum eigentlich bar?» siehe einige Seiten weiter.

** Bei Notaren ist das anders. Da gibt der eine oder andere schon mal zu, daß er Phantasien entwickelt, wenn sich so gegen Jahresende 2–3 Millionen auf seinem Notaranderkonto (= Treuhandkonto) befinden. Aber – zu meiner Beruhigung – versicherten mir die Befragten, daß sie ihren Beruf zu sehr liebten und zuviel dafür aufgeben müßten, abgesehen von ihrer Angst vor einem Richard-Kimble-Schicksal. Ich glaube ihnen.

Dafür bekäme sie 5%* statt bisher 3% auf dem «normalen» Sparbuch. Der Sparerin einzige Sorge «Und was ist, wenn ich das Geld früher brauche?» zerstreut der Mann am Schalter mit einem augenzwinkernden «Das machen wir schon.»

Sollte sie in die Verlegenheit kommen, dies ausprobieren zu müssen, dann gibt es 2 Möglichkeiten: entweder der Bankmensch erfüllt die von ihm geweckten Hoffnungen (*versprochen* hat er ja tatsächlich nichts Konkretes) – was er durchaus kann –, oder er kommt jetzt plötzlich mit «Vorschußzins», das heißt, er nimmt der armen Frau rund ein Viertel ihrer Zinsen ab.

In der Frage der *Geldanlage* ist es schon einigermaßen fahrlässig, den «Geldberatern» zu trauen, gerade wenn man nicht sehr «potent» ist. Diese «Berater» sind Angestellte des Bankhauses und dessen Weisungen unterworfen. So werden sie dem Kunden zwar keine windigen Termingeschäfte aufschwätzen, einfach weil sie das nicht dürfen, aber eine hochprozentige Auslandsanleihe eines fast schon bankrotten karibischen Massenmörders und Staatschefs offeriert einem unter Umständen auch die «Bank der Arbeiterbewegung».

Zwar heißt allenthalben der noble Grundsatz: «Berücksichtigung der Kundeninteressen, aber auch der Bankinteressen», doch für manche Filialleiter, stets der Erfolgskontrolle der Zentrale unterworfen, heißt die Parole: wg.**

Zudem machen die Zentralen ihre Vorgaben. Heißt z. B. die Parole der Zentrale: «Wir brauchen Sparkassenbriefe», dann darf man sich nicht wundern, wenn plötzlich viele «Berater» dem ahnungslosen Kunden Sparkassenbriefe wärmstens und voll persönlicher Überzeugung empfehlen. Manche Institute hängen zur Motivation der Verkäufer einen Wettbewerb dran, z. B. eine Kenia-Reise für zwei Personen für den, der im Rahmen der Kampagne die meisten Sparkassenbriefe verkauft. Natürlich ist dabei nicht ausgeschlossen, daß die Offerte von Sparkassenbriefen auch mal das Kundeninteresse trifft.

Die Sparten und Entwicklungen jeder Filiale werden von der Zen-

* Allerdings wird der Zinssatz der allgemeinen Zinsentwicklung nach Ermessen der Banken angepaßt, ohne daß man deshalb kündigen könnte.

** Das Kürzel ist älter als die Flick-Affäre und heißt: wenn's geht, d. h., wenn wir es bekommen können, dann nehmen wir es.

trale danach geprüft, ob sie auch im Rahmen der Vorgaben liegen, und wenn sie abweichen, so dürfte dies den Filialleiter treffen.

Kommen wir zur Frage der *Versicherungen.*

Was hat das denn mit Banken zu tun, werden sich jetzt einige fragen. Leider zunehmend mehr. Seit die Versicherungen ins Kreditgeschäft eingestiegen sind (Beleihungen von Lebensversicherungen), gehen die Banken verstärkt ins Versicherungsgeschäft. So beispielsweise die «Bank für Gemeinwirtschaft», die zusammen mit der «Volksfürsorge» ein «Pilotprojekt» startete, bevor sie von einer anderen Versicherung aufgekauft wurde.

«Bei vielen Anlässen bestehe ein kombinierter Bedarf, erklärt der BfG-Vorstand. Ein typisches Beispiel für Angebote unter einem Dach sei etwa, daß ein Kunde ein Auto mit einem Ratenkredit der Bank finanziert und gleichzeitig eine Kraftfahrzeugversicherung bei der Volksfürsorge abschließt. Ähnliche Konstruktionen seien beim Hauskauf denkbar.» (Frankfurter Rundschau, 31.1.85)

So weit sind die Volksbanken schon lange.

Beispiel: Eine Lufthansastewardess wollte einen Kredit von 5000 DM zur Restfinanzierung eines Kleintransporters aufnehmen, mit dem ihr Freund sich selbständig machen will. 7000 DM finanzieren sie selbst.

Der Volksbanker verlangt: Kfz-Brief/Gehaltsbescheinigung/Gehaltsabtretung. Dann fragt er nach der Versicherung des Fahrzeugs. «Ja, müssen wir denn die Versicherung bei Ihnen abschließen?» – «Wir würden es gerne sehen.» Und schon vereinbart er einen Termin für den Besuch des Versicherungsvertreters.

Zweierlei halte ich für bedenklich: zum einen kann man Kreditsuchern zum Beispiel sehr leicht bei der Hausfinanzierung noch eine Risikolebensversicherung mit reindrücken oder ihnen gar einen Zusammenhang von Kredit«gewährung» und Versicherungsabschluß bei der beteiligten Versicherung *andeuten.** Zum zweiten erhalten viele Vermittler – also Bankangestellte – Provision, notfalls über den Umweg einer von der Ehefrau betriebenen Agentur. Früher soll so mancher Angestellte mehr Provision aus diesem und anderen Pfründen bekommen haben als Gehalt von der Bank. Anlaß zu übergro-

* Der Zusammenhang besteht natürlich nicht, da dies sonst ein – unzulässiges – Koppelgeschäft wäre.

ßem Vertrauen besteht daher jedenfalls nicht. Es bleibt noch die Frage offen, warum Menschen im Zeitalter des bargeldlosen Zahlungsverkehrs mit großen Summen in der Tasche von Bank zu Bank laufen, statt ihr Geld zu «transferieren». Der offensichtliche Grund ist der Zinsverlust, denn das Geld wird in den Bankkanälen langsamer «transportiert» als ein Brief bei der Post, und es kostet zudem noch höhere Gebühren! Ein weniger offensichtlicher Grund ist, den Banken etwas zu erschweren, den Weg des Geldes verfolgen zu können.

Die Kontrolle, die Banken über die Verhältnisse ihrer Kunden ausüben, geht nämlich nicht nur über Auskunfteien (Schimmelpfeng, Schufa und Verein Creditreform), sondern, wie wir im internen Papier gelesen haben, auch über die Kundeninformationen selbst. Weiß eine Bank, wo wir noch überall Konten haben, so kann sie leicht mit dem betreffenden Institut Informationen austauschen.

Wege hierzu sind persönliche Kontakte der Bankmenschen, die für deren Karriere fast so notwendig sind wie für die der Journalisten. Kontakte können aus gemeinsamen Studienjahren an der Universität, an der Bankakademie, durch alte Kontakte zur früheren Arbeitsstelle*, Berufsschule oder durch den einen oder anderen Nobelclub kommen. So zahlen diverse Banken einigen ihrer leitenden Angestellten die Golf- oder Tennisclubbeiträge und lassen sie bei Bedarf auch während der Arbeitszeit spielen, weil sie dabei auf Kunden treffen, die während ihrer Arbeitszeit das gleiche machen.

Höchste informelle Institution ist der lokale *«Banker-Stammtisch»*, auf dem sich die ortsansässigen Filialleiter oder deren Stellvertreter zur gemütlichen Aussprache treffen.

Dagegen kann man als Bankkunde nichts tun. Entweder man spielt mit, oder man versucht, den Informationsfluß etwas zu erschweren, indem man Privat- und Geschäftskonto bei verschiedenen Banken *und* in verschiedenen Städten hält, Transaktionen nur in bar vornimmt und die Banderolen der Scheine entfernt!

* Ein Banker erzählte mir, daß wegen des Konkurrenzdenkens seine Informationskanäle zu Kollegen bei anderen Bankinstituten unter Umständen ergiebiger seien als die im eigenen Institut.

IV. Die Rechtsformen der Unternehmung

1. Warum überhaupt gemeinsam?

Es gibt einige Gründe dafür, ein Unternehmen zusammen mit anderen zu gründen. Einmal ist der einzelne häufig überlastet mit der alleinigen Leitung des Betriebes, zum anderen bringt er oft das nötige Kapital und die nötige Erfahrung nicht auf. Außerdem gibt es den Gesichtspunkt, daß es Menschen Freude macht, etwas gemeinsam und gleichberechtigt zu machen, und sie keine oder wenige Angestellte haben wollen, da deren Motivation – ihrer Lage gemäß – grundverschieden von der ihrer Chefs ist.

Schließlich gibt es Leute, die nur ihr Geld gewinnbringend anlegen wollen, ohne selbst mitzuarbeiten, und Unternehmer, die ihre Angestellten durch das Angebot der Beteiligung motivieren oder sich selbst eine größere Kapitalbasis verschaffen wollen. Extremstes Beispiel hierfür ist das Kaufhausprojekt «Bieberhaus» in Frankfurt, das von seinen Mitarbeitern 30000,– DM Kapitalbeteiligung als «Einstand» erwartet und dafür einen «sicheren Arbeitsplatz» bietet.

Da die Motivationen und Absichten zahlreich sind, wird dem auch durch zahlreiche Unternehmensformen Rechnung getragen, von denen die wichtigsten hier aufgeführt werden sollen. Wir verzichten – da für Neuanfänger nicht relevant – auf die *AG* und auch auf die *GmbH & Co. KG*, die seit der Körperschaftsteuerreform nicht mehr so lukrativ ist.

Am Anfang sei die Frage gestellt, wodurch sich ein *Gewerbe* eigentlich definiert, denn nur Gewerbebetriebe können ihre Gesellschaftsform frei wählen.

Gewerbe: Jede *selbständige, offene* und *nachhaltige* Tätigkeit mit der Absicht auf *Gewinnerzielung*, ausgenommen die Land- und Forstwirtschaft sowie freie Berufe.

- *selbständig:* man handelt im eigenen Namen und auf eigene Rechnung (nicht gegeben bei vollständig integrierten Subunternehmen),
- *offen:* nach außen erkennbar und am allgemeinen Wirtschaftsverkehr teilnehmend (nicht gegeben bei vollständig geschlossener Gesellschaft),
- *nachhaltig:* auf gewisse Dauer (nicht gegeben bei Privatverkäufen),
- *Gewinnabsicht:* maßgebend ist allein die Absicht, wobei die neuere Rechtsprechung auch bereits alleine auf Umsätze abhebt (nicht gegeben bei Liebhaberei).

Freie Berufe: sind Tätigkeiten, bei denen die Arbeitsleistung des Selbständigen (z. B. Steuerberater) eine dominante Rolle spielt, ohne ihn ist die Arbeit nicht vorstellbar. Es gibt zahlreiche Prozesse und Urteile, durch welche die freiberufliche Tätigkeit für einzelne Berufe umkämpft und geregelt wird, was zeigt, daß es sich hierbei um ein Privileg handeln muß. Für die Rechtsform gilt, daß Freiberufler sich nur als *BGB-Gesellschaft* oder als *GmbH* zusammenschließen können.

Noch eines soll vorausgeschickt werden: wichtiger als die Einstiegsregelungen, die im Zweifelsfall gesetzlich hinreichend definiert sind, sind die Ausstiegsregelungen, also etwas, woran man in der Gründungseuphorie gar nicht gern denkt und worüber man schon gar nicht offen spricht. So kann es z. B. ratsam sein, den Ausschluß eines Gesellschafters im Insolvenzfall vorher schon genauso zu vereinbaren wie die Weiterführung der Gesellschaft.

Selbstverständlich sollten stets Auszahlungsregelungen, Verzinsungsregelungen usw. festgelegt sein, die verhindern, daß das Unternehmen durch einen Ausstieg illiquide wird.

2. Personengesellschaften

2.1. Kennzeichen

Die Personengesellschaften sind von ihrer Rechtskonstruktion her primär auf die am Unternehmen beteiligten Personen zugeschnitten. Der Grundtyp zeigt sich in der *BGB-Gesellschaft* oder der *OHG*. Die Mitglieder haben gemeinsam die Rechte an der Gesellschaft, die keine eigene Rechtspersönlichkeit ist (d. h. sie kann nicht als Gesellschaft handeln oder behandelt werden, und sie ist nicht selbständig steuerpflichtig, sondern nur die Gesellschafter Müller, Meier, Schulz sind dies). Die Existenz der Gesellschaft hängt also an den beteiligten Personen. Die Gesellschafter haben für die Geschäftsführung selbst zu sorgen (Selbstorganschaft). Verträge im Namen der Gesellschaft verpflichten die Gesellschafter unmittelbar. Sie haften direkt und unbeschränkt und solidarisch und können daher auch nur gemeinsam über das Vermögen verfügen.

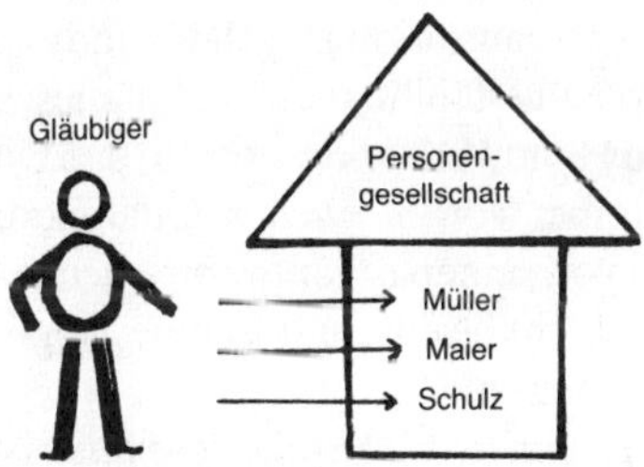

2.2. Einzelunternehmen

Das Einzelunternehmen ist natürlich *keine* Gesellschaft, denn *eine* Person hält alleine alles in der Hand. Ihr gehört das gesamte Eigenkapital, sie hat formal alleine zu bestimmen (real könnten Kreditgeber erheblichen Einfluß nehmen), kassiert den gesamten Gewinn und trägt das alleinige Risiko des Verlustes (wobei natürlich Kreditgeber und die angestellten Arbeitskräfte auch durch Verluste mitbetroffen sein können).

Vor allem kleinere Unternehmen (Minderkaufleute) werden so geführt. Entscheidungen können allein und schnell getroffen werden, die Gründung ist juristisch billig und einfach, da keine Verträge nötig sind.

Nachteilig ist neben der häufig geringen Kapitaldecke auch ein oft wissens- wie kräftemäßig überlasteter Unternehmer, der sich mit wachsender Unternehmensgröße immer mehr in einen brüllenden Stier verwandelt. Seine Lautstärke zeugt von seiner Unfähigkeit und Angst. Er kommt mit dem expandierenden Unternehmen nicht mehr mit, weil er unfähig ist, zu delegieren und zu organisieren. Sein vermeintlicher oder tatsächlicher Erfolg wächst ihm über den Kopf. Er erkennt nicht, daß seine Angestellten, bedingt durch ihr Verhältnis zum Unternehmen, natürlicherweise erst mal ganz andere Interessen haben müssen als er, sondern sucht die Schuld bei den Individuen («der» und «die»), wittert überall Verrat, Bedrohung und Sabotage und ist dem Herzinfarkt oft nahe.

Dieses Bild ist natürlich überzeichnet. Es trifft desto weniger zu, je weniger das Unternehmen expandiert, je mehr der Unternehmer «loyale» Mitarbeiter (auch aus der Familie) hat, je mehr er in der Lage ist, neue Wege der Organisation zu gehen, und – als Grundbedingung dafür – je besser sein Verständnis von kaufmännischen Zusammenhängen ist. Gerade im Handwerk erkennt man, daß Unternehmenswachstum nicht unmittelbar von *fachlichen* Qualifikationen des Meisters abhängt, sondern von seinen *organisatorischen.*

Die Gründung einer Gesellschaft ist eine Möglichkeit, aus dem Dilemma herauszukommen.

Ein Einzelunternehmer, der *Minderkaufmann* ist, muß unter seinem Familiennamen und mindestens einem ausgeschriebenen Vornamen alleine auftreten, zum Beispiel: Hermann Schulz, Kohlenhandlung. Er darf keine Firmierung benutzen, d. h. nicht als Firma auftreten.

Ist er *Vollkaufmann,* so ist er im Handelsregister eintragungspflichtig und darf als Firma auftreten. Auch er muß unter Vor- und Nachnamen auftreten, darf aber ansonsten den Namen beliebig kombinieren, soweit dadurch keine Täuschung über Art und Umfang des Geschäftes entsteht.

Erlaubt: Firma Kohlen-Schulz
Inhaber Hermann Schulz

Verboten: Europäische Kohlenbedarfsdeckungsfirma
Inhaber Hermann Schulz

Außerdem sind Etablissementnamen grundsätzlich erlaubt: z. B. Salon Kitty: Inhaberin Kitty Korn / Zum Grünen Baum: Inhaber Kurt Müller.

Das wirft die Frage auf, was eigentlich ein Minder- und was ein Vollkaufmann ist.

1. **Vollkaufleute:** sind solche Personen, deren Gewerbebetrieb nach Art und Umfang einen in kaufmännischer Weise eingerichteten Geschäftsbetrieb *erfordert.*
2. **Minderkaufleute:** sind dagegen solche Personen, deren Gewerbebetrieb nach Art und Umfang einen in kaufmännischer Weise eingerichteten Geschäftsbetrieb *nicht erfordert.*

Das hilft wenig weiter, ist jedoch konkreter nicht geregelt. Daher seien noch die üblichen Anhaltspunkte für die Bewertung von Art und Umfang gegeben: ab 400000,– DM Umsatz im Industriebetrieb (200000,– DM im Dienstleistungsbereich), Zahl der Beschäftigten, Auftragszahlen, Größe der Verwaltung.

2.3. BGB-Gesellschaft / Gesellschaft des bürgerlichen Rechts

Sie ist die einfachste Form der Gesellschaft überhaupt und bedarf nicht einmal eines schriftlichen Vertrages. Die Gesellschafter verpflichten sich gegenseitig, die Erreichung eines gemeinsamen Ziels in bestimmter Weise zu fördern. Dazu genügt die mündliche Absprache, wovor aber aus Beweisschwierigkeiten im Falle der Auseinandersetzung gewarnt sei. Kennzeichnend für diese Gesellschaftsform ist, daß die meisten Menschen einer BGB-Gesellschaft angehören, ohne es zu wissen.

Beispiel: Fünf Arbeiter schließen sich zur Tip-Gemeinschaft zusammen. Jeder gibt einen Beitrag von ⅕, die Zahlen werden nach festgelegtem System ausgefüllt, einer ist für die Abgabe des Scheins verantwortlich. Die zu erwartende halbe Million soll jedem 100000,– DM bringen. Dies ist eine BGB-Gesellschaft.

Die BGB-Gesellschaft ist vor allem als Zusammenschluß von Minderkaufleuten und Freiberuflern relevant, denn diese können keine andere Personengesellschaft gründen.

Beispiel: Unsere Saftladen-Unternehmerin muß ihren Freund am Geschäft beteiligen, da sie ihren Kreditbedarf steigen sieht und seine Kreditwürdigkeit als Hausbesitzer als bedeutend ansieht. Sie beschließen, den Laden gemeinsam zu führen, und müssen daher unter folgendem Namen auftreten: Doris Görg und Hans Kaus, Natursaftladen. (Nicht erlaubt ist: Saftparadies Mainz, Inhaber Doris Görg und Hans Kaus)

Sofern nichts anderes beschlossen, haben die BGB-Gesellschafter gleiche Rechte und Pflichten, vor allem die auf Beitragsleistung, Gewinn, Geschäftsführung. Für jedes Geschäft ist die Zustimmung aller Gesellschafter erforderlich. Die Gesellschafter handeln im eigenen Namen, und das Gesellschaftsvermögen ist rechtlich ihr Privatvermögen, so wie die Schulden rechtlich ihre Privatschulden sind. Die Haftung ist unbeschränkt, unmittelbar und solidarisch.

Natürlich kann abweichend davon Doris Görg ihren Freund nur zu 10% an der Gesellschaft beteiligen und vereinbaren, daß Beschlüsse mit einfacher Mehrheit gefaßt werden können. Ihr Freund *haftet* dann im *Innenverhältnis* auch nur zu *10%*. Aber im *Außenverhältnis* ist seine Haftung zunächst unbeschränkt, d. h. er haftet zunächst *voll* für ihre Mehrheitsbeschlüsse und muß dann versuchen, das Geld, das die Gläubiger aus seinem Haus rausholen, von ihr zurückzubekommen.

Großes gegenseitiges Vertrauen, z. T. kompensierbar durch umfangreiche «bedürfnisorientierte» Vertragsgestaltung, ist Voraussetzung für diese Rechtsform.

2.4. Die offene Handelsgesellschaft (oHG)

Die *oHG* ist die konsequente Fortsetzung der BGB-Gesellschaft für den «gehobenen Bedarf» kaufmännischer Tätigkeit, nämlich im Handelsrecht. Nur Vollkaufleute, d. h. Unternehmen, die nach Art und Umfang einen kaufmännisch eingerichteten Betrieb erfordern, können eine oHG gründen. Es gelten die speziellen Bestimmungen des HGB (§ 105 ff.) und ergänzend die grundsätzlichen Bestimmungen der BGB-Gesellschaft.

Über die Treuepflicht hinaus besteht für die Gesellschafter jedoch ein Wettbewerbsverbot, d. h. ein Gesellschafter darf nicht im gleichen Gewerbezweig Geschäfte machen bzw. sich als persönlich haftender Gesellschafter anderswo beteiligen.

Bei *gewöhnlichen Geschäften* ist jeder Gesellschafter alleine zur Geschäftsführung berechtigt und verpflichtet (Einzelgeschäftsführung), wobei für die anderen ein Vetorecht bei jeder Handlung besteht. *Außergewöhnliche Geschäfte* müssen dagegen von allen Gesellschaftern gemeinsam beschlossen werden.

Beispiel: In einer Druckerei ist der Papiereinkauf ein gewöhnliches Geschäft. Es kann von einem Gesellschafter abgeschlossen werden, wenn keiner widerspricht. Der Kauf eines Grundstücks dagegen ist ein außergewöhnliches Geschäft, das alle Gesellschafter gemeinsam beschließen müssen.

Die oHG hat eine in der Praxis größere rechtliche Selbständigkeit als die BGB-Gesellschaft. Sie kann Verbindlichkeiten eingehen, Rechte und Eigentum erwerben, vor Gericht klagen und verklagt werden, obwohl sie keine juristische Person ist. Die persönliche Haftung gegenüber Fremden kann nicht ausgeschlossen werden. Wie bei der BGB-Gesellschaft sind Beschlüsse einstimmig zu fassen, sofern nicht im Gesellschaftsvertrag Mehrheitsbeschlüsse vorgesehen sind. Die Abstimmung geht nach Köpfen vor sich, nicht nach Kapitalanteilen. Der Gewinn wird gemäß HGB dazu verwandt, die eingesetzten Kapitalanteile mit 4% zu verzinsen, der Rest wird nach Köpfen verteilt. Ein Verlust wird rein nach Köpfen verteilt.

Beispiel:

Schmitt oHG oder: *Schmitt & Schmitt & Böhm*

oHG-Beteiligung:	Walter Schmitt:	50000,–
	Karl Schmitt:	30000,–
	Franz Böhm:	20000,–

a. Gewinn 40000,– DM

	Zins 4%	
Walter Schmitt:	2000,–	+ 12000,–
Karl Schmitt:	1200,–	+ 12000,–
Franz Böhm:	800,–	+ 12000,–
	4000,–	
→ Restgewinn:	36000,– : 3 Köpfe = 12000,–/Kopf	

b. Verlust 60000,–

Walter Schmitt:	20000,–
Karl Schmitt:	20000,–
Franz Böhm:	20000,–

Damit ist Franz Böhm raus, sofern er nicht neu einzahlt (Nachschuß).

Jeder Gesellschafter hat *volles* Kontrollrecht, d. h., er darf die Bücher der Gesellschaft so weit einsehen, daß er sich aus ihnen eine eigene Bilanz anfertigen kann.

Nur ganze 2,0% aller 1990 im Handelsregister eingetragenen Neugründer scheinen ihren Partnern, der Wirtschaftsentwicklung und sich selbst so zu trauen, daß sie eine oHG wählen.

2.5. Die Kommanditgesellschaft (KG)

Bei der *KG* gibt es zwei Sorten von Gesellschaftern. Die einen haften wie in der oHG mit Firmen- und Privatvermögen, sind also Vollhafter und heißen *Komplementäre.* Die anderen haften nur mit ihrem Firmenvermögen, sind also Teilhafter und heißen *Kommanditisten.* Eine KG besteht aus mindestens einem Komplementär und einem Kommanditisten.

Die Komplementäre sind wie oHG-Gesellschafter zu behandeln, während die Kommanditisten nur eingeschränkte Rechte und Pflichten haben. So haben sie nur allgemeine Treuepflicht, d. h. dürfen der Gesellschaft nicht schaden, unterliegen jedoch keinem Wettbewerbsverbot.

Sie haben kein Recht auf die Geschäftsführung, müssen jedoch bei außergewöhnlichen Geschäften zustimmen. Die Gewinnverteilung erfolgt mit 4% Kapitalverzinsung, der Rest «im angemessenen Verhältnis», was unbedingt im Gesellschaftsvertrag definiert werden sollte. Empfohlen sei eine höhere Kapitalverzinsung, z. B. 3% über Diskontsatz, damit die Kommanditisten genügend Eigenkapital aufzubringen bereit sind. Das Kontrollrecht der Kommanditisten ist auf die Bilanz und die Gewinn- und Verlust-Rechnung beschränkt. Nur bei begründetem Verdacht haben sie das Recht auf Einsicht in weitere Bücher. Von daher ist eine natürliche Quelle von Mißtrauen in dieser Gesellschaftsform angelegt, denn in einer Bilanz kann ein geschickter Komplementär viel verstecken. Und: ohne Einsicht kein begründeter Verdacht, ohne begründeten Verdacht keine Einsicht.

Problematisch ist oder wird das natürlich nur, wenn ein allgemeiner Verdacht (Mißtrauen) einmal entstanden ist und die Komplementäre stur an ihrem Verweigerungsrecht festhalten.

Die Firma einer KG muß mindestens den Familiennamen eines Komplementärs und einen Zusatz, der auf die Gesellschaft hinweist, beinhalten, z. B. *Schmidt KG* oder *Schmidt & Co.*

3. Kapitalgesellschaften

3.1. Kennzeichen

Die Kapitalgesellschaft vereinigt primär das Kapital, das die beteiligten Gesellschafter einbringen. Grundtyp ist der *Verein* bzw. die *AG*. Kapitalgesellschaften sind selbständige Rechtsgebilde, die von der Person getrennt sind und selbständig rechtsfähig werden. Sie können also handeln als und unter dem Namen der Gesellschaft und sind selbständig steuerpflichtig. Die Mitglieder haben nur der Gesellschaft gegenüber Rechte und Pflichten, nicht gegenüber ihren Mitgesellschaftern. Daher ist der Bestand der Gesellschaft völlig unabhängig vom Eintritt und Ausscheiden der Mitglieder.

Die Geschäftsführung wird einem besonderen Organ übertragen (z. B. einem Vorstand), dessen Mitglieder nicht Gesellschafter sein müssen (Fremdorganschaft).

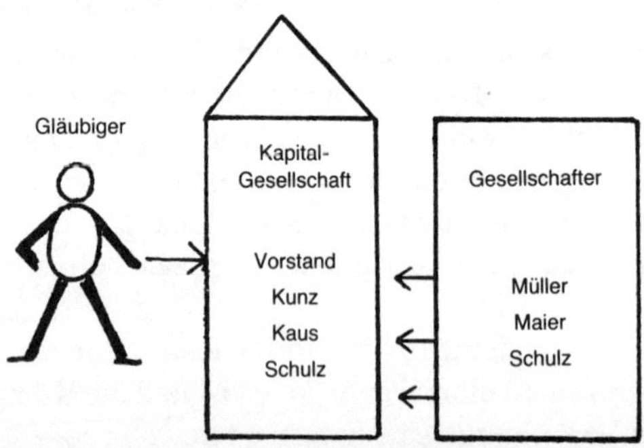

Nur die Gesellschaft haftet, nicht die Gesellschafter. Über das Vermögen der Gesellschaft können die Mitglieder nicht unmittelbar verfügen, sondern nur mittelbar im Rahmen ihres Einflusses auf die Gesellschaft.

3.2. Die Gesellschaft mit beschränkter Haftung (GmbH)

Der Tatsache, daß hier *alle* Gesellschafter nur mit ihrem Firmenvermögen haften (wie die Kommanditisten), entspringt ein weitverbreiteter Irrtum: «Wir gründen eine GmbH, und wenn die Sache schiefgeht, sind ‹die anderen› die Dummen.» Wer sollen jedoch «die anderen» sein?

Die Firma der Gesellschaft muß mit dem Zusatz *mbH* auftreten, so daß jeder weiß, daß das persönliche Vermögen der Teilhaber unantastbar ist. Desto höhere Anforderungen werden also die Kreditgeber – sofern nicht Amateure, was äußerst selten ist – an die Bonität der Gesellschaft selbst stellen: die Lieferanten fragen bei Auskunfteien nach und machen den Eigentumsvorbehalt geltend oder verlangen gar Vorkasse; die Banken fordern Sicherheiten durch Verpfändung von Privatvermögen der Gesellschafter – sonst gibt es eben keinen Kredit. Und mit dem Mindestkapital (Stammkapital) von 50000,– DM Haftungssumme sind auch die Gesellschafter am «Unternehmerrisiko» beteiligt.

Eine Sorte Amateur wird jedoch durch den Konkurs einer GmbH leicht und stets betrogen – nämlich die Beschäftigten: um einige Monatslöhne. Ob sich das finanziell – geschweige denn aus anderen Gründen – lohnt, möchte ich in der Mehrzahl der Fälle bezweifeln. Ich denke, bei Anfängern ist die GmbH deshalb so beliebt, weil die Angst vor dem Unbekannten, was man als «Unternehmerrisiko» im Kopf hat, und nicht zuletzt auch die Ängste vor den lieben Mitgesellschaftern groß sind und man glaubt, sie dadurch ausschließen zu können.

Etwa 80% der 1990 ins Handelsregister eingetragenen Neugründungen sind GmbHs, und auch von den Unternehmensinsolvenzen ist vor allem (in 60% der Fälle) diese Kapitalgesellschaft betroffen.

Nur, welchen Schluß sollte man daraus ziehen? Einen jedenfalls nicht: die GmbH-Form ist nicht Ursache für die Insolvenz, wohl aber kann die Wahl der Rechtsform GmbH Ausdruck für Umstände und Einstellungen sein, die dann mit der Insolvenzen-Häufigkeit korrelieren.

In Einzelfällen ist die GmbH sicher sinnvoll, jedoch gilt dies noch bedingter für den Existenzgründer (z. B. dort, wo hohe Risiken aus der Produkthaftung bestehen, oder wegen der steuerlichen Absetzbarkeit von eigenen Gehältern als Geschäftsführer). Dennoch raten viele Steuerberater Unternehmensgründern oft wärmstens zu dieser Gesellschaftsform, macht sie doch – frevelhaft gesprochen – ob ihrer komplizierten Struktur sehr stark von eben diesen Steuerberatern abhängig. Es mag Zufall sein.

Die GmbH kann, da sie juristische Person ist, alles. Sie ist also wie eine natürliche Person Träger von Rechten und Pflichten. Für sie handeln die Geschäftsführer, die von den Gesellschaftern bestimmt werden, nicht unbedingt jedoch Gesellschafter sein müssen (Fremdorganschaft). Der Gesellschaftsvertrag stellt die Handlungsgrundlage sowohl für Geschäftsführer als auch für die Gesellschafter untereinander dar. Der Gewinn oder Verlust wird im Verhältnis der Gesellschaftsanteile an die Gesellschafter ausgeschüttet oder thesauriert, d. h. in der Unternehmung belassen. Die Gesellschaft ist *selbständig* steuerpflichtig, wobei jedoch nach neuem Steuerrecht Doppelbesteuerungen vermieden werden. Unangenehm ist aber nach wie vor die Nicht-Verrechenbarkeit von Verlusten aus anderen Einkommensarten.

Das Eigenkapital einer GmbH ist weit untergliedert und von unterschiedlicher Bedeutung:

Eingebrachte Einlagen	**Stammeinlagen**	**Geschäftsanteile**	**Darlehenskonto**
mindestens 25000,– DM (Geld oder Sachwert)	mindestens 50000,– DM	zum Beispiel 200000,– DM	Darlehen, das die Gesellschafter der Gesellschaft geben, indem sie z. B. auf Gewinnentnahme verzichten.
↑ Gründungsvoraussetzung	↑ Haftungsgrundlage	↑ Buchwert der Gesellschaft	

Jede Mark Gewinn, die erzielt und thesauriert wird, erhöht den Buchwert der Unternehmung, jedoch zunächst *nicht* das Stammkapital (Haftungssumme). Dieses erhöht sich nur, wenn die Gesellschafter es gemeinsam beschließen oder es im Gesellschaftsvertrag vorgesehen ist. Hohes Stammkapital zeugt von der Bonität der Gesellschaft. Ist das Stammkapital mal erhöht, so kann es nicht mehr so beliebig ausgezahlt werden wie der übrige Geschäftsanteil.

Falsch ist die Vorstellung, die Stammeinlage müßte irgendwo als Geld vorhanden sein. Im Handelsrecht gilt Geld wie jeder andere bilanzierbare Wert. Daher stellen z. B. Maschinen und Pkw, man sieht es ihnen nicht an, Stammkapital dar.

Der Gesellschaftsvertrag kann nur mit ¾ der Gesellschaftsanteile geändert werden, sofern nichts anderes vereinbart wurde. Je 100,– DM Geschäftsanteil entsprechen einer Stimme. 500,– DM ist der Mindestanteil eines Gesellschafters. Die Rechte der Gesellschaftsversammlung sind grundsätzlich sehr weitgehend, werden jedoch meist durch den Gesellschaftsvertrag eingeschränkt. Spannungen zwischen Geschäftsführung und Gesellschaftern sind oft vorprogrammiert, vor allem wenn die Gesellschafter zerstritten sind oder die Gesellschafter mit den höchsten Anteilen die Geschäftsführung selbst wahrnehmen.

3.3. Genossenschaft

Die *Genossenschaften* haben eine lange und manchem stolz erscheinende Tradition. Sie sind heute jedoch – fern jeder ideologischen Basis – weitgehend institutionalisiert, auch der Begriff «Gemeinnützigkeit» ist bei ihnen kein Markenzeichen mehr, sondern eher durch sie vollständig in Verruf gekommen (Neue Heimat).

Durch das Genossenschaftsgesetz ist die Genossenschaft definiert als Gesellschaft mit nicht geschlossener Mitgliederzahl, die wirtschaftliche Zwecke verfolgt, jedoch primär keine eigenen Gewinnabsichten hat. Ziel ist vielmehr die Förderung der Ziele ihrer Mitglieder, d. h. deren Gewinnabsichten. Die Genossenschaften sind heute im landwirtschaftlichen Bereich am häufigsten anzutreffen, insgesamt waren 1990 ca. 1,0 % aller Betriebe Genossenschaften. Trotz großer Beliebheit im «alternativen» Bereich hält sich auch hier die Zahl der neugegründeten Genossenschaften in engen Grenzen*, was auch diversen Schwierigkeiten bei der Gründung zuzuschreiben ist.

Formal ist diese Rechtsform sehr demokratisch: jeder Genosse hat eine Stimme in der Genossenschaftsversammlung. Mindestmitgliederzahl ist sieben. Da Zu- und Austritt möglich, schwankt damit auch das Kapital der Genossenschaft. Die Mindesthaftsumme ist der Geschäftsanteil des einzelnen Genossen. Daneben gibt es auch – allerdings weniger häufig – die *eGmuH,* die eingetragene Genossenschaft mit *unbeschränkter* Haftung.

Das Statut regelt die Befugnisse von Vorstand und Aufsichtsrat und ist die Grundlage für die Genossenschaftsversammlung. Jede Genossenschaftsgründung ist vom Genossenschaftsverband zu begutachten. Zwar gibt es kein vorgeschriebenes Mindestkapital, aber – was vielleicht noch unangenehmer ist, da unberechenbarer – die «wirtschaftliche Tragfähigkeit» ist vom Genossenschaftsverband zu prüfen. Außerdem wird auf Qualifikationen Wert gelegt. Kommt der Verband zu keinem positiven Ergebnis, so verweigert er die Eintragung ins Genossenschaftsregister, wodurch die Gründung unmöglich wird.

Genossenschaften neigen offenbar dazu, Interessenten – insbesondere «Alternative» – abzuschrecken. Entscheidet ein Verband positiv, so unterliegt das Unternehmen fortan einer ständigen Überprüfung von Buchführung und Bilanzen, was von einigen Projekten sogar gelobt wird, weil sie dadurch zur Ordnung in der Buchführung gezwungen würden (!). Dieser Service kostet natürlich einiges. Dennoch liegt die Hauptschwierigkeit vermutlich in der Zulassung, wobei die Erfahrungen je nach regional zuständigen Genossenschaftsverbänden differieren.

Auf ein wichtiges Argument gegen Genossenschaftsgründungen im Rahmen des heutigen Gesetzes sei zudem hingewiesen: Eine Mindestmitgliederzahl von 7 Personen zwingt, will man allein von der Arbeit in der Genossenschaft leben, zu einer Betriebsgröße, für die im alternativen Bereich m. E. kaum noch genügend ergiebige Märkte bestehen, auf alle Fälle aber in den meisten Branchen zuviel Kapital

* Es kann in Westdeutschland von maximal 30 Genossenschaften ausgegangen werden, die sich im weiteren Sinne dem «alternativen» Bereich zurechnen lassen.

benötigt wird. Also wird nur ein Teil der «Genossen»* im Unternehmen zu beschäftigen sein, ein anderer Teil wird sich anderweitig ernähren müssen. Dies ist auch in den mir bekannten Vorzeigegenossenschaften der Alternativbewegung der Fall. Damit ist bereits ein wichtiges Genossenschaftsprinzip, nämlich das Identitätsprinzip (Jeder «Genosse» ein Beschäftigter, jeder Beschäftigte ein «Genosse»), verletzt, und zwangsläufig müssen auch die Demokratie und Mitbestimmung unterschiedlich gehandhabt werden zwischen beschäftigten «Genossen» und nicht beschäftigten «Genossen».

Das Prinzip wird andererseits auch durch schwankenden Arbeitskräftebedarf durchbrochen. Dann nämlich müssen Aushilfskräfte zur Bewältigung des Spitzenbedarfs eingestellt werden. Diese firmieren stets unter der Bezeichnung «Freunde», so daß hier formal und kurzfristig vielleicht auch real keine Lohnarbeiterproblematik entsteht. Jedoch haben einige Genossenschaften solche Aushilfe- und Probearbeiter schon bis zu einem Jahr für zulässig erklärt, bevor der Genosstatus erworben werden kann/darf/muß.

Die Mindestzahl von 7 Personen wird auch in anderer Hinsicht manchen Leser und manche Leserin bedenklich stimmen. Viele trauen sich oder den potentiellen Mitgenossen gar nicht zu, in so großer Zahl noch sinnvoll kooperieren zu können. Übersicht und Verantwortlichkeit scheinen gefährdet. Dieses Argument ist jedoch meines Erachtens der Tatsache zuzuschreiben, daß eine lange und nachhaltige Geschichte der Unterordnung und Vereinzelung im Produktionsprozeß auch in unseren Köpfen Spuren hinterlassen hat, ist also eher ein Argument dafür, es einmal anders zu versuchen.

Von daher ist es gut, daß es diese «alternativen» Musterbetriebe gibt, ihre zukünftigen Erfahrungen können enorm wertvoll sein. Neben zahlreichen anderen Schwierigkeiten werden sie jedoch auch mit der Rechtsform «Genossenschaft» Probleme bekommen. Für größere Formen «alternativer» Unternehmen gibt es nämlich zur Zeit keine adäquate Rechtsform. Ich rate daher von der Gründung einer Genossenschaft – zumindest zu Beginn der unternehmerischen Tätigkeit – im allgemeinen ab. Wer eine positivere Einschätzung der Genossenschaft lesen will, möge die kritische Würdigung von Flieger (siche Literaturverzeichnis) beachten.

* Von weiblichen Genossen als Genossinnen zu sprechen, verbietet vehement der Genossenschaftsverband!

3.4. Verein

Darüber, was ein Verein ökonomisch kann und darf, bestehen große Unklarheiten, die aufzuklären hier nicht geleistet werden kann.

Klar soll jedoch gesagt werden, wo ein eingetragener Verein (e.V.), dem vom Finanzamt die Gemeinnützigkeit zuerkannt wurde, seine Grenzen findet.

Gemeinnutz ist deshalb so beliebt, weil die werten Spender ihre Zuwendungen zugunsten des Vereins «von der Steuer absetzen» können. (Richtig: vom zu versteuernden Einkommen.)

So etwas ist heute vom «Bürgerlichen» bis zum «Alternativen» sehr beliebt und wird als Kapitalbeschaffungsargument gebraucht.

Es lassen sich zwei Arten von Vereinen unterscheiden, der *ideelle Verein* (Kennzeichen: nichtwirtschaftliche Zielsetzung) und der *wirtschaftliche Verein.*

Der wirtschaftliche Verein braucht eine staatliche Konzession des Bundeslandes, die selten bis nie erteilt wird, so daß nur wenige solcher Gebilde existieren. Als Beispiel für einen Wirtschaftsverein sei die Gewerkschaft genannt.

Der ideelle Verein ist dort nicht mehr möglich, wo ein wirtschaftlicher Geschäftsbetrieb vorliegt, d.h. Leistungen an einen äußeren Markt planmäßig und dauerhaft gegen Entgelt angeboten werden, oder, wie der Bundesgerichtshof es nennt, auf die Verschaffung vermögenswerter Vorteile zugunsten des Vereins oder seiner Mitglieder abgezielt wird. Auch «Alternativbetriebe», die ja oft nach dem «Kostendeckungsprinzip» keine Gewinne machen wollen, zahlen sich Löhne aus und versuchen z.B. neue Maschinen aus Überschüssen zu finanzieren, mithin verschaffen sie sich vermögenswerte Vorteile und sind daher, da wirtschaftliche Geschäftsbetriebe, nicht als Verein führbar. Eine Ausnahme stellt allerdings der sogenannte «Zweckbetrieb» dar, auf den wir gleich eingehen wollen.

Beispiel: Nehmen wir das beliebte «Kulturcafé». Es betreibt: a. Theaterproben / b. Aufführungen gegen Eintritt / c. Café-Betrieb zur Versorgung der Gäste.

a. ist das eigentlich Gemeinnützige,
b. ist i.d.R. (steuerunschädlicher) Zweckbetrieb,
 c. ist stets steuerpflichtig, weil «wirtschaftlicher Geschäftsbetrieb»

(d. h. ohne Gewinnerzielungsabsicht) oder gar «Gewerbebetrieb» (d. h. Gewinnerzielungsabsicht).

Somit sind die Einnahmen des Café-Betriebes herkömmlich zu versteuern.

Es stellt sich die Frage, was denn nun ein «Zweckbetrieb» sein soll. Ein Zweckbetrieb ist ein wirtschaftlicher Geschäftsbetrieb, der
- in seiner Gesamteinrichtung dazu dient, die satzungsmäßigen Zwecke des Vereins zu verwirklichen
- zur Erfüllung des gemeinnützigen Vereinszwecks unbedingt notwendig ist
- zu nicht begünstigten Betrieben ähnlicher Art nicht in größerem Umfang in Wettbewerb tritt, als es unvermeidbar ist (Konkurrenzklausel) (§§ 14, 55, 64, 65 AO)

Aus der dritten Bedingung ergibt sich, daß unser «gemeinnütziges Café» unmöglich ist.

Der Verein kann jedoch – «steuerunschädlich» – sein Café im Rahmen der Vermögensverwaltung einrichten und vermieten, was bei den meisten Vereinen auch so läuft. Die Mieter sind dann Gewerbebetreibende.

Die Rechtsform des Vereins ist daher für jegliche Art unternehmerischer Tätigkeit – ob herkömmlich oder alternativ – nicht geeignet. (Wer mehr darüber lesen will, sehe ins Literaturverzeichnis.)

4. Stille Gesellschaft

Die *stille Gesellschaft* ist keine eigenständige Rechtsform, sondern besteht nur in einer Beteiligung innerhalb einer anderen Rechtsform.

«Still» nennt man sie, weil nach außen nicht erkennbar. Der stille Gesellschafter leistet lediglich eine Vermögenseinlage (Geld, Sachen, Rechte oder Dienste), ist jedoch in der Gesellschaft nicht tätig. Ein Vertrag, der formfrei ist, also auch mündlich abgeschlossen sein kann, begründet die stille Gesellschaft.

Übersicht über die Unternehmensrechtsformen

Kriterium \ Rechtsform	Einzelunternehmung	BGB-Gesellschaft, oHG
Personenzahl und Mindestkapital	1 –	ab 2 –
Wer bestimmt, was geschieht	der Chef oder die Chefin allein	alle
Haftung	voll	voll
Gründungskosten	unbedeutend	ca. 400,– DM BGB-Ges.: –
Verwaltungsaufwand nach Handels- und Steuerrecht	sehr gering	oHG: gering BGB-Ges.: sehr gering
Rechtsformabhängige Kreditwürdigkeit	hoch	sehr hoch

KG	GmbH	Genossenschaft
ab 2 –	ab 1 ab 50 000,– davon die Hälfte in Bar- oder Sachmitteln einzubringen	ab 7 bestimmt Genossenschaftsverband
der Komplementär (Vollhafter)	die Gesellschafterversammlung; Stimmen nach Kapitalanteilen. Geschäftsführer ist ausführendes Organ.	Generalversammlung (daneben Vorstand und Aufsichtsrat)
Komplementär: voll Kommanditist: mit der Einlage	nur in Höhe des Stammkapitals, d. h. mindestens 50 000,– DM	unbeschränkt (eGm*u*H) oder auf Genossenschaftsanteil beschränkt (eGm*b*H)
ca. 400,– DM	ca. 2500,– DM; zusätzlich die Kosten der Vertragsgestaltung	ca. 3000,– DM + Mitgliedschaft im Prüfverband 100,– DM / Monat + Prüfung alle 2 Jahre 600,– DM / Tag
gering	aufwendig Maßzahl: 5000,– DM / Jahr ohne Kontierung der Geschäftsvorfälle	sehr aufwendig
hoch	gering	eGmuH: sehr hoch eGmbH: gering

Beispiel: Eine Großmutter läßt sich von ihrem Enkel 10000,– DM entlocken, mit dem Versprechen von Rückzahlung und Anteil am Gewinn.

Da nach außen nicht bekannt, haftet der stille Gesellschafter nicht für die Schulden des Unternehmens, lediglich seiner Beteiligung kann er verlustig gehen, denn diese steht wie das übrige Eigenkapital in der Haftung. Sein Kontrollrecht entspricht dem des Kommanditisten. Er hat zwingend Anspruch auf Gewinnbeteiligung (sonst wäre es ein Darlehen), partizipiert jedoch nicht am höheren Geschäftswert oder an den stillen Reserven (*typische stille Gesellschaft*).

Ist dies jedoch abweichend vereinbart, so spricht man von einer *atypischen stillen Gesellschaft,* bei der auch eine Beteiligung am Verlust besteht. Steuerlich bietet dies den Vorteil der Verlustzuweisung (siehe Kapitel V). Trotz aller Formfreiheit sei auf einen schriftlichen Vertrag Wert gelegt, der folgendes enthält:

- Regelung der Gewinnbeteiligung
- Regelung der typischen / atypischen Beteiligung
- Kündigungs- / Auszahlungsfristen
- Sicherung des Einlegers.

Diese Form der Beteiligung bietet sich vor allem anstelle eines Verwandten-Kredits (siehe Finanzierung) an und verhindert – ordentlich geregelt – den üblichen Ärger der Gefälligkeitskredite. Klargemacht werden sollte auf jeden Fall, daß der stille Gesellschafter ein echtes Unternehmerrisiko trägt, das er – im Verlustfall – dann aber auch steuersparend absetzen kann.

V. Steuern – die Ansprüche des Finanzamts

1. Kleinunternehmer und Finanzamt

Durch Steuern fühlen sich gerade Klein- und Mittelunternehmer derartig gequält, daß sie sogar in Opposition zu dem sonst von ihnen meist verehrten «Vater Staat» geraten. Drei Aspekte spielen hierbei eine Rolle.

Zum einen empfinden sie die Schnüffeleien des Finanzamtes als Einmischung in die Privatsphäre. Zum anderen fühlen sie sich oft überfordert, weil sie die Steuergesetze und die Finanzbürokratie nicht durchschauen und daher unsicher werden.

Nicht zuletzt schließlich spüren sie die «finanziellen Opfer», die ihnen ihr Staat abverlangt, spätestens dann, wenn die Steuerüberweisung fällig ist: über sich «die Großen», von denen sie annehmen, daß die alle Tricks kennen und nutzen, um sich der Steuer zu erwehren (Flick!), unter sich «die Arbeiter», die wenig Steuern zahlen müßten und keine Arbeit damit hätten (Lohnsteuerabzug), und dann sie, «der Mittelstand» als die, die allen Ärger hätten und die Kosten noch dazu. Dem Steuerberater mißtraut man im allgemeinen (tut der auch genug für mich?!). Er gilt als teuer, jedoch unverzichtbar.

Der *Spiegel*, stets mit beiden Ohren am Puls der Zeit, stellt als Reaktion eine rapide Zunahme des Steuerschwindels fest. «Hinterzogen wird rund um die Uhr» (*Spiegel* 49/84), berichtet er in gewohnter Art und liefert auch gleich eine Portion üblicher Tricks mit. Dabei fehle, so die alarmierende Mitteilung der Kölner Forschungsstelle für empirische Sozialökonomie, zunehmend das Unrechtsbewußtsein, sähen doch über 55% der Bundesbürger im Steuerschwindler eher einen Lebenskünstler als einen Betrüger.

Diesen Bewußtseinsstand trifft man mehr oder weniger bei kleinen und mittleren Unternehmern an. Er ist durch die Verhältnisse entstanden, und diese wirken auch verfestigend, so daß eine Änderung nicht erreichbar sein wird. Viel gewonnen wäre schon mit einer kritischen Selbstreflexion dieses einfachen Weltbildes.

Wir wollen uns hier darauf beschränken, einen groben Einblick in die Steuerarten zu geben und damit dem Moment der Hilflosigkeit entgegenzuwirken.

Grundsätzlich gilt: Auf kaum einem anderen Gebiet unternehmerischer Dispositionstätigkeit kursieren so viele falsche Vorstellungen wie im Steuerrecht.

Hauptstreitpunkt ist dabei stets, was man wohl alles «von der Steuer absetzen» kann (gemeint ist meist die Einkommensteuer), wobei den Streitenden meist die Steuerwirkung einer solchen Absetzung völlig fremd ist. Zudem ist nur selten etwas «von der Steuer»(-schuld) absetzbar, meistens jedoch vom zu versteuernden Einkommen, was ein erheblicher Unterschied ist. Daher sei jeder «heiße Steuertip» gründlich überprüft.

Dies gilt auch hinsichtlich des Kavaliersdeliktes «Steuerhinterziehung» oder «Steuerverkürzung». Wer einmal ein solches Verfahren am Hals hat – und bei den kleinen und mittleren Unternehmern geht das schneller als bei den großen –, hat folgende Nachteile zu befürchten:

- genaueste Durchsuchung *aller* Geschäftsvorfälle (und da läßt sich immer etwas finden)
- Bußgelder oder -strafen
- erschwerte oder keine Möglichkeit, in absehbarer Zeit in finanziell verantwortlicher Position als Angestellter eingestellt zu werden
- last, not least: Anwaltskosten für evtl. längere Verfahren.

2. Einkommensteuer

2.1. Von der Lohnsteuer zur Einkommensteuer

Die meisten Leser dieses Buches haben vermutlich mit dem Problem Steuer höchstens so viel zu tun, daß sie sich über ihre monatlichen Lohnsteuerabzüge aufregen, die ihnen ihr Unternehmer gleich einbehält. Lediglich am Jahresende bekommen sie ihre Lohnsteuerkarte, mit der dann auf Antrag eine Einkommensteuerveranlagung bis zum Ende des zweiten Folgejahres vorgenommen werden kann.

Aber auch die, die den Antrag stellen, lassen sich meist helfen:

- vom *Steuerberater*, der allerdings diese Klein- und Kleinstkunden meist gerne abschiebt, weil er an ihnen nicht genug verdienen kann*;
- von *Lohnsteuerhilfevereinen*, die sich – aus obigem Grund von der Steuerberaterkammer geduldet – etablieren konnten;
- von *Bekannten* und *Verwandten*, die meinen zu wissen, wie es gemacht wird.

Mit Beginn der Unternehmertätigkeit entsteht schlagartig das Problem, daß jährlich neben vielen anderen Erklärungen und Vorausanmeldungen eine Einkommensteuererklärung erstellt werden muß.

Einkommensteuer und Lohnsteuer unterscheiden sich in ihrer Höhe *nicht*, denn die Lohnsteuer ist nur eine besondere Erhebungsform

* Immerhin berechnen Steuerberater mindestens 150,–/Stunde, was beim Lohnsteuerjahresausgleich mit festen Pauschalen nicht zu holen ist.

der Einkommensteuer. Während die Lohnsteuer monatlich sofort abgezogen wird, rechnet sich die Einkommensteuer direkt nach dem Jahreseinkommen. Vorauszahlungen sind zwar vierteljährlich zu leisten, aber praktisch nur auf der Basis des letztjährigen Einkommens. Dies bietet Liquiditätsvorteile, aber auch Gefahren.

Beispiel: Ihr erklärt dem Finanzamt auf Anfrage, daß in eurem ersten Geschäftsjahr mit Verlusten zu rechnen ist. Also wird die vierteljährliche Vorauszahlung mit 0 angesetzt. Stellt sich am Jahresende heraus, daß ihr im ersten Jahr wider alle Normalität 50000,– Gewinn gemacht habt, so wird das Finanzamt 11000,– DM Steuernachzahlung verlangen und außerdem für das zweite Jahr 2750,– DM je Quartal Vorauszahlung.

Habt ihr das Geld für diesen Zweck zurückgelegt, so konntet ihr einige Zinsen damit einstreichen. Solltet ihr jedoch die drohende Verpflichtung schlicht vergessen haben, und das Geld ist nicht verfügbar, so kann das übel ausgehen.

Doch was ist eigentlich alles zu versteuern und in welcher Höhe?

2.2. Die sieben Einkunftsarten der Einkommensteuer

Grundlage des Steuerrechts ist, daß es sieben Einkommensarten gibt, die der Einkommensteuer unterworfen sind. Die Einkommensarten lassen sich gegeneinander verrechnen, d. h., positive und negative Einkommen addieren und saldieren sich *:

* Spekulationsverluste und einige Verluste aus Kapitalgesellschaft-Beteiligungen sind nicht gegen andere positive Einkünfte verrechenbar.

Einkünfte aus:	Einkünfte stellen dar:
1. Land- u. Forstwirtschaft 2. Gewerbebetrieb 3. selbständiger Arbeit	der Gewinn oder Verlust als buchhalterischer Jahreserfolg oder als Differenz zwischen Betriebseinnahmen und Betriebsausgaben.
4. nichtselbständiger Arbeit 5. Kapitalvermögen 6. Vermietung und Verpachtung 7. sonstige Einkünfte	der Überschuß der Einnahmen über die Werbungskosten
Sämtliche positiven u. negativen Einkünfte sind zu addieren bzw. zu subtrahieren zur:	Summe der Einkünfte
Eventuell vorzunehmen ist der insbesondere bei Unternehmen wichtige:	Verlustabzug (Rück- / Vortrag)
Abzuziehen sind die Privatsphäre betreffende Beträge wie:	Sonderausgaben u. a.
Als Bemessungsgrundlage verbleibt:	zu versteuerndes Einkommen

Aus der Möglichkeit des Verlustabzuges resultiert ein vielverbreiteter Irrglaube, man könne an Verlusten Geld verdienen.

Beispiel: Ihr habt im Jahr eurer Unternehmensgründung folgende Einkünfte:

Einkünfte aus Gewerbebetrieb	./.	30000,–	(Anfangsverluste)
selbständige Arbeit	+	6000,–	(freiberufl. Tätigkeit)
nichtselbständige Arbeit	+	34000,–	(Angestelltendasein, um euch ernähren zu können)
Kapitalvermögen	+	2000,–	(Zinsen über Freigrenze)
Summe der Einkünfte	=	12000,–	
Verlustabzug		0,–	
Sonderausgaben	./.	2000,–	(diverse Versicherungen)
zu versteuerndes Einkommen	=	10000,–	

Muß noch der Unterschied zwischen Sonderausgaben und Werbungskosten erklärt werden.

Sonderausgaben sind für bestimmte Zwecke (z. B. Vorsorgeaufwendungen) absetzbare, meist in der Höhe begrenzte Ausgaben.*

Werbungskosten haben mit Werbung wenig zu tun, sondern sind vielmehr Kosten, die bei Erwerbstätigkeit entstehen (z. B. Fahrtkosten zur Arbeitsstätte, Berufskleidung, Bewerbungskosten). Alle Kosten, die ihr durch eure geplante Unternehmensgründung habt (z. B. Fahrkosten, Unternehmungsgründungskurs oder *dieses Buch*), sind vor Gründung als *Werbungskosten* absetzbar; solltet ihr das Buch erst gekauft haben, nachdem ihr euer Unternehmen gegründet habt, so sind die 12,– DM als *Betriebskosten* absetzbar.

Grundsätzlich ist das Absetzen von Kosten für Unternehmer zunächst einfacher, denn eure Werbungskosten werden *jährlich* bei der Einkommensteuererklärung geprüft und moniert! Als Unternehmer gebt ihr dem Finanzamt dagegen nur jährlich die Zahlen rein. Eine Belegprüfung erfolgt i. d. R. erst bei einer *Betriebsprüfung*, die bei Kleinunternehmen selten vorkommt (offiziell: alle 7 Jahre, de facto: alle 10–15 Jahre). Verlassen kann man sich jedoch nicht darauf.

Wenn keine großen Unregelmäßigkeiten entdeckt werden, so erstreckt sich die Prüfung nur auf die letzten 3 Jahre.

Ergo: Wer nach 7 Jahren die erste Prüfung hat, kann die ersten 4 Jahre ungeprüft davonkommen.

Ihr seht, durch Verluste aus Gewerbebetrieb müßt ihr nur noch 10000,– versteuern statt der 40000,–, die ihr ohne Verluste aus Gewerbebetrieb zu versteuern hättet.

* So kann ein Alleinstehender für Versicherungen im Rahmen der Sonderausgaben für Vorsorgeaufwendungen absetzen:

für Versicherungen	6000,– / Jahr
für Versicherungen und Bausparen	2610,– / Jahr
zur Hälfte weitere 2610,– =	1305,– / Jahr
	9915,– / Jahr

Davon geht bei Arbeitnehmern 16% des Bruttolohnes ab (höchstens 6000,– DM), was den Spielraum sehr eng werden läßt.

Man kann von jeder Mark Verluste nur so viel an Steuern sparen, wie der eigene *Grenzsteuersatz* beträgt.

2.3. Spitzensteuersatz und Durchschnittssteuersatz

Der Steuersatz sagt, welche Steueranteile ich vom Einkommen bezahlen muß. Dabei muß sehr genau unterschieden werden zwischen dem *Grenzsteuersatz* und dem *Durchschnittssteuersatz* (mathematisch gesprochen hieße das zwischen Punktsteigung und durchschnittlicher Kurvensteigung).

Beispiel: Verdient ein Alleinstehender (Grundtabelle) im Jahr 100000,– DM, so ist er mit dem Durchschnittssteuersatz von ca. 30,7% = 30743,– DM «belastet». Erhöht sich sein Einkommen um 10000,– DM, so zahlt er darauf den Grenzsteuersatz von ca. 48,6%, mithin 4865,– DM. Der Katzenjammer der Reichen scheint berechtigt. Im Durchschnitt zahlt er auf sein gesamtes Einkommen von 110000,– DM ca. 35,6% = 35608,– DM Einkommensteuer.

Umgekehrt: Bietet man diesen Menschen eine Möglichkeit, eine Verlustzuweisung von 10000,– DM zu erhalten, so sparen sie eben diese 4865,– DM. Ein weniger Verdienender spart entsprechend weniger Steuern, genau wie die Kurve verläuft.

Aber für irgendwelchen Unfug, sprich für Dinge, von denen sie nichts haben, geben die Reichen normalerweise nichts aus.

Um zu sehen, mit welchem Durchschnittssteuersatz und welchem Grenzsteuersatz euer Einkommen belastet ist, laßt ihr euch von eurer Bank am besten eine Steuertabelle schenken.

Zum Aufbau und Verlauf des Einkommensteuertarifs

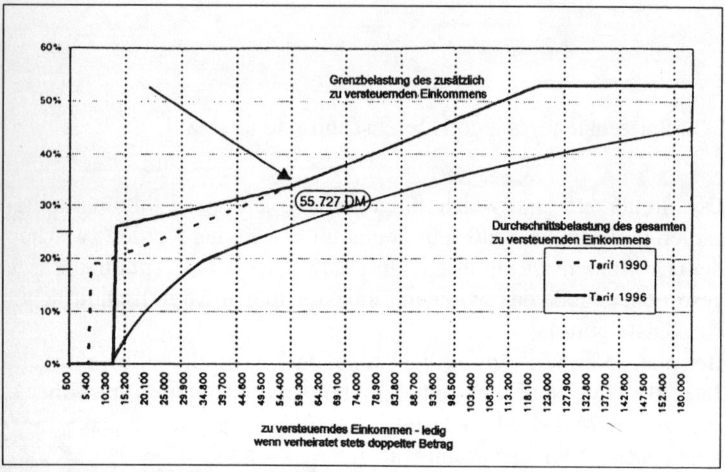

Die Grafik zeigt die ab 1996 geltenden Steuersätze. Die obere Kurve gibt die Grenzbelastung wieder, die untere die Durchschnittsbelastung.

Bis zu einer Höhe von 12095,– DM, bei Verheirateten stets der doppelte Betrag, ist das Jahreseinkommen steuerfrei. Es schließt sich für darüberliegende Einkommen die *Progressionszone* an, in der der Steuersatz für jede zusätzlich verdiente Mark ständig steigt, bis die 120042. Mark mit 53 % Steuer belastet wird. Ab 120042,– DM beginnt die *obere Proportionalzone*, das heißt, ab jetzt bleibt jede zusätzliche Mark mit 53 % Steuer belastet (Spitzensteuersatz).

Die Durchschnittssteuerkurve zeigt, wie hoch das gesamte Einkommen mit Steuer belastet ist. Erzählt euch also jemand, er müsse die Hälfte seines Einkommens für Einkommensteuer abgeben, so könnt ihr jetzt durch die Durchschnittssteuerkurve feststellen, daß der Mensch, so er nicht Unfug geredet hat, über 750000,– (verheiratet: 1.5 Mio) im Jahr verdienen muß. Denn erst dann erreicht die Durchschnittssteuerkurve die 50%-Marke. Bei 120000,– DM ist der Durchschnittssteuersatz etwa 34%.

Um noch mal zu unserem Unternehmensgründer zurückzukehren: bei 10000,– Einkommen (unverheiratet) müssen ■ DM Steuer bezahlt werden, während bei 40000,– DM ■ DM Steuer fällig gewesen wären. Der Gründer hat also durch seine 30000,– Verlust aus Gewerbebetrieb ■ DM Steuer gespart.

Das ist zwar ganz nett, aber wenn die Verluste auf Dauer und echt verloren sind (und nicht etwa durch überhöhte Abschreibung oder gar diverse Schwindeleien zustande kommen), so heißt das nichts anderes, als daß trotz Steuerersparnis noch Geld draufgezahlt wurde:
30000,– Verlust ./. ■ Steuerersparnis = ■ DM Reinverlust

Das wäre dann wahrlich keine Alternative zum Steuerzahlen, weder für «Alternative» noch für Spekulanten.

Ach ja, die Zahlen ermittelt ihr am besten selbst aus der Grafik, was natürlich etwas ungenau wird, oder mit einer Tabelle. (Lösung im Anhang.)

Bei Gewerbeeinkünften ist die Tarifbelastung auf 47% begrenzt. Eine hochkomplizierte Rechnerei, die dann besser dem Steuerberater zu überlassen ist.

2.4. Ehegattensplitting

Heiraten Personen, so wird deren Einkommen addiert, durch zwei geteilt und dann jedes der beiden (jetzt rechnerisch gleichen) Einkommen versteuert. Durch die Progressionsmilderung ist das meist günstig, da häufig einer der beiden Partner mehr verdient und einer hohen Steuerprogression unterläge. Die Steuerersparnis ist um so größer, je traditioneller die Rollenteilung ist.

Beispiel: Herr Neureich mit seinen für seine Klasse ärmlichen 100000,– DM im Jahr beschließt zu heiraten und «nutzt die Frau nur für den Hausgebrauch». Sein Vorteil:
100000,– DM (Einkommen) Herr Neureich
+0,– DM (Einkommen) Frau Neureich
=100000,– DM : 2 = 50000,– DM

Sie zahlen zusammen 22126,– DM. Der Steuersatz (Durchschnitt) ist also auf 22,1% (vorher 30,7%) gesunken. Die Heirat erspart ihm rund 8500,– DM an Steuer. Je ähnlicher die Einkommen von Herrn und Frau Neureich sind, desto geringeren Steuervorteil bringt die Heirat, weshalb Angehörige der neuen Mittelschicht, die beide berufstätig sind und gleiches Einkommen haben, aus Steuergründen kaum heiraten werden; gleichwohl wird dieses Argument oft als Legitimation gebraucht.

2.5. Verlustausgleich, -rücktrag und -vortrag

Verluste können nahezu alle gegen positive Einkünfte im gleichen Jahr verrechnet werden. Danach verbleibende Verluste (bis zu 10 Mio.) werden zunächst mit Überschüssen der letzten zwei Jahre verrechnet; dann immer noch verbleibende Verluste verrechnet man mit den Einkünften der folgenden Jahre.

Das ist insbesondere bei Neugründungen relevant, da hierbei oft sogenannte Anlaufverluste entstehen; sie können wegen des Verlustrücktrags zu nachträglichen Steuererstattungen aus den zwei Vorjahren führen. Diese sind um so größer, je mehr man in den letzten zwei Jahren vor der Unternehmensgründung verdient hat.

Beispiel: Wir haben 1995 ein Unternehmen gegründet und damit Verluste in Höhe von 100000,– DM erwirtschaftet. Aus anderen Einkommensquellen betragen unsere Einkünfte seit Jahren 30000,– DM pro Jahr. Mithin sind von 1995 noch 70000,– DM Verlust übrig. Diese werden wie folgt verrechnet:

Die Reihenfolge der Verlustverrechnung ist vorgeschrieben (siehe Numerierung). Haben wir in 1994 keine positiven Einnahmen, so wandern die 100000,– DM Verlust nach 1995 usw.

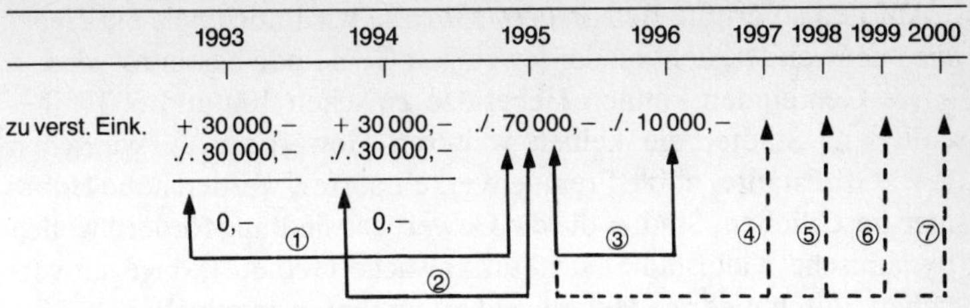

Ab Verlustjahr 1994 kann jedoch frei gewählt werden, in welches der beiden Vorjahre oder der Folgejahre der Verlust geschoben werden soll. Auch die Aufteilung des Betrags ist beliebig.

3. Die Gewerbesteuer

3.1. Berechnungsgrundlage

Die Gewerbesteuer wird sowohl vom Ertrag des Unternehmens (*Gewerbeertragsteuer*) als auch vom Kapital des Unternehmens (*Gewerbekapitalsteuer*) erhoben. Den Steuersatz, mit dem Ertrag oder Kapital zu versteuern sind, nennt man *Steuermeßzahl.* Sie wird vom Bund bestimmt.

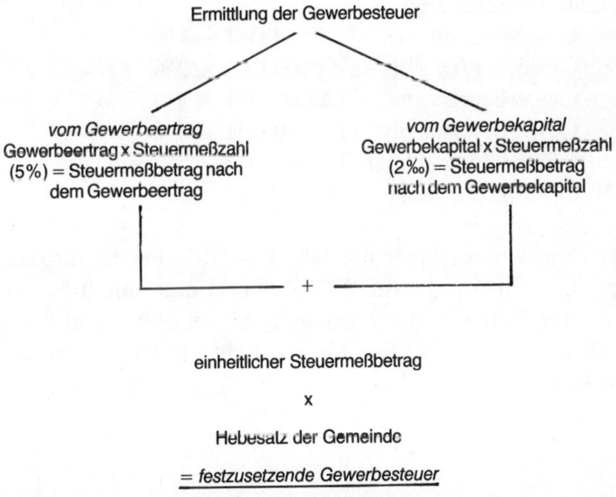

Auf den so ermittelten *Steuermeßbetrag* wird nochmals ein *Hebesatz* angewendet, der von der jeweiligen Gemeinde bestimmt wird.

Die Gemeinden können Hebesätze zwischen 100 und 600% beschließen. Städte, die keinen weiteren Gewerbezuzug wünschen (z. B. Großstädte, noble Fremdenverkehrsorte), werden hohe Hebesätze beschließen; Städte, die die Gewerbeansiedlung fördern wollen (dynamische Kleinstädte, strukturschwache Gebiete), dagegen versuchen, durch niedrige Hebesätze Unternehmen anzulocken.

Die Gewerbesteuer ist eine abziehbare Betriebsausgabe, d. h., sie mindert das zu versteuernde Einkommen und daher die Einkommensteuer oder die Körperschaftsteuer.

3.2. Gewerbeertragsteuer

Sie zielt auf den jeweiligen Ertrag des Unternehmens, wobei unter Ertrag nicht nur der Gewinn, sondern auch die geleistete Fremdkapitalverzinsung und andere Hinzurechnungen abzüglich bestimmter Kürzungen verstanden werden. Auch der Zins stammt ja aus dem Ertrag des Unternehmens, muß jedoch an die Geldverleiher abgegeben werden. Der Freibetrag beträgt 48000,– DM pro Jahr, die Steuermeßzahl 5%. Jedoch gelten ab 1993 für niedrige Gewerbeerträge gestaffelte Steuermeßzahlen:

Gewerbeertrag bis	72000 DM	– 1%
Gewerbeertrag bis	96000 DM	– 2%
Gewerbeertrag bis	120000 DM	– 3%
Gewerbeertrag bis	144000 DM	– 4%
Gewerbeertrag über	144000 DM	– 5%

Diese Entlastungen gelten jedoch nicht für GmbHs.

Beispiel: Ein Unternehmer hat 148000,– DM Gewinn für das Jahr auszuweisen. Ein Kredit von 200000,– DM muß mit 10% verzinst werden. Der Hebesatz der Gemeinde sei mit 300% (mittleres Niveau) angenommen. Das Grundstück steht nicht im Eigentum des Unternehmens.

Steuerlicher Gewinn	148000,– DM	
+ Fremdkapitalzinsen (50 % Anteil)	10000,– DM	
⁒ 1,2 % Einheitswert/ Betriebsgrundstück	0,– DM	
Gewerbeertrag	158000,– DM	

48000 × 0 %	=	0,– DM	
24000 × 1 %	=	240,– DM	
24000 × 2 %	=	480,– DM	
24000 × 3 %	=	720,– DM	
24000 × 4 %	=	960,– DM	
14000 × 5 %	=	700,– DM	
158000	=	3100,– DM	= Steuermeßbetrag
Hebesatz			
300 % → 300 % von 3100	=	9300,– DM	= Gewerbeertragsteuer

3.3. Gewerbekapitalsteuer

Sie zielt auf das in der Unternehmung eingesetzte Kapital, wobei Kapital nicht nur das Eigenkapital meint, sondern auch langfristiges Fremdkapital des Unternehmens (Dauerschulden) sowie weitere Hinzurechnungen und Kürzungen. Auch diese stellen ja Kapital dar, mit dem die Unternehmung langfristig arbeitet, und sind daher steuerpflichtig. Noch erwähnt werden muß, daß das Kapital der Unternehmung zum Einheitswert bewertet wird, d. h. deutlich unter dem Verkehrswert liegt.

Der Einheitswert des Betriebsvermögens wird jedoch durch Hauptveranlagungen (alle 3 Jahre) häufiger neu festgestellt als der Einheitswert von Haus- und Grundbesitz, ist also in der Regel realistischer. Der Freibetrag für das Gewerbekapital beträgt 120000,– DM, für die Dauerschulden zusätzlich 50 %, der Steuermeßbetrag 2‰.

Beispiel: Das genannte Unternehmen hat ein Kapital von 100000,– DM (Einheitswert) und Dauerschulden von 200000,– DM.

Einheitswert der Unternehmung	100000,– DM	
+ 50% der Dauerschulden (über 50000,– DM)	75000,– DM	
·/. Einheitswert/Betriebsgrundstück	0,– DM	
= Gewerbekapital	175000,– DM	
·/. Freibetrag	120000,– DM	
	55000,– DM	
Steuermeßzahl 2‰ →	110,– DM	Steuermeßbetrag
Hebesatz 300% →	330,– DM	Gewerbekapitalsteuer

4. Körperschaftsteuer

Die *Körperschaftsteuer* trifft juristische Personen, also z. B. die beliebte GmbH, aber auch den Verein. Sie wird nicht von den beteiligten Personen, sondern von der Gesellschaft erhoben. Wie bei der Einkommensteuer ist die Bemessungsgrundlage das zu versteuernde Einkommen.

Der Steuersatz ist jedoch von der Einkommenshöhe unabhängig. Er beträgt bei Gewinnausschüttung 30% des ausgeschütteten Betrags (plus 25% Kapitalertragsteuer vom Rest), bei Belassung des Gewinns in der Gesellschaft (Thesaurierung) dagegen 45%.

Beispiel: Werden also 1000,– DM an einen GmbH-Gesellschafter ausgeschüttet, so sind von der Gesellschaft zu zahlen:

Gewinn vor Körperschaftsteuer:	1000,– DM
⁒ 30 % Körperschaftsteuer auf 1000,– DM	300,– DM
⁒ 25 % Kapitalertragsteuer auf 700,– DM	175,– DM
= Auszahlung	= 525,– DM

Persönlich muß der Gesellschafter jedoch die 1000,– DM Gewinn noch einmal der Einkommensteuer unterwerfen, die mit dem von seiner Einkommenshöhe abhängigen Steuersatz zu Buche schlägt, angenommen 50%.

Gewinn vor Körperschaftsteuer:	1000,– DM
⁒ Einkommensteuer 50%:	500,– DM
	500,– DM

Da ihm jetzt nichts mehr übrigbliebe und die Doppelbesteuerung vor einigen Jahren abgeschafft wurde, werden ihm jedoch sein Kapitalertragsteueranteil (175,– DM) und sein Körperschaftsteueranteil (300,– DM) angerechnet. Er hat also bereits 475,– DM Steuern bezahlt. Die Rechnung ist tatsächlich noch komplizierter. Hier sollte aber das Beispiel genügen.

Soweit in einfacher Fassung die weit kompliziertere Körperschaftsteuer. Wer sich *dadurch* von der Rechtsform GmbH abschrecken läßt, handelt vorschnell. Denn letztendlich gibt es über die GmbH positive Möglichkeiten, Steuern zu sparen. So ist z. B. nur in der Kapitalgesellschaft das Geschäftsführergehalt (d. h. z. B. euer eigener «Unternehmerlohn») als Betriebsausgabe absetzbar. Allerdings müssen auch die verschärften Anforderungen des Bilanzrichtliniengesetzes beachtet werden: Veröffentlichung, Gliederung. Doch würde es den Rahmen dieses Buches sprengen, darauf näher einzugehen.

5. Umsatzsteuer («Mehrwertsteuer»)*

Sie ist die Steuer, die den Unternehmer am wenigsten kostet (nämlich fast nichts), aber dennoch hat sie viele Unternehmen finanziell ruiniert.** Neben der Lohnsteuer macht sie wohl die meiste Arbeit und belastet vor allem die Buchführung. Hier sei nur das Prinzip erklärt.

Die Steuer wird auf den Umsatz berechnet, weshalb sie als Umsatzsteuer bezeichnet wird. Sie ist jedoch eine durchlaufende Steuer, d. h., ein Unternehmer muß beim Kauf Steuern zahlen und erhebt beim Verkauf selbst wiederum Steuern. Er braucht bloß die Differenz von dem, was er an Steuern beim Verkauf einnahm (Mehrwertsteuer), und dem, was er beim Kauf ausgab (Vorsteuer), an das Finanzamt abzuführen (Zahllast). Wirklich bezahlt wird die Mehrwertsteuer dann vom letzten in der Kette, dem privaten Endverbraucher, weshalb sie auch als Verbrauchersteuer bezeichnet wird.

Die Bemessungsgrundlage der Mehrwertsteuer ist meist der Rechnungsbetrag (ohne MWSt)***. Der Steuersatz beträgt z. Z. 15%, ein ermäßigter Steuersatz beträgt 7% (z. B. für Lebensmittel, Verlagsartikel). Von der Mehrwertsteuer befreit sind z. B. Umsätze aus Börsengeschäften, ärztlicher Tätigkeit, im allgemeinen Vermietung und Verpachtung und Postgebühren.

<u>Beispiel:</u> 1. Ein Unternehmer kauft einen Pkw für 10000,– DM netto, er verkauft Waren für 20000,– DM netto. Sonst passiert nichts Umsatzsteuerpflichtiges.

* Wir gebrauchen den nicht korrekten, aber eingebürgerten Begriff «Mehrwertsteuer».

** Steckt man nämlich diese Steuergelder in die eigene Tasche, statt sie zur Seite zu legen, so wird man – spätestens bei der nach einem Jahr fälligen – Umsatzsteuererklärung zur Kasse gebeten. Aus 200000,– DM Jahresumsatz werden bei 15% Steuersatz immerhin rund 24500,– DM Steuerforderung des Finanzamtes. Das kann dann das Ende sein.

*** Um die gezahlte Umsatzsteuer als Vorsteuer abziehen zu dürfen, muß die Vorsteuer auf der Rechnung ausgewiesen sein:
- bei Beträgen bis DM 200,– der Prozentsatz der Vorsteuer
- bei Beträgen ab DM 200,– der Absolutbetrag der Vorsteuer.

Kauf	Verkauf
10000,– DM Nettobetrag	20000,– DM Nettobetrag
+ 1500,– DM Vorsteuer	+ 3000,– DM Mehrwertsteuer
= 11500,– DM Bruttobetrag	= 23000,– DM Bruttobetrag

Der Unternehmer hat also 1500,– DM Vorsteuer verauslagt und 3000,– DM Mehrwertsteuer von seinen Kunden kassiert.

Er rechnet:

Mehrwertsteuer	⁒	Vorsteuer	= Zahllast
3000,– DM	⁒	1500,– DM	= 1500,– DM

Die Zahllast muß er selbst errechnen, dem Finanzamt mitteilen und ans Finanzamt abführen. Außer Arbeit hat die Steuer ihn nichts gekostet.

2. Im folgenden Monat sieht es anders aus. Der Unternehmer kauft für 100000,– DM und verkauft wiederum für 20000,– DM Waren, vergrößert mithin sein Lager.

Kauf	Verkauf
100000,– DM Nettobetrag	20000,– DM Nettobetrag
+ 15000,– DM Vorsteuer	+ 3000,– Mehrwertsteuer
= 115000,– DM Gesamtpreis	= 23000,– DM Gesamtpreis

Mehrwertsteuer	⁒	Vorsteuer	= Zahllast
3000,– DM	⁒	15000,– DM	= ⁒ 12000,– DM

Das Prinzip bleibt gleich, nur ist die Zahllast jetzt negativ, was bedeutet, daß das Finanzamt dem Unternehmer 12000,– DM erstatten muß, damit diesem wieder seine verauslagte Vorsteuer ersetzt wird.

Ja, kaum zu glauben. Man bekommt tatsachlich und problemlos Geld vom Staat zurück.

Die Umsatzsteuervoranmeldungen sind in der Regel entweder monatlich oder – bei geringem Umsatz – vierteljährlich abzugeben und dann auch sofort zu zahlen. Ähnlich wie bei der Lohnsteuer gibt es hier praktisch keine Stundungsmöglichkeit, weil das Finanzamt – wohl zu Recht – davon ausgeht, daß es sich hier um *Fremdgelder* handelt, bei denen das Unternehmen nur für die *Abführung*, nicht für die Aufbringung zu sorgen hat. Wer diese Gelder wegen eines Liquiditätsengpasses im Unternehmen verbraten hat und nicht termingerecht abführen kann, wird hier sehr rasch böse Überraschungen erleben.

Neben der Arbeit hat der Unternehmer noch ein weiteres Problem mit dieser Steuer. Die Steuerpflicht knüpft bei Bilanzierenden nicht an die Bezahlung, sondern am *Waren- oder Leistungsübergang* an. Verkauft also der Unternehmer für 20000,– DM auf Ziel (d. h. auf Kredit), so ist die Steuer fällig, obwohl er nur eine Forderung in Händen hält, jedoch noch kein Geld. Zwar wird auch hier die Steuer zurückerstattet, wenn der Gläubiger nicht zahlt, aber ein Vorschußeffekt ist vorhanden, der die Kapitalbasis schmälert und Zinskosten bedeutet. Für Kleinunternehmer gibt es die Möglichkeit, daß die Mehrwertsteuer nicht erhoben wird oder die Zahllast gekürzt wird:

- von Unternehmen mit *unter 32500,– DM Umsatz im Vorjahr* und voraussichtlich weniger als 100000,– DM im laufenden Jahr wird die Mehrwertsteuer nicht erhoben, sie können dann aber auch keine Vorsteuer absetzen (§ 19 UStG). Auf diese Regelung kann der Unternehmer verzichten (Option).

Weitere Besonderheiten bei der Umsatzsteuer:

- Für viele Gewerbezweige und freie Berufe, die weder nach dem Aktiengesetz/HGB oder der Abgabenordnung (AO) zur Buchführung verpflichtet sind, können vom Umsatz abhängige Pauschsätze als Vorsteuer angesetzt werden; sie liegen aber meist unter der tatsächlich bezahlten Vorsteuer, sind also finanziell wenig attraktiv.
- Auf Antrag kann die Steuerpflicht an die *Bezahlung* (Istbesteuerung) statt an den Waren- oder Leistungsübergang anknüpfen: bei bilanzierenden Unternehmen mit weniger als 250000,– DM Jahresumsatz, grundsätzlich bei Freiberuflern und anderen Überschußrechnern. Das bedeutet, erst wenn der Unternehmer das Geld in den Händen hält, wird die Steuer fällig und nicht schon – wie üblich – mit Rechnungsstellung.

Dann tauschen wir doch! Ich würd' deine Steuern liebend gern bezahlen!
Sehr witzig!
Hättest du mehr gearbeitet und weniger geschlafen, hättest du deine eigenen Steuerschulden!
Huch!
Ich muß irgendwie verhindern, daß nächstes Jahr meine Steuerlasten noch mehr steigen!
Dann mußt du dich eben beim Verdienen etwas bremsen!
Typisches Habenichtsgeschwätz!

6. Die Vermögensteuer

Die Vermögensteuer wird auf das vorhandene Vermögen erhoben. Dieses wird wie folgt ermittelt:

Freibetrag 120000,–/Person
Steuersatz: 1,0%
bei Körperschaften: 0,6%
(z. B. GmbH)

bei Betriebsvermögen
Steuersatz 0,5%
Freibetrag 500000,–,
darüber hinausgehendes Vermögen wird nur mit 75% des Wertes angesetzt.

Land- und forstwirtschaftliches Vermögen
\+ Grundvermögen
\+ Betriebsvermögen
\+ sonstiges Vermögen

= Rohvermögen
./. Schulden und sonstige Abzüge

= Gesamtvermögen
./. Freibeträge

= Steuerpflichtiges Vermögen

Dabei muß allerdings bemerkt werden, daß die Werte von Immobilien zum Einheitswert von 1964 (davon 140%) angesetzt werden, was meist erheblich unter dem Verkehrswert liegt, und zwar um so erheblicher, je älter das Haus ist. Das hat das Bundesverfassungsgericht moniert, weshalb seitdem Rechtsunsicherheit herrscht, wie es weitergeht.

Beispiel: Ein 80 Jahre altes Haus hat einen Verkehrswert von 400000,– DM bei einem *Einheitswert* von nur 6000,– DM. Mithin wird dafür Vermögensteuer auf 8400,– DM (140% des Einheitswerts) erhoben. Liegt der Eigentümer nach Abzug der Schulden über der Freigrenze, so kostet ihn das 42,– DM im Jahr. Hätte er dagegen 400000,– DM in bar, so müßte er 2000,– DM an Steuern zahlen.

Ein Umstand, der von den geldvermögensorientierten Reichen und einigen Reformsteuerrechtlern sehr beklagt wird. Daher wird Geld oft einfach nicht angegeben (was bei Immobilien unmöglich ist) und flugs die Steuer hinterzogen; die größte Empörung daher, als ausgerechnet CDU/FDP durchsetzten, was man den Sozis immer zu Unrecht zugetraut hat: 30% Quellensteuer bei Zinserträgen.

Ein Nachteil beim Verschweigen des Barvermögens liegt darin, daß das Finanzamt beim Kauf einer Immobilie die unangenehme Frage stellen könnte, woher denn plötzlich das Geld gekommen sei. Stellt man dann nachträglich klar, man habe doch ein paar Mark auf dem Sparbuch gehabt, so interessiert sich plötzlich die Einkommensteuer für den Kapitalertrag, sprich Zins. Aber nicht nur durch die Vermögensteuer, sondern auch durch die bei jedem Kauf einer Immobilie notwendige «Unbedenklichkeitsbescheinigung» kommt das Finanzamt einem Hauskäufer auf die Spur. Manche Geldbesitzer mogeln sich so mit «einen Teil angeben, einen Teil schwarz» von Vermögensteuererklärung zu Vermögensteuererklärung durch. In denke mir, hier wird angesichts der (im Verhältnis zur Einkommensteuer) geringen Bedeutung der Vermögensteuer viel zuviel Phantasie verschwendet, die dann anderswo fehlt. Dies liegt wohl auch daran, daß die Steuererhebung bei der Vermögensteuer für jedermann leicht durchschaubar ist, während die Einkommensteuer lieber gänzlich dem Steuerberater überlassen bleibt.

Der Unterschied zwischen Einkommensteuer und Vermögensteuer soll noch mal am Beispiel eines Lotto-Gewinnes deutlich gemacht werden.

Beispiel: Rechtzeitig vor der Pleite gewinnt unsere Saftladenbesitzerin im Lotto 500000,– DM, beschließt, den Saftladen zu liquidieren und sich als Rentier in Indien niederzulassen.

Ihre größte Sorge gilt der Steuer, die, wie sie von erfolgreicheren Unternehmern weiß, böse reinhauen kann. Ihre Steuerberaterin beruhigt sie. Der Gewinn ist ein Jahr steuerfrei. Was bis dahin nicht aufgezehrt ist, unterliegt den Steuern. Unsere Ex-Unternehmerin glaubt, nach Befriedigung der dringendsten Bedürfnisse in einem Jahr noch 400000,– DM übrig zu haben, die sie zu 8 % in Kommunalobligationen anlegen will.

	Einkommensteuer	Vermögensteuer
2. Jahr:	nur auf den Zinsertrag 8% von 400000,– DM = 32000,– DM × 18,35% Steuersatz = 5872,– DM	auf das gesamte Restvermögen von 400000,– DM ·/. Freibetrag 120000,– DM = 280000,– DM 280000,– DM × 1,0% 2800,– DM

7. Grundsteuer

Als Bemessungsgrundlage dient der Einheitswert des Betriebsgrundstücks. Dieser gilt als Bezugspunkt für die Ermittlung des *Steuermeßbetrages* durch Anwendung der gesetzlich fixierten *Steuermeßzahl.* Die Steuermeßzahl richtet sich nach der Art des Grundstücks und beträgt für Einfamilienhäuser (begrenzt auf 75000,– DM Einheitswert) 2,6‰, für den Rest 3,5‰, für Zweifamilienhäuser 3,1‰ und für alle übrigen Grundstücke 3,5‰ des Einheitswerts.

Da auch die Grundsteuer eine Gemeindesteuer ist, erhebt die Gemeinde auf den Steuermeßbetrag wiederum den Hebesatz, genau wie bei der Gewerbesteuer, jedoch nicht unbedingt in gleicher Höhe. Die Erhebung erfolgt direkt und ohne Steuererklärung des Unternehmers. Die Grundsteuer ist eine abziehbare Betriebsausgabe und mindert daher die Bemessungsgrundlage für Einkommensteuer und Gewerbesteuer.

Beispiel: Einheitswert eines Mehrfamilienhauses sei 100000,– DM, der Hebesatz wiederum 300%.

Steuermeßzahl	3,5‰ →	350,– DM	Steuermeßbetrag
Hebesatz	300 % →	1050,– DM	Grundsteuer

8. Grunderwerbsteuer

Sie fällt an mit jedem Kauf einer Immobilie und ist de facto meist vom Käufer zu tragen. Sie ist *nicht* sofort als Betriebsausgabe abziehbar, sondern gehört zu den Anschaffungskosten und ist folglich mit der Immobilie abzuschreiben (siehe Abschreibung).

Man sollte sich durch den Namen nicht täuschen lassen. Der *gesamte Kaufpreis,* also nicht nur der Grundstücksanteil, ist *steuerpflichtig*. Der Steuersatz beträgt 2%.

Beispiel: Kauf eines Hauses für 400000,– DM → Grunderwerbsteuer 8000,– DM

Durch die Neuregelung wurde die Grunderwerbsteuer erheblich vereinfacht. Sie betrug früher 7%, hatte aber zahllose Befreiungsmöglichkeiten. Heute ist eine Befreiung von der Grunderwerbsteuer kaum noch möglich.

Auf weitere Ausführungen über die Grund- und Grunderwerbsteuer soll hier verzichtet werden, da ihre Bedeutung für den Gründer kleiner und mittlerer Unternehmen meist begrenzt und die Materie auch recht schwierig ist.

Wer ein Haus kaufen will, soll sich auf jeden Fall *vorher* über die Steuerwirkung (auch und vor allem in bezug auf die Einkommensteuer) erkundigen, jedoch nicht auf Makler-Sprüche und -Modellrechnungen reinfallen.

Abschließend sei noch gesagt, daß eine ordentliche Buchführung die notwendige Grundlage für eine geordnete Steuererfassung ist. Je ordentlicher die Buchführung, desto glaubhafter wirkt sie beim Finanzamt und desto eher schafft sie die Grundlage für tatsächliche Steuerersparnis. Herrscht in der Buchführung Chaos, so wird das Finanzamt die für die

Steuererhebung notwendigen Daten schätzen, wobei die Unternehmung meist sehr schlecht wegkommt.

Bevor ihr euch mit der Buchführung beschäftigt, noch ein Ratespielchen: Was versteht man in einschlägigen Kreisen unter «Prüferfutter»? (Lösung im Anhang.)

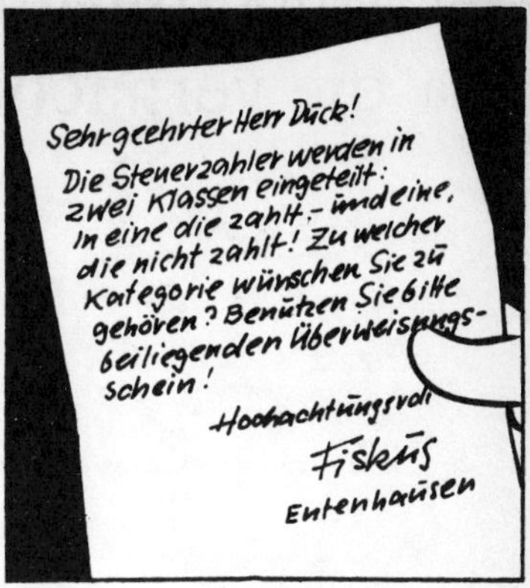

VI. Buchführung – die vernachlässigte Pflicht

1. Vorbemerkung

Dieser Abschnitt ersetzt keinen Buchführungskurs. Er soll jedoch eine Übersicht über die Erfordernisse der Buchführung geben und deren Ordnungsprinzip darstellen, was auch Leuten mit Vorkenntnissen neue Perspektiven eröffnet. Wer durch diese Ausführungen erfährt, daß er zur «ordnungsgemäßen Buchführung» verpflichtet ist, muß diese in 15, 30, oder 45 Doppelstunden erlernen. Für die anderen reicht das hier Gesagte wohl aus.

2. Wer ist zur ordnungsgemäßen Buchführung verpflichtet?

2.1. Die Regelung des Handelsrechts

Nach dem *Handelsgesetzbuch* (§§ 17–37) sind nur *Vollkaufleute* zur ordnungsgemäßen Buchführung verpflichtet. Sie haben *Aufzeichnungen* zu führen, aus denen die getätigten Handelsgeschäfte und die Vermögenslage ersichtlich sind.

Als ordnungsgemäß gilt: *Doppelte Buchführung* mit Abschluß (Gewinn- und Verlustrechnung, Bilanz) und Inventar.

Doppelte Buchführung heißt, jeder Geschäftsvorfall wird doppelt gebucht, der Gewinn doppelt ermittelt und dadurch eine Kontrolle möglich. Sicher habt ihr euch auch schon über Buchhalter lustig gemacht, die eine «Differenz» von wenigen Pfennigen bis in die tiefe Nacht suchten. Doch die Sache hat ihren Sinn.

Vollkaufleute sind diejenigen, die ein Grundhandelsgewerbe (§ 1 HGB) betreiben, das über den Umfang des Kleingewerbes oder Handwerks hinausgeht; außerdem sind schon von der Form her alle Handelsgesellschaften (KG, oHG, GmbH) Vollkaufleute.

Minderkaufleute (z. B. Kleinhandwerker, Kleinhändler) und *Freiberufler* (beratende Architekten, Zahnärzte) unterliegen nicht dem Handelsrecht und sind daher *zunächst* nicht buchführungspflichtig.

2.2. Die Regelung des Steuerrechts

Die *Steuergesetze* (§ 141 ff Abgabenordnung) jedoch fordern, Bücher und Aufzeichnungen zu führen, die für die Steuer von Bedeutung sind. Damit erwischt die Pflicht zur ordnungsgemäßen Buchführung alle Minderkaufleute, die

- Umsätze über 500000,– DM pro Jahr oder
- Betriebsvermögen von mehr als 125000,– DM (Einheitswert) oder
- Gewinn aus Gewerbebetrieb von mehr als 48000,– DM pro Jahr aufzuweisen haben.

Also sind durch das Steuerrecht auch etliche kleine Existenzen zur

Doppelten Buchführung und zur Erstellung von Abschlüssen (Bilanzen) verpflichtet, nicht jedoch die Freiberufler.

Für den nur nach dem Steuerrecht zur Doppelten Buchführung Verpflichteten beginnt die Buchführungspflicht erst durch die Aufforderung des Finanzamtes und dann für das nächste Jahr. Vollkaufleute sind dagegen sofort mit der Vollkaufmannseigenschaft zur ordnungsgemäßen Buchführung verpflichtet.

3. Wer ist zur Einnahme-Ausgabe-Rechnung verpflichtet?

Die restlichen Unternehmer, das sind die Freiberufler und die Minderkaufleute, die unter den genannten Grenzen des Steuerrechts liegen, haben nur Aufzeichnungen zu führen, die ihre Einnahmen und Ausgaben erfassen, ohne die Vermögenslage dabei sichtbar machen zu müssen. Für sie reicht die Einnahme-Ausgabe-Rechnung. Es ist jedoch häufig auch für diese Unternehmen eine laufende doppelte Buchführung sinnvoll, um die eigene Kontrolle und Übersicht zu verbessern.

4. Besondere Aufzeichnungspflicht über die Warenbewegung

Aus dem Steuerrecht (§§ 143 und 144 AO) ergeben sich Aufzeichnungspflichten über Warenbewegungen. Diese treffen *alle* gewerblichen Unternehmer, wobei natürlich das Dienstleistungsgewerbe mangels Warenbewegung oft herausfällt. Für die Unternehmen, die freiwillig oder gezwungenermaßen Doppelte Buchführung betreiben, entfallen gesonderte Aufzeichnungen weitgehend.

Wareneingang: Alle Waren, Roh- und Hilfsstoffe, die im Rahmen des Gewerbebetriebes zur Weiterveräußerung oder zur Be- und Verarbeitung erworben wurden (auch geschenkte), sind aufzeichnungspflichtig (in der Doppelten Buchführung: Wareneinkaufskonto).

Warenausgang: Aufzeichnungspflichtig sind die Verkäufe auf Rechnung in einem Warenausgangsbuch (in der Doppelten Buchführung: Warenverkaufskonto). Barverkäufe müssen im Kassenbuch oder über den Bon-Streifen der Registrierkasse aufgezeichnet werden. *Nicht notwendig* ist, zu vermerken, *an wen* verkauft wurde. Verlangt der Käufer jedoch eine Quittung, so ist deren Durchschrift aufzubewahren. Und: auf Quittungen über 200,– DM ist der Name des Käufers auf der Quittung zu vermerken. Ihr seht – ein enges Netz!

Welche Daten sind in Warenbüchern aufzuzeichnen?

1. Wareneingangstag/-ausgangstag/Rechnungsdaten
2. Name und Anschrift von Lieferer und Abnehmer
3. handelsübliche Bezeichnung der Ware
4. Preis und Umsatzsteuer
5. Beleghinweis oder chronologische Ablage ist anzuraten.

Der Aufzeichnungspflicht wird Genüge getan mit einem Wareneingangs- bzw. mit einem -ausgangsbuch. Es kann aber auch die Wareneingangs- bzw. -ausgangsrechnung so gestaltet werden, daß alle Warenbewegungen und die geforderten Daten daraus ersichtlich sind (z. B. auf gesonderten Konten im Rahmen der Doppelten Buchführung).

5. Wie muß die ordnungsgemäße Buchführung aussehen?

Die ordnungsgemäße Buchführung muß einem «sachverständigen Dritten innerhalb einer angemessenen Zeit einen Überblick über die Geschäftsvorgänge und die Vermögenslage des Unternehmens vermitteln» (§ 145 AO).

Daraus abgeleitet gelten als Grundanforderungen (§§ 146 + 148 AO):

- Vollständigkeit
- Richtigkeit
- Zeitgerechtheit
- Zeitfolgemäßigkeit
- Geordnetheit

Die nachfolgend dargestellte Form der Doppelten Buchführung hat sich eingebürgert und ist als ordnungsgemäß anerkannt, allerdings nicht zwingend. Wer übergroße Lust und Phantasie verspürt, möge eigene Formen entwickeln, jedoch vor Anwendung durch Finanzamt und Gewerbeamt prüfen lassen.

Am Anfang jedes Jahres steht das Inventar, woraus die Eröffnungsbilanz abgeleitet wird. Diese gibt die Grundlage für die Bestandskonten ab. Die Erfolgskonten werden ohne Vorläufer eröffnet. Ihr Ergebnis wirkt, über die Gewinn- und Verlustrechnung saldiert, auf das Eigenkapital ein, das dann zusammen mit den übrigen Bestandskonten sich in der Schlußbilanz wiederfindet. Dieser Vorgang wiederholt sich jedes Jahr aufs neue. Im folgenden sei das Ganze illustriert am Beispiel eines recht veränderungsarmen Geschäftslebens des Maklers Nove, der seiner Buchführungspflicht ordnungsgemäß nachkommt.

6. Das Inventar

Das Inventar ist die mengen- und wertmäßige Erfassung von Vermögen und Schulden in einem Verzeichnis. Es ist am Schluß des Geschäftsjahres zu erstellen. Die Tätigkeit der sachlichen Erfassung und Aufzeichnung, d. h. das Zählen, Messen oder Wiegen und das Aufschreiben der Ergebnisse, nennt man Inventur.*

* Sichtbar wird das, wenn im Kaufhaus Verkäuferinnen und Verkäufer hektisch rumlaufen und die «werte» Kundschaft für einen Tag ausgeschlossen bleibt.

Inventar G. A. Nove, Immobilienmakler **31.12.1990**

A. Vermögen		
1. Anlagevermögen		
Gebäude, Turmstraße 5		100 000,–
Geschäftsausstattung		
1 Chefsessel	5 000,–	
2 Büroschreibtische	3 000,–	8 000,–
2. Umlaufvermögen		
Forderungen		
H. Müller	500,–	
K. Böhm	4 500,–	5 000,–
Kasse		2 000,–
Bank		
Deutsche Bank		35 000,–
		150 000,–
B. Schulden		
1. Hypothek		
Deutsche Bank		40 000,–
2. Verbindlichkeiten		
Finanzamt	5 000,–	
Möbelhaus Kath	3 000,–	
Weinhändler Panscher	2 000,–	10 000,–
		50 000,–

Vermögen 150 000,– ./. Schulden 50 000,– = Reinvermögen 100 000,–

Buxtehude, den 30.1.91 (Unterschrift) G. A. Nove

7. Die Bestandskonten und die Bilanz

Bestandskonten entstammen der Eröffnungsbilanz. Sie machen im Laufe des Geschäftsjahres wertmäßige Veränderungen durch und werden am Jahresende in der Schlußbilanz wieder zusammengefaßt. Im neuen Jahr werden sie erneut vorgetragen, d. h., sie gehen nicht unter. Sie sind auch nicht gewinnträchtig, sondern drükken nur aus, wie sich der Wert der Unternehmung zusammensetzt. Wertsteigerungen werden dabei im Normalfall nicht beachtet. Sie bilden die «stillen Reserven». Die Sollseite = *Aktiva* umfaßt die konkrete Form, in der die Unternehmung ihre Werte gespeichert hat. Die Habenseite = *Passiva* sagt uns, wie diese Werte finanziert wurden.

8. Die Erfolgskonten und die Gewinn- und Verlustrechnung

Alle Aufwendungen und Erträge werden auf Erfolgskonten gebucht. Diese heißen Erfolgskonten, weil sie die Erfolge der Unternehmung aufnehmen – mithin profitträchtig sind – und am Jahresende über die G. u. V. (Gewinn- und Verlustrechnung) und das Eigenkapitalkonto abgeschlossen werden und damit untergehen. Sie haben also keinen Bestand und beginnen im neuen Jahr wieder mit Null.

S Aktiva	Eröffnungsbilanz		Passiva H
Gebäude	100 000	Eigenkapital	100 000
Geschäftsausst.	8 000	Hypotheken	40 000
Kasse	2 000	Verbindlichkeiten	10 000
Bank	35 000		
Forderungen	5 000		
	150 000		150 000

Gebäude

AB 100 000	SB 100 000

Hypotheken

SB 40 000	AB 40 000

Kasse

AB 2 000	SB 2 000

Eigenkapital

SB 120 000	AB 100 000 Reingewinn 20 000
120 000	120 000

Geschäftsausstattung

AB 8 000	SB 8 000

Verbindlichkeiten

SB 10 000	AB 10 000

Forderungen

AB 5 000	SB 5 000

Bank

AB	35 000	Personal	10 000
Prov	15 000	H.u.G.	5 000
Zins	3 000	Verw.	3 000
H.u.G.	20 000	SB	55 000
	73 000		73 000

S Aktiva	Schlußbilanz		Passiva H
Gebäude	100 000	Eigenkapital	120 000
Geschäftsausst.	8 000	Hypotheken	40 000
Kasse	2 000	Verbindlichkeiten	10 000
Bank	55 000		
Forderungen	5 000		
	170 000		170 000

Erfolgskonten

Aufwendungskonten:

Personalkosten

Bank 10 000	G. u. V. 10 000

Haus- u. Grundaufwand

Bank 5 000	G. u. V. 5 000

Allgem. Verwaltungskosten

Bank 3 000	G. u. V. 3 000

Ertragskonten:

Provisionserträge

G. u. V. 15 000	Bank 15 000

Zinserträge

G. u. V. 3 000	Bank 3 000

Haus- u. Grundstückserträge

G. u. V. 20 000	Bank 20 000

G. u. V.

Soll		Haben	
Personalkosten	10 000	Provisionserträge	15 000
H. u. G. Aufwand	5 000	Zinserträge	3 000
Allg. Verwalt.	3 000	H. u. G. Erträge	20 000
Rohgewinn	20 000		
	38 000		38 000

Der Rohgewinn vergrößert das Eigenkapital.
Der Gewinn muß in der Bilanz und der G. u. V. immer identisch sein.

Aufgaben der Buchführung

1. Steuer- bzw. handelsrechtlichen Erfordernissen gerecht werden.
2. Überblick über den Stand des Vermögens und der Schulden bekommen.
3. Daten für Rentabilität und damit für die Kalkulation gewinnen.
4. Potentiellen oder tatsächlichen Geldgebern oder Mitgesellschaftern Rechenschaft ablegen.

Je mehr die Daten aus Steuergründen zurechtgebogen werden, desto mehr verlieren die Aufgaben 2.–4. ihre Bedeutung, bzw. es treten sogar Zielkonflikte auf. Daher wird *doppelte Buchführung* nötig: eine für einen selbst und eine fürs Finanzamt!

Die oft gestellte und meist falsch beantwortete Frage «Warum heißt die doppelte Buchführung so?» läßt sich jetzt leicht wie folgt beantworten: Jeder Geschäftsvorfall wird auf 2 Konten verbucht, und der Gewinn ist daher auf zwei Arten (eben doppelt) ermittelbar: zum einen als Saldo aus der G. u. V. (Rohgewinn 20000,–), zum anderen aus dem Vergleich des Eigenkapitals am Jahresbeginn in der Eröffnungsbilanz (100000,–) mit dem Eigenkapital am Jahresende in der Schlußbilanz (120000,–). (*Siehe hierzu Übersicht im Anhang.*)

9. Die Belege

Ohne Belege sieht man bei der Steuerprüfung schlecht aus. Das Finanzamt wird vieles nicht anerkennen und sagen, es handele sich um

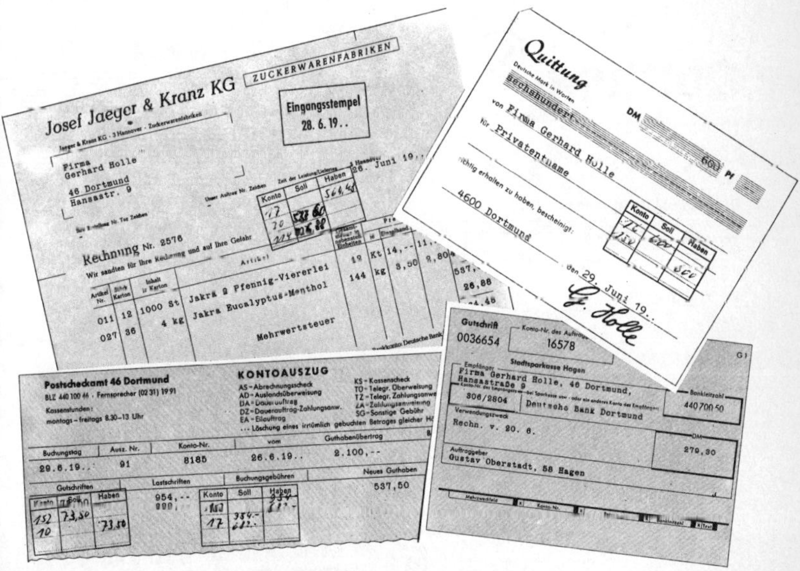

«Luftbuchungen». Dann werden Schätzungen vorgenommen, und das Ergebnis übertrifft meist die schlimmsten Befürchtungen. Daher lautet die eiserne Regel:

«Keine Buchung ohne Beleg.»

Belege sind Rechnungen, Quittungen und Auszüge. Sie müssen nach Vorfällen getrennt gesammelt werden und sollen folgende Daten enthalten (Vordrucke ersparen Fehler und Mühe):

① – Name und Anschrift des Verkäufers
② – Unterschrift des Verkäufers
③ – Datum
④ – Bezeichnung des Gegenstandes
⑤ – Art des Schriftstückes (Rechnung, Quittung)
⑥ – Mehrwertsteuersatz, ab 200,– DM auch Mehrwertsteuerbetrag
⑦ – ab 200,– DM Name des Käufers

Quittung ⑤

Nr.

	DM in Ziffern	Pf
Nettowert	30.000.–	
+ 15 % MwSt ⑥	4.500.–	
Gesamtbetrag	34.500.–	

Deutsche Mark in Worten

---vierunddreißigtausendfünfhundert--- Deutsche Pfennige wie oben

⑦

von terra incognita Baugesellschaft mbH

④

für Beratung und Informationen aller Art

richtig erhalten zu haben, bestätigt

Ort Waging am See ③ Datum 1. April 1993

Buchungsvermerke ① Firmenstempel/Unterschrift des Empfängers

Arbeitsgemeinschaft für Unternehmensgründung
Liebigstr. 6a · Postfach 1352
6093 Flörsheim
Tel. 0 06146 / 8881 ②

FORMULARE

Die Belege sind von der Buchhaltung zwecks *Kontierung* (= Zuordnen auf Konten) mit einem Stempel zu versehen.

Geht ein Beleg verloren, so sollte ein *Ersatzbeleg* angefertigt werden (z. B. Rechnungs-Zweitausfertigung).

Ist dies nicht möglich oder gibt es für Vorgänge keine Belege (Telefonmünzautomat), so können *Eigenbelege* angefertigt werden, deren Glaubhaftigkeit dem Finanzamt unter Umständen klargemacht werden muß.

Nur gegen Beleg darf der Buchhalter eine Buchung durchführen und der Kassierer Geld aus der Kasse nehmen.

Auch bei Privatentnahme soll eine Quittung ausgestellt und verbucht werden. Wird dieses Prinzip nicht eingehalten, so ist das Chaos vorprogrammiert.

10. Die Einnahmen-Ausgaben-Überschußrechnung

Um die Grundlage zur Bemessung der Einkommensteuer und der Gewerbesteuer zu legen, schreibt das Steuerrecht auch dem Kleingewerbetreibenden und dem Freiberufler vor, den Überschuß aus seiner Tätigkeit zu ermitteln. Das kann in der Form der einfachen Überschußrechnung geschehen.

Es bleibt jedoch folgendes Problem: die langfristigen Anlagen, wie z. B. ein Pkw für 10000,– DM führen zwar zu tatsächlichen Geldausgängen von 10000,– DM zum Zeitpunkt der Zahlung, jedoch läßt das Finanzamt nur Abschreibungen in Höhe von 20 % p. a. zu (siehe Abschreibungen). Daher sind in dem Anlagenverzeichnis die Abschreibungsbeträge für den Pkw zu ermitteln (20 % von 10000,– DM = 2000,– DM) und fünf Jahre lang vom Überschuß abzuziehen. Die Ausgabe für die Anschaffung (10000,– DM) darf nicht in das Ergebnis einfließen.

GELDAUSGANG				GELDEINGANG			
Beleg	Datum	Vorfall	Betrag	Beleg	Datum	Vorfall	Betrag
Q_8	5.1.	Rechnung Müller (125) bar bezahlt	1 500	Q_9RE_{18}	7.1.	Barkauf Fa. Schulz	1 500
A_5	10.1.	Lohnzahlung Kunz über Volksbank	1 000				
		Summe	35 000			Summe	115 000

	tatsächliche betriebliche Geldeingänge	115 000
./.	tatsächliche betriebliche Geldausgänge	./. 35 000
=	betrieblicher Über- bzw. Unterschuß	80 000
	betrieblicher Überschuß:	80 000
./.	Abschreibung für Anlagen:	2 000
=	steuerlicher Überschuß:	78 000

Eine Aufgliederung der Ausgaben ist nicht nötig, oft aber sinnvoll. Ansonsten müssen die einzelnen Posten mühsam herausgesucht werden, will man z. B. eine Übersicht über die Verkaufseinnahmen erhalten.

Folgende Aufgliederung kann z. B. sinnvoll sein für einen Zahnarzt:

Praxisräume		Praxisbetrieb			Praxis-Personal	Praxiseinrichtung			
Miete Strom, Gas Heizung	Reinigung Dekorat. Reparat.	Telefon Porto	Bücher Zeitschr. Bürobed.	Prax.-Vers. Beiträge Gebühren	Lohn Sozialbeitr. Sachbezüge	Reparaturen Wäsche Berufskleidg.	kl. Anschaffung b. 800,- DM	Labor Medikamente Sprechstd.-Bed.	Röntgen-, Zahnmat.
21	22	23	24	25	26	27	28	29	30

Praxisfahrten								Sonderausgaben	
Garage Steuer Vers.	Treibstoff Reparatur. Reinigung	fremde Beförderungsmitt.	Fortbildung Tagungen Reisespesen Bewirtungssp. Geschenke	Sonst. Praxis-Ausgaben Umsatzsteuer Zinsen usw.	Neuansch. ü. 800,- DM aktivierungspfl.		Hauskosten	Unbeschr. abzugsfähig Kirch.-, Verm.-St. Spenden	Beschränkt abzugsfähig Vers.-Prämien Bauspark.
31	32	33	34	35	36	37	38	39	40

Auch im Fall der Überschußrechner ist die doppelte Buchführung oft sinnvoll, da die Fehlerwahrscheinlichkeit wesentlich geringer ist.

11. Aufzeichnungen im Rahmen der Mehrwertsteuer

Die Mehrwertsteuer (siehe Steuern) fällt an mit jedem *Waren-* oder *Leistungsübergang* an den Kunden oder an den Unternehmer selbst als Privatperson. Sie fällt also nicht erst mit der Bezahlung an. Ein Unternehmer *zahlt zwar letztendlich keinen Pfennig Mehrwertsteuer,* muß sie jedoch mit dem Finanzamt abrechnen und die eingenommenen Steuerbeträge abführen. Dies kann etliche Verwirrung gerade für Anfänger bedeuten.* In seiner *Umsatzsteuer-Voranmeldung* weist der Unternehmer die bei seinen Verkäufen eingenommene Mehrwertsteuer aus, zieht davon die bei Käufen verauslagte Vorsteuer ab und überweist die Differenz (Zahllast) an das Finanzamt (vgl. Umsatzsteuer in Kapitel V).

Die Umsatzsteuer-Voranmeldung muß monatlich bis zum 10. des Folgemonats abgegeben *und* die Zahllast überwiesen werden. Betrug die Zahllast für das vorangegangene Jahr max. 12000,– DM, so ist eine vierteljährliche Voranmeldung einzureichen, bei max. 1000,– DM Zahllast kann einmal jährlich erklärt und abgeführt werden.

* Schon mancher Unternehmer ging pleite, weil er die Mehrwertsteuer erst mal für eigene Zwecke nutzte und dann am Jahresende sich mit Finanzamtsforderungen von mehreren hunderttausend DM konfrontiert sah.

Formular für die Umsatzsteuer-Voranmeldung

Zeile		Kz	Bemessungsgrundlage volle DM	Kz	Steuer DM	Pf
18	**I. Anmeldung der Umsatzsteuer-Vorauszahlung**					
19	**Innergemeinschaftliche Warenbewegungen (§ 18a Abs. 3 UStG)** (falls ja, bitte eine „1" eintragen)			95		
20	**Lieferungen, sonstige Leistungen und Eigenverbrauch**					
21	**Steuerfreie Umsätze mit Vorsteuerabzug**					
22	**Innergemeinschaftliche Lieferungen** (§ 4 Nr. 1b UStG) an Abnehmer **mit** USt-IdNr.	41				
23	neuer Fahrzeuge an Abnehmer **ohne** USt-IdNr.	44				
24	neuer Fahrzeuge außerhalb eines Unternehmens (§ 2 a UStG)	49				
25	**Weitere steuerfreie Umsätze mit Vorsteuerabzug** (z. B. **Ausfuhrlieferungen**, Umsätze nach § 4 Nr. 2 bis 7 UStG)	43				
26	**Steuerfreie Umsätze ohne Vorsteuerabzug**					
27	Umsätze nach § 4 Nr. 8 bis 28 UStG	48				
28	**Steuerpflichtige Umsätze** (Lieferungen, sonstige Leistungen und Eigenverbrauch)					
29	zum Steuersatz von 15 v. H.	50	95.000		14.250.	–
30	zum Steuersatz von 7 v. H.	86				
31	Umsätze, die anderen Steuersätzen unterliegen	35		36		
32	**Umsätze land- und forstwirtschaftlicher Betriebe nach § 24 UStG**					
33	Lieferungen in das übrige Gemeinschaftsgebiet an Abnehmer **mit** USt-IdNr.	77				
34	Umsätze, für die eine Steuer nach § 24 UStG zu entrichten ist (Sägewerkserzeugnisse, Getränke und alkoholische Flüssigkeiten)	76		80		
35	**Innergemeinschaftliche Erwerbe**					
36	**Steuerfreie innergemeinschaftliche Erwerbe**					
37	Erwerbe nach § 4 b UStG	91				
38	**Steuerpflichtige innergemeinschaftliche Erwerbe** (§ 1 a UStG)					
39	zum Steuersatz von 15 v. H.	92				
40	zum Steuersatz von 7 v. H.	93				
41	**neuer Fahrzeuge** von Lieferern **ohne** USt-IdNr. zum Steuersatz von 15 v. H.	94				
42	Steuer infolge Wechsels der Besteuerungsart/-form sowie Nachsteuer auf versteuerte Anzahlungen wegen Steuersatzerhöhung			65		
43	**Umsatzsteuer** … zu übertragen in Zeile 45				14.250.	-
44					Steuer DM	Pf
45	**Übertrag**				14.250.	–
46	**Abziehbare Vorsteuerbeträge**					
47	Vorsteuerbeträge aus Rechnungen von anderen Unternehmern (§ 15 Abs. 1 Nr. 1 UStG)			66	7.150.	-
48	Vorsteuerbeträge aus dem innergemeinschaftlichen Erwerb von Gegenständen (§ 15 Abs. 1 Nr. 3 UStG)			61		
49	entrichtete Einfuhrumsatzsteuer (§ 15 Abs. 1 Nr. 2 UStG)			62		
50	Vorsteuerbeträge, die nach allgemeinen Durchschnittsätzen berechnet sind (§§ 23 und 23 a UStG)			63		
51	Berichtigung des Vorsteuerabzugs (§ 15 a UStG)			64		
52	Vorsteuerabzug für innergemeinschaftliche Lieferungen **neuer Fahrzeuge** außerhalb eines Unternehmens (§ 2 a UStG) sowie von Kleinunternehmern im Sinne des § 19 Abs. 1 UStG (§ 15 Abs. 4 a UStG)			59		
53	**Kürzungen nach dem BerlinFG**		Bemessungsgrundlage volle DM			
54	**für frühere Kalenderjahre** nach den §§ 1, 1 a und 2 BerlinFG	57		58		
55	Verbleibender Betrag					
56	In Rechnungen unberechtigt ausgewiesene Steuerbeträge (§ 14 Abs. 2 und 3 UStG) sowie Steuerbeträge, die nach § 6 a Abs. 4 Satz 2 und § 17 Abs. 1 Satz 2 UStG geschuldet werden			69		
57	**Umsatzsteuer-Vorauszahlung/Überschuß**				7.100.	-
58	**Anrechnung** (Abzug) der festgesetzten **Sondervorauszahlung** für Dauerfristverlängerung (nur auszufüllen in der letzten Voranmeldung des Besteuerungszeitraums, in der Regel Dezember)			39		
59	**Verbleibende Umsatzsteuer-Vorauszahlung** (Bitte in jedem Fall ausfüllen) **Verbleibender Überschuß** (rot eintragen oder mit Minuszeichen versehen)			83	7.100.	-
					(kann auf 10 Pf zu Ihren Gunsten gerundet werden)	

Auf der *Beschaffungsseite* (Kauf) müssen die vereinbarten Kaufpreise für mehrwertsteuerpflichtige Umsätze und die darauf entfallende Vorsteuer aufgezeichnet werden. Auf der *Absatzseite* (Verkauf) müssen die mehrwertsteuerpflichtigen Umsätze zu 15 % und 7 % und die steuerfreien Umsätze sowie der Eigenverbrauch aufgezeichnet werden. Dies erfolgt üblicherweise im Rahmen der normalen Buchführung.

12. Steuerberatung: unentbehrlich und doch selten

Ein aufmerksamer Leser schreibt uns: «Warum kommen Steuerberatungskosten im Buch nicht vor? Bei uns fressen sie mit 3500,– DM einen großen Teil des Einkommens.»

Nun, da sind uns schlimmere Beispiele gegenwärtig.

Aber wir würden an den Steuerberatern in erster Linie gar nicht kritisieren, daß sie zu teuer sind, sondern eher, wo ihr Leistungsschwerpunkt liegt. Und der liegt kaum bei der steuerlichen Beratung, sondern in erster Linie in der DATEV-Buchführung sowie der Erstellung von Steuervoranmeldungen und Erklärungen. Die Unternehmer tragen daran eine Mitschuld. Sie entlasten sich über den Steuerberater von lästigen Pflichten und sind froh, wenn sie mit der ganzen Sache ansonsten nichts mehr zu tun haben. Die Steuerberater dagegen drängen sich mit Beratungsleistungen auch nicht gerade auf, fürchten sie doch stets, nicht abrechenbare Leistungen erbringen zu müssen. Also wird nur getan, was der Kunde fordert: im Regelfall einmal jährlich eine Bilanzbesprechung. Es sei denn, die Überschuldung des Betriebes droht den Berater mit in Risiko und Haftung zu ziehen. Dann plötzlich ist Zeit für vieles.

Es verwundert daher nicht, daß der Gründer die monatlichen DATEV-Auswertungen abheftet, sie jedoch selten zu mehr als 10% durchblickt. Wir erleben als Ergebnis dann immer wieder, wie wenig Unternehmer mit dem Zahlenwerk ihres eigenen Betriebes vertraut sind.

Ein gefährliches Spiel. Doch gute Vorsätze scheitern da fast so schnell, wie sie gefaßt sind. Klar ist nur eines: Als reiner Buchhalter und Vor-Kontrollinstanz des Finanzamtes ist ein Steuerberater immer zu teuer.

VII. Das Personalwesen

1. Kleinunternehmer und Arbeitskraft

Außer dem Mainzer Brezelmann kommt letztlich kein Unternehmer ohne «Personal» aus, wenngleich die für ihn Arbeitenden auch oft anders genannt werden.

Die Hilfe von Freunden und Bekannten, die so viel beschworene Unterstützung durch Familienmitglieder liefert Arbeitskräfte, die nicht als Personal bezeichnet und im wesentlichen statt mit Geld mit Sachmitteln, persönlicher Beziehung und Zuneigung, Nachbarschaftshilfe oder auch rein moralisch entlohnt werden. An soziale Absicherung wird meist gar nicht gedacht. Besonders tut sich in solchen Formen der Verwertung von Arbeitskraft der «Alternativbetrieb» unter dem Begriff des «Kollektivs» hervor.

In herkömmlichen Kleinunternehmen funktioniert die Sache nicht mehr so einfach, da die Kinder sich zunehmend dem Familiendruck entziehen. Dies trifft vor allem Kleinbetriebe in Landwirtschaft und Gastronomie. Stoßen um die billige Arbeitskraft gebrachte deutsche Gastronomen dann auf eine ausländische Konkurrenz, bei der Familiensinn und Familiengröße offensichtlich noch weiter entwickelt sind, so verlieren sie ihre Wettbewerbsfähigkeit. Dies ist meines Erachtens ein wesentlicher Grund dafür, daß der Anteil von ausländischen Gaststätten wächst. Die Preis-Leistungs-Relation kann dort meist besser sein.

Die «Familie» spielt aber auch gerade bei den heutigen Neugründungen wieder eine wesentliche Rolle, und hat der Leser/die Leserin dieses Machwerks nicht auch schon mehr oder minder konkret darüber nachgedacht, wer ihm/ihr denn «helfen» könnte in der Anfangsphase?

Tatsache ist, daß fast jeder Unternehmer «Helfer» braucht, die sich in nur einem Punkt von «Personal» unterscheiden: sie haben keinerlei Tarifrecht. Daher sind sie neben der Eigenarbeit des Gründers die Quelle der «ursprünglichen Akkumulation» und äußerst notwendig, vor allem bei knapper Kapitaldecke.

Lange wird ein solcher Zustand nicht anhalten können. Ist der Neugründer erfolgreich, so ist lediglich der Ehepartner über das Eheinstitut «Zugewinngemeinschaft» daran materiell beteiligt. Alle anderen könnten neidisch werden. Erfolglosen Unternehmern kann es dagegen gelingen, daß ihnen der Laden dichtgemacht wird, bevor die Palastrevolte ausbricht, denn sie können ihre Helfer lange mit der Moral der Armut binden.

Die herkömmliche Literatur warnt allenthalben aus anderen oder nicht so deutlich ausgesprochenen Gründen davor, die Mitarbeiter vornehmlich aus dem Bekanntenkreis auszuwählen. Der Spruch, man solle «mit Freunden keine Geschäfte machen», gilt auch hier (wie bei der Finanzierung) und kann höchstens ergänzt werden: «Tust du es doch, so sei in allen Absprachen klarer, pedantischer und perfekter als sonst.» Das soll heißen: klare schriftliche Arbeitsverträge.

Wir wollen im übrigen nur über das «Personal» reden.

2. Warum Personal einstellen?

Personal einzustellen ist für viele Unternehmer deshalb nötig, weil sie die Arbeit alleine nicht bewältigen können. Auch die Vorstellung «dann mache ich halt weniger» erweist sich meist als nicht realisierbar, denn entweder werden die nötige Mindestgröße und der Mindestumsatz nicht erreicht, oder es ist ganz einfach technisch kaum durchführbar. Nehmen wir unseren Saftladen. Allein schon, daß der Inhaber hin und wieder aufs Klo muß, über Tag wichtige Besorgungen zu machen hat oder ab und zu krank ist, gefährdet die Kundenbeziehung und reduziert den Umsatz. Der Saftladen muß 8–10 Stunden pro Tag geöffnet sein und kennt keine Mittagspause. Auch das Schild an der Tür «Bin gleich wieder da» kann sich höchstens das Schusterlädchen leisten, nicht aber der Saftladen, der aufgesucht wird, um spontan den Durst zu löschen. Hinzu kommt, daß die Regelmäßigkeit gerade für den Neugründer eminent wichtig ist, um der Kundschaft Zuverlässigkeit zu signalisieren. Gründe genug also, sich mit dem Gedanken anzufreunden, Personal beschäftigen zu müssen. Die Alternative könnte nur in Mitunternehmern bestehen, wozu in Kapitel IV Ausführungen gemacht wurden.*

Sinnvoll ist eine vorsichtige Personalplanung. Ersetzen läßt sich der Unternehmer am einfachsten und am billigsten bei den sogenannten untergeordneten Arbeiten und den Routinearbeiten. Es ist nur dann sinnvoll, Personal einzusetzen, wenn sich der Unternehmer mit jeder gewonnenen Stunde anderen Aufgaben höherer Profitträchtigkeit zuwenden kann. Minimalbedingung ist, daß mit Neueinstellungen der Umsatz steigt. Sitzt ein Unternehmer ohnehin vier Stunden am Tag vor seiner Zeitung und wartet auf Kunden, so kann er ruhig sein Büro selber putzen. (Wem dies peinlich ist, tue es bei geschlossenen Fensterläden!) Für einen 10 Stunden täglich bohrenden Zahnarzt dagegen wäre es reine Geldverschwendung, würde er sich um die Buchfüh-

* Auch da gibt es solche und solche. So erzählte mir ein Antik-Möbel-Unternehmer, der mit zwei anderen zusammen eine BGB-Gesellschaft gründete, in der er über vertragliche Regelung die absolute Stimmenmehrheit besitzt: «Mensch, da habe ich mir gedacht, Angestellte kommen mich doch viel zu teuer. Als Unternehmer schafft jeder mehr, und wenn es Krach gibt, habe ich die Mehrheit. Außerdem: kein Ärger mit Sozialversicherung, Berufsgenossenschaft und so.»

rung kümmern. Dabei gilt jedoch nach wie vor, daß die Aufgaben am leichtesten und sinnvollsten zu delegieren sind, die man selbst beherrscht. Delegiert der Zahnarzt (starker Bohrer – schwacher Rechner) auch deshalb, weil er keinerlei Ahnung von Buchführung hat, so kann ihm das einige Probleme bringen. Schlimmer noch trifft es ihn, versucht er – der von Steuern nur soviel weiß, daß er zuviel zahlen muß – mit Hilfe einer Abschreibungsgesellschaft Steuern zu sparen.

3. Welches Personal einstellen?

Die Personalauswahl macht schlagartig deutlich, wo wir stehen. Diese Erkenntnis mag unangenehm sein und daher verdrängt werden – zumindest so lange, bis man sich an seine neue Rolle gewöhnt hat und diese dann um so widerlicher spielt. Besser ist daher auf alle Fälle, sich von Beginn an Klarheit zu verschaffen, um damit sich und den Mitmenschen Nerven und Belastungen zu ersparen.

Gerade weil die Personalauswahl so schwierig und das Führen von Bewerbungsgesprächen den meisten von uns bereits früher, als wir noch Bewerber waren, unangenehm war und uns auch der Rollenwechsel nicht restlos glückt und beglückt, greifen wir gerne auf Menschen zurück, die wir bereits kennen.

Sympathie überwiegt als Einstellungsgrund, und fachlich, so glauben wir, «schafft der/die das schon». Besser wäre, zunächst einmal Klarheit darüber zu gewinnen, welche Aufgaben der Einzustellende zu erledigen hat, ob die Tätigkeiten wesentlich gleich oder stark wechselnd sind und ob die Arbeitsbelastung gleichmäßig oder stark schwankend sein wird. Aus dieser Stellenanalyse ist nun ein *Anforderungsprofil* auszuarbeiten. Kriterien können sein:

- bestimmte fachliche Qualifikationen
- Lernfähigkeit/geistige Flexibilität
- Konstitution
- Interesse an der Arbeit
- Leistungs- und Organisationstalent

- Kontaktfähigkeit
- didaktische Fähigkeit
- Kreativität
- Zuverlässigkeit, Verschwiegenheit

Das heißt nicht, daß alle diese Kriterien «positiv» erfüllt sein müssen. Im Gegenteil: was hilft uns ein Vogelschutzwart im Wattenmeer mit Kontaktfreudigkeit? Das Moment der «Überqualifikation» spielt hier mit rein.

Ist das Anforderungsprofil erstellt, so müssen die wichtigsten Kriterien in die Form einer Stellenausschreibung gebracht werden. Wichtigster Werbeträger für Stellenanzeigen sind Zeitungen.

Beispiel:

> Am 1. 4. gründe ich ein Unternehmen, das im Bereich
> **kaufmännische Bildung**
> tätig wird.
>
> Ich suche daher eine
> **kaufmännische Angestellte/Bürokraft**
> als flexible Alleinkraft — zunächst in Teilzeitarbeit auf Stundenbasis (ca. 10 Std./Woche).
> Ihr Arbeitsplatz ist in Flörsheim-Stadtmitte.
> Sie müssen in der Lage sein, den Verwaltungsbereich selbständig und zuverlässig zu führen. Außerdem ist telefonische Kundenberatung notwendig.
> Ihre Bewerbung mit den üblichen Unterlagen (incl. evtl. Referenzen und Lichtbild) und Gehaltswünsche (netto!) erwarte ich gerne.
> Zeugnisse aller Art können ebenfalls beigelegt werden, praktische Erfahrung bewerte ich jedoch höher.
> Zuschriften unter ✉ 165 an den Verlag.

Daneben kann auch das Arbeitsamt geeignetes Personal vermitteln. Das beste ist, man unterhält sich mit dem zuständigen Sachbearbeiter, wodurch man schnell erkennen kann, ob dieser der geeignete Vermittler ist. Gegenwärtig ist die Zahl der Bewerbungen, die auf eine Stelle entfallen, hoch.

Chiffre-Anzeigen haben den Vorteil, daß man in aller Ruhe eine Vorauswahl treffen kann. Je umfangreicher die eingesandten Bewerbungsunterlagen, desto genauer das Bild, das man vom Bewerber erhält. Klar sollte sein, daß bei Ablehnung die Unterlagen mit einem kurzen Begleitbrief stets wieder an den Bewerber zurückzusenden sind.

Checkt man die Bewerbungsunterlagen anhand des Anforderungsprofils durch, so läßt sich schnell eine Vorauswahl in «ungeeignet» und «eventuell geeignet» bilden. Hinzu kommen persönliche Eindrücke, die man auch aus Briefen gewinnen kann. Besonders mühevoll und oft wenig zuverlässig ist die «Übersetzung» von Zeugnissen, die der Bewerber bisher von seinen Dienststellen bekam. Außerdem weiß jeder, der mal gearbeitet hat, wie diese zustande kommen. Die Angabe der Gehaltswünsche ist ein weiteres Kriterium für die Vorauswahl, wobei zu geringe Forderungen nicht unbedingt für die Eignung des Bewerbers sprechen.

Aufgrund der Bewerbungsschreiben sollte eine begrenzte Anzahl Bewerber ausgewählt und zur persönlichen Vorstellung gebeten werden. Der persönliche Eindruck schafft schnell größere Klarheit, jedoch haben solche Einstellungsgespräche einen zumindest unangenehmen Charakter. Ein Bewerber muß sich als Ware verkaufen und sich dementsprechend präsentieren, ein Unternehmer will natürlich die beste Ware für sein Geld und hat ständig Angst, vom Bewerber getäuscht zu werden. Daher haben Personalberater unzählige Tricks zur psychologischen Gesprächführung ersonnen, die den Bewerber ausforschen sollen. Das beginnt beim angebotenen Kaffee, beinhaltet vorgetäuschte Meinungen und endet beim «Haben *Sie* diese Zeitung hier vergessen?»

Es ist nicht mein Behuf, weiter darauf einzugehen. Die sicherste

Art der Personalbeschaffung ist die *Abwerbung*.* Hat man z. B. als Wirt eine fähige Bedienung in der Konkurrenzgaststätte entdeckt, so läßt man vorsichtig sein Interesse an ihrer Arbeitskraft erkennen. Soll die Abwerbung erfolgreich sein, muß die Bedienung entweder auf ihrer bisherigen Arbeitsstelle sehr unzufrieden sein, oder man muß ihr einiges mehr bieten. Meist ist es auch eine Kombination aus beidem. Der Personaltest wird in der Regel nach der Einstellung durch die Vereinbarung einer «Probezeit» fortgesetzt, die allerdings höchstens 6 Monate dauern darf.

Ziemlich herkömmliche, leicht liberal gestylte Methoden, die ich da so niederlege. Geht es denn nicht auch «anders»? Ich glaube nicht.

Zunächst hat man schon als abhängig Beschäftigter das durchaus berechtigte Bedürfnis, möglichst nur mit «angenehmen» Leuten zusammenzuarbeiten. Besteht die Chance, dies bestimmen zu können, weil man jetzt Chef ist, so wird man es auch tun. Um vor «Überraschungen» sicher zu sein und da der Anfänger noch keine Routine hat, wird er um so stärker auf der Vereinbarung einer «Probezeit» bestehen, die maximal ein halbes Jahr dauern darf. Zwar kann in dieser Zeit von beiden Seiten unproblematisch gekündigt werden, d. h. formal unterliegen der Chef wie der Untergebene der gegenseitigen Probe. Aber angesichts der herrschenden Arbeitsmarktsituation ist wohl klar, wer hier erprobt wird. Hat man eine Probezeit vereinbart, so steht der Angestellte – wie locker der Umgang auch immer sein mag – unter einem gewissen Druck, sich bewähren zu müssen. Dadurch wird das Chef-Untergebener-Verhältnis schon deutlich.

Es setzt sich fort beim Lohn. Hier neigen Neugründer aus meiner Erfahrung vor allem dann zur «Großzügigkeit», wenn sie wenig Überblick über die eigene ökonomische Situation haben. Auch dies ein Ergebnis der Erfahrung aus dem eigenen Werktätigendasein. Die Löhne wurden als unbefriedigend empfunden, die «Ausbeutung» an der Lohnhöhe festgemacht. Also erhöht man den Lohn der Beschäftigten und glaubt, dadurch die Arbeitsmotivation zu stärken – ein Irr-

* Unlauterer Wettbewerb und somit nicht erlaubt. Verwerfliches sehe ich darin nicht, denn abwerben läßt sich nur, wem es in der bisherigen Stellung reichlich stinkt. Von daher doch eine echte «marktwirtschaftliche» Chance für die Arbeitskraft, sich individuell zu verbessern!? Scheitern kann so was, weil ein Neugründer oft nicht die Sicherheit bieten kann, die Arbeitskräfte schätzen und suchen, kämpft er doch permanent ums ökonomische Überleben.

tum, glaubt man der herkömmlichen Motivationsforschung. Diese Großzügigkeit ist von vorübergehender Natur und endet um so schneller, als der Angestellte mangelnde Leistungen erkennen läßt oder die finanzielle Situation des Gründers angespannt wird. Dann kommt nämlich erstmals die typische Kleinunternehmer-Argumentation beim Gründer auf: «Ich schaffe von früh bis spät, träume schlecht und trage das Risiko, kann mir keinen Urlaub leisten und komme kaum auf einen Stundenlohn von 3,50 DM, während der liebe Angestellte, der sich keine großen Gedanken macht und um halb fünf den Hammer fallen läßt, sogar noch übertariflich bezahlt wird. Und macht der wieder mal Mist, so geht es auf meine Kosten. Beschwere ich mich zu sehr, dann macht der prompt krank, und ich kann die Aufträge allein nicht erfüllen und bekomme Ärger mit den Kunden.»

Mir klingen die Ohren von diesen Tönen, und ich staune, wie schnell sich Gründer der herkömmlichen Argumentation annähern und sie verbissen und mit vielen Beispielen belegt vertreten.

Aber gewisse Schwierigkeiten* lassen sich für das Neugründer-Kleinkapital einfach nicht wegleugnen.

Falsch ist jedoch, die Schuld für diese Verhältnisse beim Beschäftigten zu suchen statt bei der Großindustrie und ihrem Staat, die die Wettbewerbsbedingungen diktieren. Genauso scheitern wird jedoch der Ansatz, durch puren Voluntarismus und den Vorsatz, alles anders machen zu wollen, die individuelle Idylle zu erstreben.

4. Mit welchen Verträgen Personal einstellen?

4.1. Die normalen Beschäftigungsverträge

Ein schriftlicher Arbeitsvertrag ist zwar nicht vorgeschrieben, aber auf alle Fälle sinnvoll. Er soll eine Arbeitsstellenbeschreibung enthalten, Höhe der Vergütungen, Nebenleistungen, Arbeitszeit und -ord-

* Z. B. das (für die Großindustrie nicht mehr vorhandene) «Unternehmerrisiko», die enorme Arbeitsbelastung.

nung, Urlaubsanspruch, Verschwiegenheitsregelung. Nach der Probezeit ist eine Kündigung nur mit stichhaltiger Begründung möglich, was in der Realität bedeutet, daß eine Abfindung gezahlt werden muß – ob mit oder ohne Arbeitsgerichtsprozeß. Diese ist von der Dauer der Betriebszugehörigkeit abhängig und beträgt im allgemeinen zwischen zwei und zwanzig Monatsgehältern. Besonders unangenehm ist für den Kleinunternehmer der krankheitsbedingte Ausfall seiner Beschäftigten. Zum einen kann er solche Ausfälle bei seiner geringen Beschäftigtenzahl kaum durch die Mehrarbeit der restlichen Belegschaft ersetzen lassen, zum anderen trägt die Kosten der Lohnfortzahlung in den ersten sechs Wochen der Arbeitgeber, wobei Kleinunternehmer sich dagegen durch Ausgleichskassen versichern können. Von daher ist es kein Wunder, daß Kleinunternehmer besonders widerlich werden, wenn sich ihre Angestellten krank melden. Zudem vermuten sie überall «Krankfeiern». Umgekehrt spüren die Angestellten die besondere Unterdrückung, die im Kleinbetrieb herrscht, und wagen oft kaum, bei Krankheit zu Hause zu bleiben und sich auszukurieren. Andererseits kann gerade im Kleinbetrieb besonderer Teamgeist herrschen, der zu gutem Arbeitsklima

aufgrund des persönlichen Kontakts führt und die Arbeitsmotivation stärkt. Dann ist die Unterdrückung nicht mehr spürbar, denn man will einfach nicht mehr krank sein, um seinen Chef nicht im Stich zu lassen.

So oder so – höhere Arbeitsproduktivität. Üble Spätfolgen sind keineswegs ausgeschlossen.

Die Personaleinstellung mit normalen Beschäftigungsverträgen ist für Kleinunternehmer* ein heißes Eisen, weil hier Fehlentscheidungen, Lohnfortzahlungen, Ausfallzeiten, Kündigungen, Arbeitsgerichtsprozesse und Abfindungen oft ruinös werden können, während bei größeren Unternehmen mehr Routine besteht und Ausfälle leichter verkraftbar sind.

4.2. Die neuen Zeitverträge

Seit Mai 85 sind neue Gesetze in Kraft, die Arbeitskräfte in ihren Rechten beschneiden bzw. die Möglichkeit der flexiblen Beschäftigungsplanung für den Unternehmer verbessern. Den Slogan hierzu kreierte Spruchexperte Norbert Blüm: «Lieber begrenzte Beschäftigung als unbegrenzt arbeitslos»**, was voll der Wende-Logik entspricht.

Das «Beschäftigungsförderungsgesetz» läßt neugegründeten Unternehmen mit bis zu 20 Arbeitnehmern die Möglichkeit, Arbeitnehmer befristet auf bis zu zwei Jahre*** einzustellen. Danach endet das Arbeitsverhältnis automatisch, wenn es nicht in ein unbefristetes umgewandelt wird. Ordentliche Kündigungen innerhalb der Frist sind dagegen nur möglich, wenn sie ausdrücklich vorgesehen sind, und

* Kleinunternehmer mit bis zu fünf Beschäftigten haben es einfacher: Sie unterliegen nicht den Kündigungsvorschriften des Kündigungsschutzgesetzes, des Angestelltenkündigungsschutzgesetzes und des Arbeitsplatzschutzgesetzes. Andersrum: ein weiteres Argument für Arbeitskräfte, nicht in einer kleinen Klitsche zu arbeiten – so sie noch die Wahl haben.

** Genauso logisch wie die Erkenntnis eines anderen CDU-Politikers vor einem Dutzend Jahren, daß das Leben in chilenischen Stadien bei gutem Wetter angenehmer sei als bei schlechtem.

*** Für alle anderen Unternehmen gilt: bis zu 18 Monate.

dies nur im Rahmen des allgemeinen Kündigungsschutzes. Für Kleinunternehmer mit bis zu fünf Beschäftigten allerdings waren schon bisher befristete Beschäftigungsverhältnisse möglich. Außerdem wirkt gegen diese Kleinunternehmen das Kündigungsschutzgesetz nicht.

Beispiel: Unternehmensgründerin Doris Görg, die vier Monate nach Gründung schon 7 Angestellte hat und daher in den vollen Geltungsbereich des Gesetzes fällt, will sich und ihren Saftladen nicht zu sehr von ihrem Freund Hans Kaus abhängig machen und stellt daher den arbeitslosen Ethnologen Harry Heillos als Marketing-Manager ein, von dem sie sich auch ob seiner schaurig-schönen Geschichten über die Herkunftsländer des exotischen Obstes verstärkte Attraktivität für das fernwehbefallene Mittelschichtpublikum verspricht. Sie schließen mit ihm einen auf zwei Jahre befristeten Arbeitsvertrag ab und betonen darin ausdrücklich das unabdingbare Recht auf ordentliche Kündigung während der Laufzeit des Vertrages.

Wie kann Doris Görg Harry Heillos wieder loswerden?

0–6. Monat: Jederzeit Kündigung möglich, da innerhalb dieser «Probezeit» (auch ohne ausdrückliche Vereinbarung) noch kein allgemeiner Kündigungsschutz besteht.

7.–24. Monat: Allgemeiner Kündigungsschutz, d. h. *ordentliche Kündigung* nur begründet mit Frist und unter Abwägung möglich. Auf deutsch: geht Harry Heillos vors Arbeitsgericht, so wird er wohl eine Abfindung erreichen können.
Außerordentliche Kündigung aus wichtigem Grund fristlos möglich, z. B. wenn er das Vertrauen von Hans Kaus schamlos mißbraucht, indem er den Kunden in schädigender Absicht verrät, im Laden würden heimlich aus niederträchtigen Profitgründen «Früchte der Apartheid» ausgepreßt, und dadurch das Ansehen des Geschäfts bei dem kirchentagbeswingten Publikum vollständig ruiniert. Hat Heillos auch bei Doris Görg jegliches

Verständnis verloren, so ist die fristlose Kündigung fällig, gegen die Heillos wiederum klagen kann.

24. Monat: Mit herzzerreißenden Szenen verabschieden sich Doris Görg und Harry Heillos. Doris will keine unbefristete Bindung und darf mit Harry keinen zweiten befristeten Vertrag abschließen. Sie hat aber schon eine neue Kraft im Auge.

4.3. Teilzeit- und Aushilfskräfte

Es lassen sich auch Arbeitsverhältnisse befristeter Art schließen, die sogenannten *Aushilfsbeschäftigungen*. Sie sind *sozialversicherungsfrei*, wenn sie innerhalb eines Jahres nicht länger als zwei Monate oder fünfzig Tage ausgeübt werden, unabhängig vom Einkommen. Da sie in ihrem Umfang begrenzt sind, bestehen keine besonderen Kündigungsfristen. Die Lohnsteuer kann pauschaliert werden (d.h., sie beträgt 20/25% des Arbeitslohnes und darauf 7% Kirchensteuer und ist vom Arbeitgeber zu zahlen), wenn an höchstens 18 zusammenhängenden Arbeitstagen mit höchstens

120,– DM Arbeitslohn pro Tag und höchstens DM 20,65 pro Stunde entlohnt wird. Eine pauschalierte Lohnabrechnung läßt sich auf dem folgenden Vordruck durchführen:

Firmenstempel

Lohnabrechnung für pauschalbesteuerte Aushilfskräfte
gem. § 40a EStG und § 7 Abs. 7 Lohnsteuerdurchführungsverordnung

Herrn/Frau/Fräulein

genaue Anschrift

teilzeitbeschäftigt als

vom bis

nur ausfüllen bei kurzfristiger Beschäftigung
zusammenhängende Arbeitstage
Durchschnittlicher Arbeitslohn je Arbeitstag DM

nur ausfüllen bei laufender Beschäftigung in geringem Umfang
wöchentl. Beschäftigungsdauer Std.
wöchentlicher Arbeitslohn DM

Arbeitsstunden insgesamt (Aufstellung umseitig) Stunden

Arbeitslohn pro Stunde DM

Arbeitslohn insgesamt/auszuzahlender Betrag DM

Errechnet Abrechnung anerkannt und Betrag richtig erhalten

Datum

Zeichen Datum Unterschrift

Bemerkungen

Lohnsteuer abgerechnet ____ Zeichen
mit Anmeldung
Monat ____ 19__/Quartal ____ 19__

Zweckform 505

Nachdruck – auch auszugsweise – nicht gestattet

Datum	Stunden	Art der Beschäftigung (nur für Land- und Forstwirtschaft)

Auch bei der *Teilzeitarbeit* gibt es die Möglichkeit zur pauschalierten Lohnsteuer. Hier darf höchstens zwanzig Stunden pro Woche mit einem Lohn von höchstens 137,67 DM pro Woche und einem Stundenlohn von höchstens 20,65 DM gearbeitet werden. Die Sozialversicherungsfreiheit besteht, wenn weniger als 14 Stunden pro Woche gearbeitet und nicht mehr als 590,– DM pro Monat verdient wird (oder höchstens ⅙ des Gesamteinkommens, wenn der Teilzeitarbeitende noch anderswo versicherungspflichtig beschäftigt ist).

Bei *Studenten* besteht generelle Sozialversicherungsfreiheit, d. h., sie können auch mehr verdienen als 590,– DM pro Monat. Arbeiten sie jedoch regelmäßig mehr als zwanzig Stunden pro Woche, so gelten sie nicht mehr als Studenten, da dann das Studieren zur Nebentätigkeit geworden ist (40-Stunden-Woche als Grundlage der Berechnung). Die Teilzeitarbeit ist keine aushilfsweise, sondern regelmäßige Beschäftigung. Sie kann durch einen *Honorarvertrag* vereinbart werden (d. h., honoriert werden nur *geleistete* Stunden) und von dem Umfang der Verpflichtung her flexibel sein (z. B. «wöchentliche Arbeitszeit *bis zu* 15 Stunden gilt als vereinbart»), für Unternehmensgründer mit stark schwankenden Auslastungen also ideal.

Der ständige Schwindel, der dabei mit sozialabgabefreien Teilzeitbeschäftigten betrieben wird, führt zu ständigen Diskussionen und Verschärfungen:

Die neueste Rechtsprechung sagt: Haben Teilzeitbeschäftigte mehrere Stellen und liegen über der zulässigen Grenze, so ist die Sozialversicherung, wenn's rauskommt, vom Arbeitgeber nachzuzahlen. Selbst wenn der Angestellte hoch und heilig versicherte, keine weitere Stelle zu haben, kann von ihm der Sozialversicherungsbeitrag nicht zurückgefordert werden.

Dadurch greift das übliche Verhalten («Ich wußte von nix, und der ist verzogen») nicht mehr.

Die flankierenden Maßnahmen (Pflicht zur Sofortmeldung und Sozialversicherungsausweis) und die Erhöhung der Steuersätze machen Teilzeit/Aushilfe unattraktiv. Dies könnte einen Rückfall in die Schwarzarbeit bringen, mit all den Problemen von Betriebsunfall bis Steuerhinterziehung.

Übersicht über Grenzen bei Teilzeit- und Aushilfsbeschäftigten
(Stand: 1. 1. 96)

	Pauschale Lohnsteuer*	**Sozialabgabenfreiheit**
Teilzeit-beschäftigte	bei höchstens 20 Std. / Wo. und höchstens 137,67 DM / Wo. oder 590,– DM / Monat und höchstens 20,65 DM / Std.	bei weniger als 15 Std. / Wo. und höchstens 590,– DM / Monat
Aushilfs-beschäftigte	Höchstdauer: 18 Arbeitstage Höchstlohn: 120,– DM / Tag und 20,65 DM / Std.	höchstens 2 Monate im Jahr oder 50 Arbeitstage keine Einkommensgrenze

* Pauschaliert heißt: in Teilzeit: 20 % des Arbeitslohns für Lohnsteuer und 1,4 % für Kirchensteuer = 21,4 %
als Aushilfe: 25 % des Arbeitslohns für Lohnsteuer und 1,75 % für Kirchensteuer = 26,75 %

Wichtig ist, daß jeder Arbeitnehmer zwar mehrere Jobs mit pauschalierter Lohnsteuer annehmen kann, die *Summe* aller pauschalierten Tätigkeiten jedoch die o. g. Grenzen nicht überschreiten darf.

4.4. Leihkräfte und Freiberufler

Die schnellste und effektivste Art des Arbeitskräftekaufs für Stoßzeiten ist die Einschaltung von Verleihfirmen (auch Sklavenhändler genannt), die meist äußerst «anpassungsfähige» Arbeitskräfte anbieten.

Man muß unterscheiden zwischen den jobsuchenden Studenten mit Qualifikation, die so flexibel und nicht schlecht bezahlt arbeiten können, und den Baukolonnen, die zu miesesten Bedingungen und ohne soziale Absicherung von Verleihfirmen (z. T. aus Polen oder Tschechien rekrutiert) arbeiten dürfen und die Tarifbedingungen kaputtmachen. Wohin Leiharbeit führen kann, hat Wallraff in seinem Buch «Ganz unten» in drastischer Weise deutlich gemacht.

Der Unternehmensgründer wird auf die dynamischen Teilzeit-Vermittlungs-Unternehmen schon deshalb verzichten, weil die unproblematische Abwicklung durch hohe Aufschläge erkauft werden muß. Eine Sekretärinnen-Stunde wird z. B. ab 50,– DM gehandelt, von denen die Sekretärin 30,– DM bekommt.

Für spezielle Arbeiten kann man auch Freiberufler oder Subunternehmer beauftragen. Mit diesen lassen sich *Werkverträge* schließen, d. h., man zahlt nicht die Arbeitskraft, sondern das Ergebnis der Tätigkeit, das Werk. Dies ist vor allem bei Arbeiten, die besondere Fähigkeiten erfordern (z. B. Planentwürfe, Konstruktionen, Grafik-Design), sinnvoll; vielfach halten sich aber auch schon Dachdeckermeister ihre Gerüstebau-Subunternehmer. Auch die Vergabe von Schreibarbeiten ist werkvertraglich geregelt.

Doch genug des unerfreulichen Themas und hin zu klaren Fronten.

VIII. Versicherungs*un*wesen

1. Einige grundsätzliche Bemerkungen

Es soll hier kein Überblick über die zahllosen Versicherungsarten gegeben, sondern nur auf den Umstand hingewiesen werden, daß ein Unternehmer diverse Sozialversicherungen für sich persönlich abschließen muß (oder sollte) und die Versicherungsprämien in seinen Unternehmerlohn einrechnen muß. Im Gegensatz zu einer abhängigen Beschäftigung, in der die Hälfte der Beiträge der Arbeitgeber zahlt, muß der Unternehmer jetzt für den gesamten Betrag alleine aufkommen. Das macht über 20% vom Bruttolohn aus.

Meines Erachtens sind Versicherungen – sofern nicht zwangsweise vorgeschrieben – nur dann sinnvoll, wenn der Schadensfall sich ruinös auswirken würde. Alle anderen Versicherungen, die nur kleinere Schäden abdecken, würde ich nicht abschließen, denn schließlich ist es ja augenscheinlich, wer daran verdient. Werden Versicherungsschäden in Teilbereichen häufiger (Reisegepäck, Glasbruch, Fahrraddiebstahl), so treten die Versicherer dreifach in Aktion: Sie verschärfen die Bedingungen, grenzen Risiken aus und erhöhen die Prämien.

Das Ganze wird dann noch garniert mit den Kampagnen gegen den «Versicherungsbetrug», der ja schon «Volkssport» geworden sein soll. Bei all den kleinen Schäden sollte man meines Erachtens von einer Versicherung Abstand nehmen und die Prämie als Rücklage, quasi in Form einer Eigenversicherung, verwenden. (Aufgrund des Gesetzes der großen Zahl könnten natürlich *vorübergehend* höhere Schäden entstehen.)

Ein beliebtes Argument ist bei Versicherungsvertretern die «Steuerersparnis». Es ist dabei viererlei zu beachten. Zum ersten, ob die Versicherungsprämie überhaupt abgesetzt werden kann (als Sonderausgaben sind die Höchstbeträge schnell erfüllt*), zum zweiten, ob nicht auch der unversicherte Schaden absetzbar ist (zerschlagene Fensterscheibe), zum dritten, wie hoch die Steuerersparnis ist, was vom Steuersatz abhängt (absetzbarer Betrag × Steuersatz), und zum vierten, ob es nicht sinnvollere Möglichkeiten des Steuersparens gibt.

Im allgemeinen gilt ohne Übertreibung: von wohl kaum einer Branche werden Menschen so umfassend über den Löffel balbiert wie von Versicherungen. Das besonders Teuflische liegt nämlich darin, daß wie in keiner anderen Branche der Markt weitgehend über persönliche Beziehungen von Menschen erschlossen wird – was die rationale Entscheidungsfähigkeit einschränkt. Wer von den Lesern kann von sich sagen, daß er *keinen* Onkel oder guten Bekannten hat, der für eine Versicherung arbeitet.

Seit die Versicherungsunternehmen mit ihrem Beleihgeschäft den Banken ins Handwerk pfuschen, sinnen diese auf Revanche. Folge: Banken weisen bei Kreditverhandlungen mehr oder weniger dezent («Wir würden es gerne sehen») auf die mit ihnen liierte Versicherung hin, vermitteln Kontakte, vereinbaren Besuchstermine.

Um der unterschwelligen Werbung (Denn wer sich mit ... versichert, der ist voll und ganz gesichert, der schließt vom ersten Augenblick ein festes Bündnis mit dem Glück) nochmals entgegenzutreten: Durch die Versicherung wird *nichts* sicherer, kein Schaden unwahrscheinlicher. Lediglich die *finanziellen* Folgen werden – sofern die Versicherung zahlt – gemindert oder im Grenzfall beseitigt.

2. Krankenversicherung und Pflegeversicherung

Selbständige haben die Freiheit, unversichert zu bleiben. Die Freiheit, in die gesetzliche Krankenversicherung einzutreten, haben sie nicht mehr.

Durch die Blümsche Gesundheitsreform können Gewerbetreibende seit 1.1. 1989 nicht mehr freiwilliges Mitglied in der gesetzlichen Rentenversicherung werden.

* Der Ledige ohne Kinder kann 8610,– DM/Jahr voll, 2610,– DM zur Hälfte als Sonderausgaben absetzen. Darin sind alle Versorgungsaufwendungen inkl. Arbeitgeberanteile zur Sozialversicherung, Bausparverträge usw. enthalten. Bei ca. 50000,– DM Jahresbruttoverdienst aus sozialversicherungspflichtiger Beschäftigung ist da kein Platz mehr.

Auch die Hintertür, über eine Nebenbeschäftigung, die gerade noch die Sozialversicherungspflicht auslöst, sich günstig gegen Krankheitskosten zu versichern, ist zugeschlagen: «Hauptberufliche Selbständige unterliegen nicht mehr der Krankenversicherungspflicht», will heißen: haben nicht mehr das Recht darauf.

Eine krankenversicherungspflichtige Hauptbeschäftigung beginnt nach den neuen Richtlinien erst ab 19 Stunden/Woche bzw. 1575,– DM/Monat. Das Paradoxe daran: Die Rentenversicherung schlägt nach wie vor ab 581,– DM zu.

Der Ausweg über die ewige Studentenschaft entfällt ebenfalls: Nach 14 Semestern oder mit 30 Jahren ist in der Regel Schluß mit der Versicherungs«pflicht».

Trost am Rande: Wer schon drin ist, der kann freiwillig weiterversichert bleiben.

Für die «alten» Mitglieder richtet sich ihr Beitrag am persönlichen Einkommen aus, wobei höchstens von der Beitragsbemessungsgrenze der Krankenversicherung (1996: 6000,– DM) der Beitrag berechnet wird. Wer mehr verdient, zahlt nicht mehr. Nichterwerbstätige, Ehegatten und Kinder sind mitversichert. Man kann mit einem Satz von ca. 13 % des Bruttoeinkommens für die gesetzliche Krankenversicherung rechnen. Die Prämie steigt nicht mit zunehmendem Alter, wohl aber mit zunehmendem Leistungsabbau!

Die *private Krankenversicherung* richtet ihre Prämie nach dem Eintrittsalter. Für jede Leistung (ambulant, stationär, Zahnersatz usw.) und für Familienmitglieder muß hier gesondert eine eigene Versicherung abgeschlossen werden. Daher ist sie für junge Unternehmensgründer ohne Familie oder mit erwerbstätiger Frau sinnvoll. Möglich ist ein späterer Wechsel in die gesetzliche Krankenversicherung nur noch über eine sozialversicherungspflichtige Beschäftigung.

Zu einer Krankenversicherung ist im Hinblick auf die finanziellen Risiken dringend zu raten, ein Verzicht darauf grober Leichtsinn. Ob gesetzlich oder privat krankenversichert – alle sind seit 1995 in der **Pflegeversicherung** Zwangsmitglied.

Die Beiträge der gesetzlich Pflegeversicherten betragen 1,7 % des Bruttolohnes (analog der Regelung bei der Krankenversicherung), wovon die Hälfte der Arbeitgeber trägt. Er refinanziert sich durch den Wegfall eines Feiertages. Bei den privat Pflegeversicherten ist die Beitragshöhe individuell verschieden.

Unternehmer haben wieder mal zwei Nachteile: zum ersten tragen sie natürlich ihren eigenen Beitrag vollständig selbst, zum zweiten entfällt mit dem gesetzlichen Feiertag Buß- und Bettag ein wichtiger Termin, an dem man ungestört von Kunden und Personal das Weihnachtsgeschäft vorbereiten konnte.

3. Rentenversicherung

Wer bisher schon in der gesetzlichen Rentenversicherung war, kann als Selbständiger zwischen *Pflichtmitgliedschaft* und *freiwilliger Mitgliedschaft* wählen. Achtung: Antrag muß innerhalb von 5 Jahren nach Beginn der Selbständigkeit gestellt werden. Als Pflichtmitglied muß er die gesetzlichen Beitragssätze zahlen, als Freiwilliger kann er die Beitragshöhe selbst bestimmen. Die gesetzliche Rentenversicherung kostet 19,2% des Bruttoeinkommens. (Beitragsbemessungsgrenze 1996 = 8000,– DM)

Die Rentenversicherung ist für den Selbständigen also nicht zwingend vorgeschrieben. * Ob sie für ihn sinnvoll ist, hängt davon ab, wie er die künftige Entwicklung einschätzt. Wer davon ausgeht, daß es Krieg gibt, sollte sich die Kosten sparen. Wer davon ausgeht, daß das bisherige Rentensystem bald zusammenbricht, was heißt, daß enorme verschlechternde Änderungen in der Rentenversicherung bevorstehen, sollte sich die Kosten ebenfalls sparen. Schließlich kann der auf die Rentenversicherung verzichten, der davon ausgeht, daß er nicht so alt wird. Zudem gibt es eine Reihe von Möglichkeiten, sich seine eigene Vorsorge in Form sicher angelegten Profits zu verschaffen.

Dem Schwindel mit der Gesundheitsreform folgt der Schwindel mit den Renten.

Übel aller Sozialversicherungen: Man schließt heute zu Konditionen ab, die morgen nicht mehr gelten, und darf noch nicht mal «Geld zurück» fordern.

Der Schwindel nennt sich «Solidargemeinschaft» und arbeitet zeitweise noch mit moralischen Argumenten.

Neuestes Beispiel: Viele Gründer, die studiert haben, machten sich Sorgen darüber, ob ihnen die Ausfallzeiten denn nicht verlorengingen, wenn sie jetzt nicht mehr in der Rentenversicherung blieben.

* Ausnahme: «Besonders schutzwürdige Personengruppen» wie z.B. Handwerker, Künstler und Hebammen.

Denken kann eingestellt werden, denn: Die Halbbelegung (d. h. die Hälfte des Erwerbslebens muß mit Pflichtbeiträgen zur gesetzlichen Rentenversicherung belegt sein) fällt zugunsten eines «Systems der Beitragsdichte». Individualisieren, bis keiner mehr durchblickt, ist da das Motto. Für die Ausbildungsausfallzeiten bedeutet das:

Wurden bisher bis zu 13 Jahre Ausbildung mit bis zu 33,54 DM zusätzl. Monatsrente pro Jahr anerkannt, d. h. maximale Rentensteigerung durch Ausbildung bisher 436,02 DM/Monat, so werden in Zukunft maximal 7 Jahre (ab dem 15. Lebensjahr!) zugelassen mit maximal 27,95 DM/Monat Rentenerhöhung je Jahr, macht maximal 195,65 DM. Der nächste Streich, sprich Kürzung, ist für 1997 angekündigt.

Kurz gesagt: Für eine maximal mögliche Zusatzrente von 195,– DM lohnt sich ein Verbleib in der Rentenversicherung mit Sicherheit nicht. Wer flüchten kann, der flüchte.

Um überhaupt eine Rente zu bekommen, muß neben der bei allen Rentenarten geforderten allgemeinen Wartezeit von 5 Jahren bei Berufs- und Erwerbsunfähigkeitsrente auch noch mindestens 3 Jahre *Pflicht*-Beitrag während der letzten 5 Jahre bezahlt worden sein!

4. Lebensversicherung

Jeder Deutsche, vom Baby bis zum Greis, hat im Schnitt eine Lebensversicherung (67 Mio. Verträge), und die Jagd der Vertreter auf ihre «Opfer» lohnt sich sehr. Eine bis zwei Jahresprämien sind für den Werber mindestens drin. Die Lebensversicherung kommt in zwei Varianten vor: als *Kapital-Lebensversicherung* und als *Risiko-Lebensversicherung*.

Der überwiegende Teil der Gejagten fällt auf die *Kapital-Lebensversicherung* allein aus einem Grund rein: nur bei dieser machen die Versicherungsgesellschaften ihre dicken Profite und bekommen die Jäger ihre entsprechend guten Prämien.

Es ist gerichtlich erlaubt, sie als *legalisierten Betrug* zu bezeichnen, denn sie verschleiert, was sich wirklich abspielt:

Zum kleinen Teil (rund ⅒) wird durch die Prämie das Risiko des Todes abgedeckt, d. h., es ist in ihr eine Risiko-Lebensversicherung enthalten. Zum übergroßen Teil (rund 9⁄10) dagegen ist sie ein Vermögenssparvertrag, d. h., der Versicherte gibt im wesentlichen seine Prämie dafür her, daß die Versicherung sie gut für ihn anlegt.

Dazu kann ich nur zwei Anmerkungen machen:

1. Wer als Unternehmer zu dumm ist, sein Geld selbst rentierlich anzulegen, sollte lieber dichtmachen.
2. Von einer «guten» Anlage für den Versicherten kann man wahrlich nicht sprechen, wie zahlreiche Untersuchungen, Kommissionsberichte usw. beweisen.

Fünf widerlegbare Argumente für die Kapital-Lebensversicherung

1. «Es gibt doch enorme Steuervorteile, wenn man eine Lebensversicherung abschließt.»
   Nun, sollte wirklich noch «Platz» im Rahmen der beschränkten Sonderausgaben sein, so läßt der sich durch einen Bausparvertrag oder eine Risiko-Lebensversicherung besser füllen, was zudem von der Höhe des Steuersatzes abhängt. Wer dennoch nicht davon abläßt, dem sei gesagt, daß eine zwölfjährige Laufzeit ausreicht, um den Steuervorteil mitzunehmen.
2. «Das Leben ist doch so unsicher, und wenn die arme Familie dann ohne ‹Oberhaupt› und mit viel Schulden ...» («Hinterbliebenen-Sicherungs-Argument»)
   Um im Todesfall die Familie zu entschulden, ist die *Risiko-Lebensversicherung* sinnvoll, die für einen dreißigjährigen pro 1000,– DM Versicherungssumme nur rund 3,50 DM Prämie/Jahr kostet!
   Dadurch lassen sich – bei 1000,– DM Prämie im Jahr – 300000,– DM Sicherheit gewinnen. Bei der Kapital-Lebensversicherung reichen 1000,– DM pro Jahr für gerade 30000,– DM «Sicherheit»!
3. «Ja, aber das *Geld* in der *Risiko-Lebensversicherung* ist doch *verloren*, wenn die Versicherten bis zum Versicherungsablauf nicht gestorben sind.»
   Nun, auch in der Kapital-Lebensversicherung ist der Todesfall mitversichert, also ist das 1/10 der Prämie auch hier einkalkuliert und «verloren», wenn man überlebt! Oder ist die Wahrscheinlichkeit des Todes davon abhängig, welche Versicherung man abgeschlossen hat? Wohl nur im Kriminalfall. Unsinnig also, zu glauben, durch 9/10 Zuzahlung sei das 1/10 zu retten. Man legt lediglich 9/10 mit einem schlechten Sparvertrag an.
4. «Was heißt denn hier ‹schlechter Sparvertrag›. Schließlich sind die Versicherten *an den Gewinnen* der Versicherung beteiligt.»

Vergeßt es! Ungeachtet der Frage, ob Versicherte Gewinnbeteiligung genießen oder ob es sich bei ihren Prämienzahlungen nicht weiterhin um *ihr* Geld handelt, das die Versicherung *für sie* anlegt,* eine Frage, bei der selbst die Versicherungen ins Schleudern kommen und die einer gerichtlichen Klärung entgegensieht, macht sich die Verzinsung des eingesetzten Kapitals schlecht. Sie liegt bei ca. 5,0%, was angesichts der langen Laufzeit sehr wenig ist. Da aber viele Versicherte und auch der Leser die Zinseszinsrechnung nicht beherrschen, können sie durch absolute Zahlen beeindruckt werden, so, wenn der Vertreter sagt:
«Sie schließen auf 30 Jahre ab mit 10000,– DM und bekommen dann im Jahre 2015: 43200,– DM ausgezahlt.»**
Das wären exakt 5% Verzinsung. Es sei ein Gedanke daran verschwendet, ob man sich – vorausgesetzt, 2015 existieren die DM und die Versicherungen noch – dann mit den 43200,– DM entscheidend mehr kaufen kann als heute mit 10000,– DM (Inflation!).
Mittlerweile wissen wir durch eine Untersuchung der Zeitschrift Capital (10/92), daß Lebensversicherungen in der Regel eine weit höhere Rendite versprechen, als sie anschließend zahlen. So haben von 100 untersuchten Versicherungen nach 12 Jahren die meisten eine Rendite von unter und nicht über 5% gebracht. Zieht man davon die Inflationsrate ab, entpuppt sich die Lebensversicherung als das, was sie wirklich ist: ein echtes Renditerisiko.

5. «Immerhin kann man eine Lebensversicherung beleihen!»
Stimmt. Ein echtes Argument für die Kapital-Lebensversicherung. Die Risiko-Lebensversicherung ist nicht beleihbar, denn, so sagte mir ein Banker mal: «Was ist denn das für eine Sicherheit. Ich

* Die von der Versicherungswerbung behauptete «sparsame Verwaltung» entpuppt sich als das Gegenteil. Finsinger (Wissenschaftszentrum Berlin) ermittelte 1982, daß 27% der Prämieneinnahme bei Lebensversicherungen als Kosten draufgehen (Vergleich: Banken 2–3%, Rentenversicherung 1,8%).
Das kommt sicher nicht nur durch die permanenten Geschäftsessen «aus nichtigsten Anlässen» in teuersten Lokalitäten wie der «Ente», dem «Schwan» etc., wie mir eine Sekretärin aus der Branche versicherte, zustande. Die bisherige mir bekannt gewordene Rekordsumme: 8 Vorstandsmenschen schafften in einem Durchgang im Januar '85 in der «Ente» 16800,–DM. Narhalla-Marsch!

** Mit einem Sternchen versehen, wird er zumindest schriftlich anmerken müssen, daß diese Zahlen «vorbehaltlich der bisherigen Gewinnentwicklung» gelten. Es kann wohl auch mehr werden?

kann den Mann doch nicht totschlagen.» Wohl aber verlangen andere Banken eine Risiko-Lebensversicherung als *zusätzliche* Sicherheit, wobei nicht behauptet sein soll, daß dadurch die Rückzahlung im Zweifel eingetrieben wird...

Aber auch bei der Kapital-Lebensversicherung ist, wenn es mit rechten Dingen zugeht, nur der *Rückkaufwert* und der nur zu 90 % beleihbar, und wer weiß, wie gering der Rückkaufwert bei vorzeitig gekündigter Versicherung ist, der kann über dies Argument schon nicht mehr lachen.

Aber es geht nicht immer mit rechten Dingen zu. Versicherungen haben nachweislich Immobilien durch weit überhöhte Verkehrswertgutachten weit über die KWG-Richtlinien hinaus beleihbar gemacht, um mit gemischter Finanzierung ihr Lebensversicherungsgeschäft anzukurbeln. Natürlich ist das eine Ausnahme, längst abgestellt, Schuldige sind zur Rechenschaft gezogen usw., und von daher ist das Ganze hier überhaupt kein Thema mehr, wie alle aufgeflogenen Skandale.

5. Arbeitslosenversicherung

Ein Selbständiger hat in den ersten drei Jahren Anspruch auf Arbeitslosengeld, so er rechtzeitig scheitert. Danach entfällt diese Möglichkeit. Er kann auch nicht freiwillig in der Arbeitslosenversicherung bleiben (§ 104, 3 AFG).

Für Angestellte (z. B. GmbH-Geschäftsführer) beträgt der Beitragssatz 6,5 % (Beitragsbemessungsgrenze 1996: 8000,– DM).

6. Haftpflichtversicherung

Da bei der gewerblichen Tätigkeit *Dritte* geschädigt werden können, sollte dieses Risiko auch mit einer Haftpflichtversicherung abgedeckt werden. Es empfiehlt sich, genau auf Leistungsumfang und Dekkungsausschlüsse zu achten.

7. Unfallversicherung

Ein Unternehmer ist – anders als die Arbeitnehmer – nicht über die Berufsgenossenschaft unfallversichert. Um das Unfallrisiko abzudekken, ist eine Versicherung vor allem als *kumulative* Versicherung des Invaliditätsrisikos anzuraten, d. h., die Versicherungssumme steigt mit dem Invaliditätsgrad. Gruppen-Unfall-Versicherungen für mehrere Personen sind besonders günstig.

Wer zudem bleibende Schäden versichern will, ist mit einer Berufsunfähigkeitsversicherung in der Regel besser bedient als mit einer Erwerbsunfähigkeitsversicherung, denn bevor diese greift, so versicherte mir ein Fachmann, müßte man schon mit dem Kopf unter dem Arm rumlaufen.

8. Wie versichern?

- *Schriftliche* Angebote ausarbeiten lassen (bei privaten Rentenversicherungen bis 40%, bei Sachversicherungen bis 300% Unterschiede in der Beitragshöhe) → Vergleichen spart Geld.
- Doppelversicherungen vermeiden → doppelt versichert wird stets, doppelte Schadenserstattung ist selten!
- Vertragsdauer nur *ein Jahr* (außer Lebensversicherung) mit Verlängerungsmöglichkeit → schafft Druckmittel, hält finanziell flexibel.
- Alle Verträge bei *einem* Agenten (Vollprofi) → schafft Druckmittel, wenn die Schadensregulierung sich verzögert.
- Billige Versicherungen wählen, denn die Leistungen sind in der Regel gleich.
- Möglichst *keine Vertreterbesuche* zulassen, und nie sofort unterschreiben, denn wenn auch das Wissen vieler Vertreter auf ihrem Sachgebiet oft dürftig ist – als gut trainierte Verkaufsprofis * sind sie uns immer überlegen.

9. Wie ein Versicherungsvertreter auftritt

Wir hatten eine Wette laufen, wie lange es wohl dauern würde, bis «der erste» käme.

* Ein Profi, der sich darauf spezialisiert hat, Jungverheiratete über die Standesamtnachrichten aufzuspüren und mit einem Fläschchen Wein bzw. einem Strauß Blumen heimzusuchen, erzählte mir glaubhaft: «Wenn ich einmal durch die Tür komme, habe ich bisher *immer* mindestens einen Abschluß gemacht. Und durch jede dritte Tür komme ich.»

So sehr erwartet, hatte der arme Kerl von der X-Versicherung von Beginn an keine Chance, als er sich vier Tage nach Eröffnung in den Laden «Perle und Knöpp» in der Mainzer City pirschte. Zudem war es noch ein äußerst durchschnittlicher Vertreter seiner Gattung, doch die Grundstruktur des Auftritts sei dennoch geschildert – denn sie ist typisch.

Unser Vertreter läßt sich in den Bereich «locker, proper» einordnen, ist so zwischen 20 und 25 Jahren alt und kommt mit einigem Drive schon durch die Tür. Zunächst gilt sein Interesse den Perlenketten und der Technik der Herstellung, bevor er – zu abrupt, um als geschickt eingestuft werden zu können – sein Interesse den Inhabern zuwendet. Wie es denn jetzt so stünde als Unternehmer, mit der Krankenversicherung? Und tatsächlich, Bubi gibt zu, daß er noch keine hat. Jetzt läuft unser Vertreter zur Form auf und schildert anschaulich die Gefahren eines unversicherten Lebens in der «freien Marktwirtschaft». Inhaberin Ute muß ihm recht geben, will aber zunächst mal Schriftliches an Informationen. Unser Vertreter, ständig im Zweifel, ob er duzen oder siezen soll, versucht, sie zunehmend zu ignorieren, und redet vehement auf Inhaber Bubi ein, der wenig sagt und noch weniger von Versicherungen hält. Als der Vertreter merkt, daß im ersten Anlauf nichts zu machen ist, will er sich unter Zurücklassung eines dürftigen Bildprospektchens und mit der Drohung, bald wiederzukommen, zurückziehen.

Auf Utes Begehren, er möge doch die Formulare da lassen, meint er: «Das nutzt euch nichts. Die versteht ihr ja doch nicht.» Ute sagt, dann erübrige sich die Sache, denn wenn sie zu blöde seien, zu verstehen oder zu erfragen, was im Vertrag stünde, dann könnten sie ihn auch nicht unterschreiben.

So läßt er die Formulare, die für einen Versicherungsvertreter wohl einen ähnlichen Status haben wie das «Allerheiligste» für einen Katholen-Priester, schweren Herzens zurück. Für ganze 18 Stunden, dann kommt er locker und flockig wieder – einen zweiten Vertreter im Schlepptau. Das Gelächter der Inhaber («Verstärkung») nimmt ihm völlig den Schwung. Und ungerecht war es wohl auch. Er hatte doch nur einen einzuarbeitenden neuen Mitarbeiter dabei, der so die saftige Abfuhr seines Lehrherrn als erste Lektion erleben durfte.

Da half auch des Inspektors verzweifelter Versuch, die vergessene Visitenkarte zum Vorwand seines dritten Besuchs zu nehmen, nicht mehr. Man bedeutete ihm, daß er zu gegebener Zeit informiert würde und daß ein weiterer unaufgeforderter Besuch zum «Abbruch der Beziehungen» führen würde. Belämmert trollten sich die beiden.

Grundschema eines Vertreterbesuchs

1. Kontakt herstellen und der Tätigkeit des «Opfers» Bewunderung zollen; versuchen, zum Platznehmen aufgefordert zu werden (auf Höflichkeit spekulieren), bei zwei «Opfern» sich so setzen, daß diese möglichst keinen direkten Augenkontakt zueinander haben. Feststellen, wer das Sagen hat.
2. «Versicherungslücke» feststellen.
3. Besoffen quatschen. Denn: das Opfer soll sich, je länger das Gespräch dauert, desto stärker persönlich verpflichtet fühlen, entweder Gegenargumente zu bringen oder zu unterschreiben. In der Regel funktioniert das auch.
4. Unterschreiben lassen. Oder: wenn Skepsis aufkommt (laut Versicherungsausbilder meist durch hinzukommende Ehefrau!), möglichst keine schriftliche Information zurücklassen, einen eleganten Abgang machen und so verbindlich wie möglich den nächsten Kontakt androhen.
5. Alleine oder «verstärkt» zum zweiten Auftritt, vielleicht eine persönliche Anmerkung auf das letzte Gespräch als Einstieg («Wie geht es dem Hund?»).
6. Wiederum besoffen quatschen und Zweifel ausräumen.
7. Unterschreiben lassen und Visitenkarte als persönliches Geschenk überreichen. (Immer für Sie da, nicht die Zentrale – rufen Sie mich privat an. Mensch statt Verwaltung usw.)

Durch die Visitenkarte erfährt man erst, wer denn der Herr Müller ist, und das ist wichtig. Er kann nämlich in der Regel nur dann «etwas für uns tun», wenn er in der Hierarchie «was ist». So ist nun mal die Logik des Systems.

Hierarchie der Versicherungsagenturen

Zentrale	Das Hirn des Versicherungssystems. Gibt Impulse, schult die Bezirksleiter, entscheidet über Regulierungen usw., kurz: ist allmächtig.
Bezirksleitung (Agentur)	Statthalter vor Ort. Müssen die Inspektoren auf Vordermann bringen, Kampagnen anzetteln, Sekretariat halten, Vorgaben der Zentrale umsetzen, Bezirksschulungen der Inspektoren durchführen, wichtige Kunden betreuen und ggf. die Schadensregulierung in der Zentrale regeln. Profis, die in der Regel wissen, was sie tun und sagen; geschult im Verkauf, da meist aus der Inspektorenlaufbahn stammend, in Organisation und in Sachfragen.
Inspektoren	Schaffertypen, müssen die Versicherungsonkel kontaktieren und sich deren Beschwerden anhören, aber auch durch deren Information «Versicherungslükken» ausbaldowern. Treten vor Ort als Verstärkung auf. Starke Verkäuferschulung, Sachwissen unterschiedlich, in der Regel dürftig.
Nebenberufler	Feierabendtäter, die nur durch Erschließung des persönlichen Kontakts (Versicherungsonkel) ein paar Mark machen. Meist dürftig ausgebildet und kaum lenkbar, wurschteln sie so vor sich hin.

Wenn ein Schaden vorliegt, dann kann ein Nebenberufler höchstens durch «richtiges» Ausfüllen der Formulare helfen. Zu sagen hat er nichts. Er kann Beschwerden nur dem Inspektor vortragen, der dann dem Bezirksleiter, und der kann – so er einen starken Bezirk hat und der Kunde die Mühe zu lohnen scheint – mit der Abteilung Schadensregulierung in der Zentrale ein Wörtchen reden.

Um die unweigerliche Frage nach unserer Wette zu beantworten: Ich habe sie verloren, denn ich hatte darauf gesetzt, daß der erste Versicherungsvertreter den Laden innerhalb von drei Tagen heimsuchen würde. Es ist wirklich auf nichts mehr Verlaß!

IX. Über die Selbständigkeit

So, jetzt habt ihr das Buch mehr oder weniger gelesen, schwierigere Teile salopp übersprungen oder euch sogar nur von Beispiel zu Beispiel, von Comic zu Comic gehangelt, zwangsläufig einiges mitbekommen, einige Illusionen verloren und glaubt, ihr wüßtet jetzt «Bescheid». Und gerade das ist die neue Illusion, die anstelle einiger alter Illusionen eure Köpfe beherrscht.

Klar, ihr freut euch, wenn ihr einen der Tricks genauso in der Realität erlebt, wie er im Buch beschrieben ist. Aber viel wichtiger ist, die immer neuen Tricks, auf die man hereinfallen kann, rechtzeitig zu entdecken. Das Handwerkszeug dazu habt ihr jetzt.

Und es ist schon Wahnsinn, welcher Einfallsreichtum und welche Dynamik in der «freien Marktwirtschaft» herrschen und wie uns ständig jemand in einer gnadenlosen Jagd versucht das Fell über die Ohren zu ziehen oder wie – nach der Formulierung Ernst Hackers – jeder «Wirt» seinen «Überwirt» findet.

Also: Warum wollt ihr eigentlich noch *Unternehmer* werden?

Unter Selbständigkeit versteht ihr doch größere Freiheit, Unabhängigkeit, Selbstbestimmung. Die Gleichsetzung von Unternehmertum und echter Selbständigkeit ist aber falsch. An die Stelle des Chefs, als Verkörperung allen Übels, treten andere: Finanzamt, Bank, Versicherung, Makler, Verband, Kammer und die werte Kundschaft.

Für manche von euch wird das Unternehmerdasein ein angenehmes Leben bieten, für viele andere dagegen genau das Gegenteil. Darüber *vorher* Klarheit zu gewinnen ist die wichtigste Hilfe, die dieses Buch euch geben soll. Viele wollen gar nicht unbedingt Unternehmer werden, sondern sich verbessern, und da die Propaganda zur Zeit verkündet, durch Existenzgründungen seien die Gewinnchancen am größten, so setzen sie eben auf diese Karte. Es ist wie der Tanz ums Goldene Kalb! Unternehmensgründung, fälschlich gleichgesetzt mit Selbständigkeit, wird zum Ventil für Unzufriedenheit, und das sogar für gescheiterte Politkämpfer verflossener Jahre.

Daher sei hier nicht verschwiegen, daß es viele andere Möglichkeiten gibt, sich individuell den Zwängen zu entziehen und zu gewinnen. Und vielleicht schreibt ja mal jemand ein Buch darüber:

Wie werde ich *selbständig*?

Oder, wie Ernst Hacker sagt: «Werde Diener oder Verdiener.»

X. Anhang

Lösungen

Wieviel wird vom Lohn gepfändet?

Monatlicher Nettolohn	Pfändbarer Betrag bei Unterhaltspflicht* für					
	0	1	2	3	4	5 und mehr Personen
	in DM					
bis 1 219,99	–	–	–	–	–	–
1 220,00 bis 1 239,99	7,70	–	–	–	–	–
1 240,00 bis 1 259,99	21,70	–	–	–	–	–
1 260,00 bis 1 279,99	35,70	–	–	–	–	–
1 280,00 bis 1 299,99	49,70	–	–	–	–	–
1 300,00 bis 1 319,99	63,70	–	–	–	–	–
1 320,00 bis 1 339,99	77,70	–	–	–	–	–
1 340,00 bis 1 359,99	91,70	–	–	–	–	–
1 360,00 bis 1 379,99	105,70	–	–	–	–	–
1 380,00 bis 1 399,99	119,70	–	–	–	–	–
1 400,00 bis 1 419,99	133,70	–	–	–	–	–
1 420,00 bis 1 439,99	147,70	–	–	–	–	–
1 440,00 bis 1 459,99	161,70	–	–	–	–	–
1 460,00 bis 1 479,99	175,70	–	–	–	–	–
1 480,00 bis 1 499,99	189,70	–	–	–	–	–
1 500,00 bis 1 519,99	203,70	–	–	–	–	–
1 520,00 bis 1 539,99	217,70	–	–	–	–	–
1 540,00 bis 1 559,99	231,70	–	–	–	–	–
1 560,00 bis 1 579,99	245,70	–	–	–	–	–
1 580,00 bis 1 599,99	259,70	–	–	–	–	–
1 600,00 bis 1 619,99	273,70	–	–	–	–	–
1 620,00 bis 1 639,99	287,70	–	–	–	–	–
1 640,00 bis 1 659,99	301,70	–	–	–	–	–
1 660,00 bis 1 679,99	315,70	–	–	–	–	–
1 680,00 bis 1 699,99	329,70	1,50	–	–	–	–
1 700,00 bis 1 719,99	343,70	11,50	–	–	–	–
1 720,00 bis 1 739,99	357,70	21,50	–	–	–	–
1 740,00 bis 1 759,99	371,70	31,50	–	–	–	–
1 760,00 bis 1 779,99	385,70	41,50	–	–	–	–
1 780,00 bis 1 799,99	399,70	51,50	–	–	–	–
1 800,00 bis 1 819,99	413,70	61,50	–	–	–	–
1 820,00 bis 1 839,99	427,70	71,50	–	–	–	–
1 840,00 bis 1 859,99	441,70	81,50	–	–	–	–
1 860,00 bis 1 879,99	455,70	91,50	–	–	–	–
1 880,00 bis 1 899,99	469,70	101,50	–	–	–	–

* Zu berücksichtigen sind Unterhaltsleistungen des Schuldners gegenüber seinem Ehegatten, einem früheren Ehegatten, einem Verwandten oder der Mutter eines nichtehelichen Kindes nach § 1615l, 1615n des Bürgerlichen Gesetzbuches.

Also darf ein Alleinstehender 1219,99 DM/Monat netto verdienen, ohne etwas abgenommen zu bekommen. Vielleicht mehr, als ihr als Unternehmer habt?!

Was wäre das für ein Mensch?

Ein Zuhälter nach verlorenem Glücksspiel!

Zur Deutschen Bank müßte man laufen. Allerdings wurde das Zeichen verdreht.

Es geht in Wirklichkeit aufwärts , und wer im SPIEGEL (7/85) die Titelgeschichte über dieses Haus gelesen hat, weiß auch warum. Das Zeichen wurde verdreht, um zu zeigen, wie leicht unser Hirn ähnliches als gleich erachtet und die Gefühle überträgt. Daher gleichen sich viele Hersteller einfacher Produkte begehrten Markenprodukten in der Namensgebung und der Aufmachung an, was diesen gar nicht paßt.

So ließ der werte Signore Ferrero, um sein Nutella zu schützen, die Oma-Schelte eines enttäuschten Enkelkindes und deren Mutter in jedermanns Ohr dröhnen. («Aber Oma, das ist doch nicht Nutella.» «Denn: Nur wo Nutella draufsteht, ist auch Nutella drin.»)

Wie wird es gerechnet?

1 mm in einer Spalte kostet 6,– DM (Millimeterpreis)
4 cm ≙ 40 mm
2 Spalten = 2 × 40 mm = 80 mm
80 mm × 6,– DM ≙ 480,– DM

Was ist der Idealkunde der Bank?

Ein Mensch, der hohe Anlagen und gleichzeitig hohe Kredite bei der Bank laufen hat, wenn's geht noch beides möglichst langfristig. Also: 1 Million langfristige Anlage und 1 Million langfristiges Darlehen.

Die Bank kann über den Kreditschöpfungsmultiplikator die 1 Million Anlage bis zu siebzehnmal verleihen. Sie gibt 6 % Zins und kassiert beim Darlehen 9 %. Kommt der Mensch in Rückzahlungsschwierigkeiten, so hat sie 100 %ige Sicherheit durch Zugriff auf die Anlage.

Blödsinn, werdet ihr jetzt denken. Wer wird sich 1 Million für 9 % leihen, wenn er 1 Million selbst hat, die er nur für 6 % anlegen kann? Nun, zum Beispiel Großverdiener, die die 6 % steuerfrei kassieren wollen (Steuerhinterziehung!), die 9 % aber steuersparend geltend machen wollen.

Und ihr wißt ja: bei einem Steuersatz von 50 % kostet das Darlehen nur noch die Hälfte, nämlich 4,5 %, weil man die anderen 4,5 % durch Steuerersparnis wieder rein bekommt.

Für ehrliche Steuerzahler, die nichts hinterziehen, lohnt sich die Sache natürlich nicht ...

Einkommensteuerersparnis des Unternehmensgründers

10000,– DM Einkommen →
Durchschnittsteuersatz ca. 8,4 % = 836,– DM Einkommensteuer

40000,– DM Einkommen →
Durchschnittsteuersatz ca. 20,2 % = 8067,– DM Einkommensteuer

8067,– DM ./.836,– DM = 7231,– DM Steuerersparnis
30000,– Verlust ./. 7231,– Steuerersparnis = 22769,– **Reinverlust**

Was ist Prüferfutter?

Falsch. Es ist nicht das Essen, das ihr dem Betriebsprüfer vom Finanzamt vergeblich aufnötigen wollt. Man versteht darunter Quittungen und Belege, die ihr verbuchen laßt, ohne daß ihr eine Chance seht, daß sie anerkannt werden: Videorecorder und Schallplatten fürs Büro, Kleidung zum Repräsentieren, Geschäftsessen zum Geburtstag des Unternehmers. Der Betriebsprüfer findet diese haarigen Belege und streicht sie. Ihr lamentiert verzweifelt und gebt dann resigniert klein bei. Kann sein, daß der Prüfer jetzt satt ist und den Rest lockerer durchgeht, denn eigentlich hat er sein Soll ja jetzt erfüllt ...

Treibt die Sache aber nicht zu arg, und nehmt keine Sachen rein, bei denen sich die betriebliche Nutzung eindeutig ausschließen läßt, sonst wird der Prüfer vielleicht böse.

Adressen-Verzeichnis

Hier sind üblicherweise die Adressen der diversen Industrie- und Handelskammern (IHK), Handwerkskammern, Rationalisierungs-Kuratorien, Wirtschaftsförderungsgesellschaften und Wirtschaftsministerien und – in der «alternativen» Literatur – zusätzlich die «Netzwerke in Stadt und Land», Ökofonds sowie «alternative» Unternehmensberater aufgeführt.

Ich verzichte darauf.

Wer nämlich zu dumm oder zu faul ist, die Adressen der IHK oder der GRÜNEN, über die man all die restlichen Adressen bekommen kann, selbst herauszufinden, soll lieber nicht Unternehmer werden.

Übersicht über Werbemöglichkeiten und Preise

Um einer Steinigung zu entgehen: niemand braucht sich natürlich an diese Preise zu halten, denn wir leben ja in der «freien Marktwirtschaft», wo jeder so viel nehmen kann, wie er/sie will.

Werbeträger	**Preis (z. T. grobe Richtwerte)**
Zeitungsanzeigen	
große Tageszeitung (300000 Aufl.)	12,– DM/Millimeter
mittlere Tageszeitung (60000 Aufl.)	6,– DM/Millimeter
Anzeigenblatt	2 bis 4,– DM/Millimeter
Fachzeitschrift	3 bis 8,– DM/Millimeter
Zeitungsbeilage (20-g-Prospekt)	110,– DM je 1000 Stück

Grafiker

Anzeigenentwurf incl. Repro	1000,– DM
Grafikerstunde (Profi)	200,– DM
(Grafikstudent)	80,– DM
Entwurf Firmensignet	1000 – 2000,– DM
Set (= Entwurf Briefbogen, Umschlag, Firmensignet, Rechnung, Visitenkarte)	3000,– DM
Aufkleber (bunt)	800,– DM für 1000 Stück
Großbuchstaben aus Folie	1,– DM pro Stück
Handzetteldruck	100,– DM für 1000 Stück
Handzettelverteilung	80,– DM für 1000 Stück
Kinowerbung: ein Dia (ohne Ton)	120,– DM pro Monat *
Telefonhäuschenwerbung	200,– DM pro Jahr *
Litfaßsäule	140,– DM pro Woche * / **
Info-Post	das liest kaum noch ein Postbeamter
Branchentelefonbuch (Großstadt)	45,– DM / Millimeter *

* Oft Mindestbelegzeiten/Mindestgrößen vorgeschrieben

** Starke Saisonpreisunterschiede

Die Errechnung des zu versteuernden Einkommens

Folgende auf das Wesentliche gekürzte Tabelle soll nochmals detailliert deutlich machen, wie aus der «Summe der Einkünfte» das «zu versteuernde Einkommen» wird. Die gesetzlichen Grundlagen sind in Klammern vermerkt.

Bemessungsgrundlage für die tarifliche Einkommensteuer ist das zu versteuernde Einkommen (§ 2 Abs. 5 EStG). Es ist wie folgt zu ermitteln:

Summe der Einkünfte aus den Einkunftsarten
·/. Verlustabzugsbetrag (§ 2 Abs. 1 Satz 1 Auslandsinvestitionsgesetz)
= Zwischensumme
·/. Altersentlastungsbetrag (§ 24 a EStG)
·/. Ausbildungsplatz-Abzugsbetrag (§ 24 b EStG)

= Gesamtbetrag der Einkünfte (§ 2 Abs. 3 EStG)
·/. Sonderausgaben (§§ 10, 10 b, 10 c EStG), z. B. Versicherungen, Spenden

---

= Zwischensumme
·/. Freibetrag für freie Berufe (§ 18 Abs. 4 EStG)
·/. außergewöhnliche Belastungen (§§ 33 bis 33 b EStG, § 33 a EStG 1953 in Verbindung mit § 52 Abs. 23 EStG)
·/. Verlustabzug (§ 10 d EStG, § 2 Abs. 1 Satz 2 Auslandsinvestitionsgesetz)

= Einkommen (§ 2 Abs. 4 EStG)
·/. Altersfreibetrag (§ 32 Abs. 2 EStG)
·/. Haushaltsfreibetrag (§ 32 Abs. 3 EStG)

= zu versteuerndes Einkommen (§ 2 Abs. 5, § 32 Abs. 1 EStG)

Formalkramüberblick

Was?	Wer muß?	Wo?	Reaktion und Gesetz!	Was braucht man?
Gewerbeanmeldung (korrekt: Gewerbeanzeige)	jeder, der einen Gewerbebetrieb betreiben will.	Rathaus, im Gewerbeamt der Gemeindeverwaltung (Steueramt der Gemeinde)	§ 14 GewO	bei *erlaubnisfreiem* Gewerbe: Personalausweis und 35,– DM bei *erlaubnispflichtigem* Gewerbe: Auskünfte / Auszüge aus Führungszeugnis, Gewerbezentralregister, Konkursgericht, Schuldenverzeichnis bei *genehmigungspflichtigem* Gewerbe: außer der besonderen Zuverlässigkeit müssen auch geordnete Vermögensverhältnisse usw. nachgewiesen werden (§ 34 a, b, c, GewO) *Sachkunde* wird seltener benötigt, im Handel beispielsweise nur noch bei freiverkäuflichen Arzneimitteln, unedlen Metallen, Milch, Hackfleisch oder Waffeln (!) bei *Gaststätten* muß eine eintägige Unterrichtung bei der IHK absolviert werden, deren Bedeutung kaum zu würdigen ist! (Gaststättengesetz) im *Handwerk* ist die Eintragung in die Handwerksrolle, die meist eine Meisterprüfung voraussetzt, notwendig. Hier ist die sachliche Voraussetzung am härtesten geregelt (§ 1 HandwO.) *gefährliche Anlagen* brauchen besondere Genehmigungen (§ 24 GewO) *Güternahverkehr* (50 km Radius) über 750 kg Nutzlast braucht eine Erlaubnis (§ 80 GüVG), der *Fernverkehr* eine (zahlenmäßig beschränkte) Konzession (§ 8 GüKG). Beide müssen Zuverlässigkeit, fachliche Eignung

				und finanzielle Leistungsfähigkeit nachweisen. Im *Personenbeförderungsverkehrsgewerbe* ist ebenfalls eine Genehmigung erforderlich (§ 2 PBefG)
	miterfüllt wird dadurch die Meldepflicht durch Weiterleitung an →	Finanzamt	Meldet sich mit Zuteilung einer Steuernummer und Fragen nach Gewinn- und Umsatzsteuererwartung, will dadurch Einkommensteuer*vorauszahlungen* festsetzen und Zeitraum für Umsatzsteuer-Voranmeldung, Gewerbesteuervorauszahlung	Fragebogen
	→	Berufsgenossenschaft	Fragt, ob Arbeitnehmer beschäftigt werden, und betont die Pflicht zu deren gesetzt. Unfallversicherung (§ 539 Abs. 1 Nr. 1 RVO und § 658 RVO)	Fragebogen
	→	Gewerbeaufsichtsamt	Meldet sich, solange alles gutgeht, nicht, dann um so vehementer.	
	→	Industrie- und Handelskammer bzw. Handwerkskammer	Betont ihre Wichtigkeit und ihre kostenlose Mitgliedszeitung; bemerkt kurz die zwangsläufige Mitgliedschaft und deutet an, daß evtl. ein Beitragsbescheid gesondert zugeht.	
Handelsregisteranmeldung	Vollkaufleute oHG, KG, GmbH	Amtsgericht	§ 2 HGB § 29 HGB	evtl. Notar
Lohnsteueranmeldung und -zahlung	alle, die AN beschäftigen	Finanzamt am Betriebssitz	§ 38 EStG	Wissen, Steuerfachkurs
Umsatzsteuervoranmeldung und -zahlung	alle, die umsatzsteuerpflichtig sind	Finanzamt am Betriebssitz	UStG	Wissen, Steuerfachkurs
Sozialversicherung (Renten-, Kranken-, Arbeitslosenvers.)	alle, die sozialversicherungspflichtige AN beschäftigen	Krankenkassen des betr. AN	RVO	Beratung bei AOK kostenlos
Genehmigung zur Ausbildung	viele, die Auszubildende einstellen wollen (nicht z. B. «Standesberufler»)	Kammern	BBiG HandwO.	Ausbildungsberechtigung (persönl.) und sachliche Voraussetzungen, die im Rahmen der «Lehrstellenoffensive» immer stärker sinken
Reisegewerbe	wer außerhalb seiner gewerbl. Niederlassung oder ohne eine Niederlassung zu haben Waren oder gewerbl. Leistungen anbieten oder verkauft	Ortsbehörde	§ 145 GewO	gewisse Zuverlässigkeit, fester Wohnsitz ist günstig

Übersicht über den Aufbau der «doppelten Buchführung»

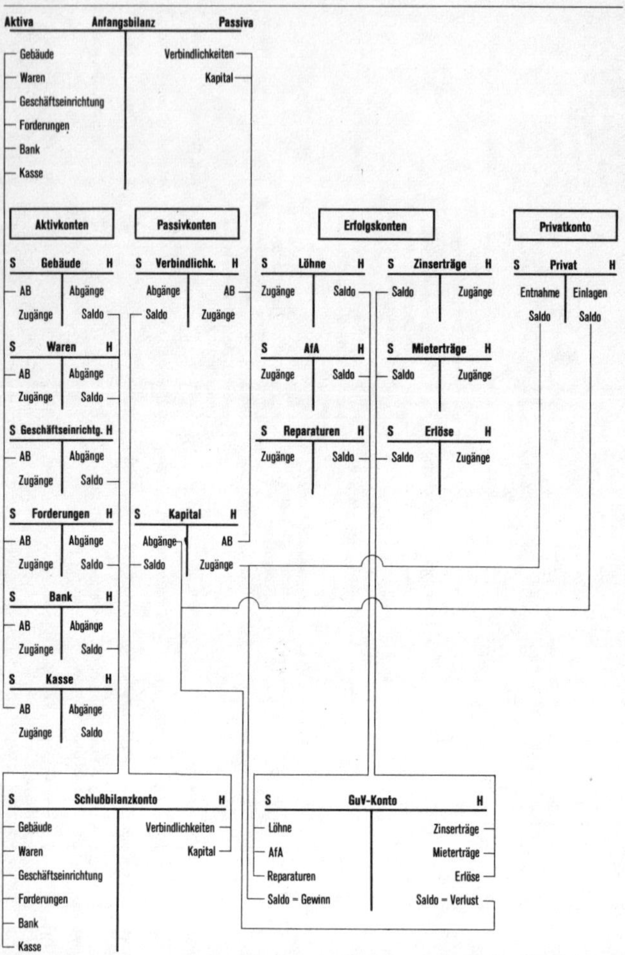

194 aus: Schmidt, Harald: Ordnungsmäßigkeit der Buchführung (Kundendienstleistung, Haufe-Verlag)

Hitliste der Unternehmenspleiten

1994 machen in Deutschland 18500 Unternehmen Pleite (1993: 16200), prognostizierte Creditreform Anfang 1994. Vordergründig eine harmlose Zahl angesichts der rund 300000 Neugründungen jährlich.

Doch die Zahl trügt, denn erfaßt wird nur, wer mit großem Theaterdonner untergeht, sprich Konkurs macht. Die Masse der Liquidationen jedoch sind heimliche Pleiten. Scheitern ohne Konkurs und doch restlos ist eher die Regel. So taugt die Pleitenstatistik mehr als Barometer denn als Thermometer.

Für Neugründer gibt es keine verläßlichen Statistiken. Eine ungesicherte Zahl sei dennoch genannt: 80 % aller neugegründeten Unternehmen machen innerhalb der ersten fünf Jahre aus diversesten Gründen wieder dicht.

Früherkennungstest

Ich bin kein Unternehmer-Typ, weil ich ...

☐ **...dieses Buch in einer Bücherei geliehen habe**

Wer so was tut, denkt kleinkariert und knickrig. Er hängt am Kleingeld und opfert dafür leichtfertig teure Zeit. Die jetzt einsetzenden Rechtfertigungen offenbaren nur weitere Verklemmungen. Höchstens als Buchhändler oder nebenberuflicher Gründer geeignet. Trotzdem: Viel Spaß beim Lesen.

☐ **...dieses Buch geklaut habe**

Nur Desperados oder Kleptomanen gehen für 12,– DM solche Risiken ein: Als Unternehmer zu stark in Versuchung.

☐ **...vor allem Steuern sparen will**

Die Zielsetzung ist zu einseitig und impliziert Erfolglosigkeit (= Verlust) oder Steuerhinterziehung (= Betrug).

☐ **...nur einen Großhandelsausweis will**

Warum nicht. Aber nicht nachträglich auf dumme Gedanken kommen.

☐ **...mich sehr ausführlich mit dem Abschnitt Versicherungen beschäftigt habe**

Unternehmerrisiko läßt sich nicht versichern. Wer zuviel an Absicherung denkt, der ist beim Staat oder als Manager der Großindustrie besser aufgehoben. Denn permanente Unsicherheit ist gerade das prägende für Gründer und Kleinkapital.

☐ **...meine Frau/meinen Mann frage, ob ich mich selbständig machen soll**

Frauen sagen fast immer «Nein», in welcher Tonlage auch immer. Männer dagegen können die Fähigkeiten ihrer Frauen noch schlechter einschätzen und lassen sich bei ihrem Votum von sachfremden Erwägungen leiten.

☐ **...im Kontakt mit fremden Menschen Probleme habe**

Bleibt nur Versandhändler oder Leichenbestatter.

☐ **...nicht mit Geld umgehen kann**

Selbst für den tödlich, der keines hat.

☐ **...oft Langeweile habe**

Wer außer in Altersheim und Knast Langeweile hat, ist ein inaktiver Mensch und somit zum Unternehmer nicht geeignet.

☐ **...mithelfen will, die Welt im kleinen zu verbessern**
Vergessen Sie das Ganze schnell, und spenden Sie das Geld, das Sie verlieren wollen, lieber an Kirche oder Kommunisten. So sparen Sie wenigstens Zeit und Nerven.

☐ **...noch an Recht und Gesetz glaube**
Minderheiten genießen hin und wieder den Schutz des Gesetzes, aber das rettet Naive nicht vor dem Ruin.

☐ **...auf meinem Recht bestehe**
Rechthaber verlieren Zeit, Nerven und auch noch Geld. An all dem haben Sie als Unternehmer sowieso schon einen Engpaß.

☐ **...ein ehrlicher Mensch bin**
Ehrlich schafft am längsten.

☐ **...ein guter Buchhalter bin**
Vermutlich viel zu kleinkariert. Sucht den Pfennig und hat daneben keine Zeit mehr für Kunden und Konkurrenz.

☐ **...sehr harmoniebedürftig bin**
Unternehmer sein heißt, permanent mit Konflikten leben zu müssen.

☐ **...zu Höherem geboren bin**
Höheres gibt es nicht mehr in einer Demokratie, nur Reicheres.

«Bitte keine Werbung!»

«Wer nicht wirbt, stirbt», textet unsere Lokalzeitung in trauter Eintracht mit vielen anderen Blättern. Sicher nicht ganz ohne Eigeninteresse. Aber mit den Todesursachen bei Unternehmen ist das so eine Sache. Die Diagnose ist schwierig, da das Krankheitsbild so trügerisch gleich: So wie stets am Ende des menschlichen Lebens der Körper nicht mehr atmet, ist am Ende des Unternehmenslebens stets das Geld alle.

Zu wenig geworben – zu früh gestorben? Werbung bedeutet Kosten und damit zunächst einmal eine Verschlechterung des Krankheitsbildes. Die Hoffnung besteht in der Gewinnung neuer (!) Kunden, die zusätzlichen Umsatz bringen, dadurch die Werbung bezahlbar und schließlich die Gewinnzone erreichbar machen und so das

Unternehmen stärken. Und wenn das alles auch schnell genug geht, dann mag es ja sinnvoll sein. Wir haben da unsere Zweifel, die sich seit Jahren verschärfen.

1. Beeindruckt Werbung noch?

Grundlage dieser Werbeeuphorie ist der Glaube daran, daß die Kunden kauffreudig auf unsere Werbung reagieren und sich die Werbekosten rechtfertigen. Wir beobachten jedoch genau das Gegenteil: Erstens die Kosten sind satanisch hoch, zweitens die beobachtbare Wirkung ist erschreckend gering.

Schlimmer noch: Die Akzeptanz von Werbung ist so gering wie noch nie. Selbst seine Parteifreunde kleben mittlerweile ihr «Bitte keine Werbung»-Schild auf den Briefkasten, stellt ein örtlicher CDU-Vorsitzender resignierend fest («Wer nein zur Werbung sagt, sagt nein zur Marktwirtschaft»). Doch nicht nur vollgestopfte Briefkästen und ausgestopfte Zeitungen, auch die Werbeunterbrechungen in Spielfilmen und Ringpausen bringen die Menschen zunehmend gegen Werber und Produkte auf. Klar, bestätigen uns die Werbeleute, das liegt eben daran, daß Werbung oft so schlecht gemacht ist. Und prompt benennen sie die jährliche Werberolle von Cannes als Vorbild, wegen der die Menschen sogar extra ins Kino gehen.

Stimmt, im Wettkampf der Agenturen werden nur die pfiffigsten siegen. Den Rest straft Nichtbeachtung bis Zorn der Werbebelästigten. Also ein durchaus marktwirtschaftlicher Wettbewerb. Nur, können klein- und mittelständische Unternehmen da überhaupt noch mithalten? Man schaue sich ihr Werbebudget und ihre Phantasie an und stelle fest: Nein! Der Kampf der Giganten wird mit vier Farben und drei Dimensionen ausgetragen. Da sollte sich der Gründer lieber raushalten. Er kann durch traditionelle Werbemethoden kaum noch auffallen und hat oft nicht mal mehr die Chance, damit Mitleid zu ernten.

Das spricht nicht gegen jegliche Art von öffentlichkeitswirksamen Maßnahmen, wohl aber gegen jegliche traditionelle Werbung von Anzeige bis Wurfsendung.

2. Worauf zielt der Werbefeldzug?

Ein weiterer Fehler steckt in der Werbeideologie. Ziel ist heute noch die Neukundengewinnung über großes Getrommel. Jedoch die Zeiten haben sich geändert. Die Märkte sind verteilt, die Kunden stehen im wesentlichen auf den Weiden der Konkurrenz. Sie abzuwerben jedoch ist oft einfacher als man glaubt, denn ihre Betreuung ist mangelhaft. Doch die Methoden müssen subtiler werden. Gerade die traditionellen Unternehmen sind immer noch auf großer Jagd nach neuen Kunden. Mit welchen Mitteln und Erfolg auch immer. Stammkundenpflege dagegen ist kaum ein Thema («Die kaufen doch sowieso schon bei uns»).

3. Worauf zielen wir?

Umgekehrt wird ein Schuh daraus. Wir behaupten, daß sich das Hauptaugenmerk heute auf die Stammkundenbetreuung richten muß, weil sonst die Gefahr der diskreten Abwerbung und Abwanderung groß ist. Neukunden gewinnt man heute viel eher dadurch, daß man die Stammkunden als Multiplikatoren einsetzt. Also dezent, sachte und ohne lautes Werbegeschrei, das sowieso niemand hören will. Das kostet Zeit, denn Weiterempfehlung und Einzelgespräch ist zwar die beste, aber auch die langsamste Form der Werbung und branchenabhängig unterschiedlich üblich (Restaurants) oder unüblich (Bordelle). Auch der gezielte Einsatz von Multiplikatoren («Was empfiehlt der Steuerberater seinen Zahnärzten») ist sehr erfolgreich.

4. Haben wir soviel Zeit?

Diese Zeit «kaufen» wir uns, indem wir bei der traditionellen Werbung sparen. Also: Nicht breitflächig werben, um schneller ins Geschäft zu kommen, sondern sparsamst beginnen, um sich eine längere Anlaufzeit leisten zu können.

Dies gilt natürlich auch für die bedeutenderen Kostenpositionen von Abschreibung bis Personal.

Wir wissen, wovon wir reden, denn wir haben es selbst ausprobiert. 1984 starteten wir mit Unternehmensberatungen, natürlich ohne hinreichenden Kundenkontakt und mit kleiner Bekanntheit in der Mainzer Uni-Szene.

Also setzten wir um, was wir in der Absatzwirtschaft gelernt hatten: Wir schalteten wild entschlossen Anzeigen in allen Zeitungen der Region und boten Beraterdienste an. Von den eingesetzten 25000,– DM hätten wir bequem ein Jahr leben können. Kundenreaktion: minimal und dann noch Problemkunden, die anderswo längst niemand mehr haben wollte. Folge: 1985 war unser Geld alle und immer noch kein Kundenstamm da. Ein Hungerjahr brach an, aus dem uns Rowohlt-Lektor Ebi Naumann rettete, indem er das Dagobert-Buch verlegte.

Von nun an ging es bergauf.

Doch Schluß mit den Kriegsgeschichten.

Wir wollen ein weiteres Beispiel nennen:

Eine Buchhandlung in einer Kleinstadt wollte expandieren. Sie bewarb mittels Briefkastenwerbung die 6000 örtlichen Haushalte. Die Werbung war pfiffig gestaltet. Erkennbares Ergebnis: zehn bis fünfzehn neugierige neue Gesichter und drei bis fünf Beschwerden über die unaufgeforderte Zusendung. Kosten: 6000,– DM pro Aktion.

Nach zwei Jahren stellte der Buchhändler um: Nur noch 2000 persönliche Anschreiben an Kunden, die schon mal ein Buch im Laden bestellt hatten. Ergebnis: Tagelang war die Hölle los. Fröhliche und freundliche Reaktionen dankbarer Kunden, die sich geehrt fühlten, daß sie angeschrieben worden sind, und sogar melden, wenn sie umziehen. Keine Beschwerden. Kosten: 2000,– DM pro Aktion.

Ergebnis: Kalt-Akquise, das Umwerben von Nicht-Kunden, ist weit teuerer und erfolgloser als Warm-Akquise, das heißt Umwerbung von Menschen, die bereits einmal Kontakt mit uns hatten.

5. Wie kommt der Neuling an Kunden?

Gut gebrüllt, jedoch das ist ein Buch für Gründer, und wie sollen Neustarter erst mal an Stammkunden kommen? Nun, vornehmlich über die Ochsentour, das heißt, unter Einsatz der eigenen Persönlichkeit im Kundenkontakt. Und wer da Schwierigkeiten hat, der muß teuer zahlen.

Patentrezepte können nur dümmlich wirken, weil jede Branche ihre eigenen Gesetze hat. Jedoch folgende Schwerpunktsetzung halten wir für sinnvoll:

1. Visitenkarte und Geschäftspapier
Unbedingt in den Entwurf investieren: Zeit wie Geld. Das gilt für nahezu alle Branchen, mit Abstrichen im Handwerk.
2. Schaufenster
Für jedes Schaufenster jeden Monat drei bis fünf Stunden in Dekoration investieren. Je besser die Lage, desto größer die Bedeutung.
3. Telefonbesetzung
Beim ersten Anruf fällt die Vorentscheidung. Nicht oder schlecht besetzte Telefone sind kundenfeindlich. Das gilt für alle Nicht-Ladengeschäfte, auch und gerade im Handwerk.
4. Raumgestaltung
Ob Laden oder Büro, überall, wo Kundenverkehr herrscht, ist der optische Eindruck entscheidend. Da, wo in der Regel keine Kunden kommen, darf's dagegen spartanischst aussehen und reicht es aus, das Hauptaugenmerk auf eine vernünftige Arbeitsorganisation zu legen.
5. Specials
Unerwartetes Mehr an Leistung, z. B. tolles Geschenkpapier, kostenlose Inspektion, Homeservice, aber auch gezieltes Abraten vom Kauf bei offensichtlich falschen Vorstellungen auf Kundenseite.
6. Presse
Jede Möglichkeit nutzen, in die Nachrichtenspalte der Presse zu kommen, ob karitativ oder provokativ.

Alles weitere sollte wirklich nur und erst dann überlegt werden, wenn das erste Geld verdient wurde. Und auch dann darf man sich nicht von den zahllosen Anzeigen- und Werbemittelverkäufern leiten lassen. Denn nur für Werbeleute gilt: «Willst du nicht werben, dann muß ich sterben.»

Ein Betriebsprüfer erzählt

Sobald ihr selbständig seid, habt ihr einen treuen und ständigen Teilhaber: das Finanzamt.

Ihr müßt es permanent bedienen: mit Steueranmeldungen, Steuererklärungen, Bilanzen, Gewinn- und Verlustrechnungen und einigem mehr. Aber was es auch immer verlangt, es sind stets Formulare oder Papierbögen mit Zahlen und Wörtern. Diese von euch oder eurem Steuerberater erstellten Werke kann der Bearbeiter des Finanzamts kaum überprüfen. Papier ist geduldig, und die der Buchführung zugrunde liegenden Belege werden dem Finanzamt nicht eingereicht. Um das alte Sprichwort «Vertrauen ist gut, Kontrolle ist besser» in die Tat umzusetzen, gibt es in der Finanzverwaltung eine Stelle, die diese Kontrolle ausübt: die Außenprüfung (früher Betriebsprüfung).

Was ist ein Außenprüfer?

Nun, das ist ein Beamter oder Angestellter des Finanzamts, der eure Bilanzen und Steuererklärungen vor Ort, also in eurem Betrieb oder der Wohnung, prüft. Alles, was dieser Mensch tun darf und welche Rechte und Pflichten ihr selbst dabei habt, steht in der Abgabenordnung in den §§ 193 bis 203.

Wann und warum kommt der Prüfer?

Wann er kommt, wird euch schriftlich ca. 4 Wochen vorher mitgeteilt. Kommen Finanzamtsleute unangemeldet zu euch, handelt es sich um die Steuerfahndung. Dann kann euch meistens nur noch der geschickt getarnte Hinterausgang retten. Die Außenprüfung wird durch 3 Faktoren ausgelöst: Turnus, Besonderheiten, Verdachtsmomente.

1. Prüfungen im Turnus

Die meisten Finanzämter sind chronisch unterbesetzt, d. h., es gibt zu wenige Außenprüfer. Daher werden die vorgesehenen Soll-Prüfungen selten erreicht. Es gibt dabei erhebliche Unterschiede zwischen den Bundesländern.

Die Betriebe werden zunächst in **Betriebsgrößenklassen** eingeteilt.
Großbetriebe: müssen alle 3 Jahre für die letzten 3 Jahre geprüft werden, d. h. lückenlose Prüfung.
Mittelbetriebe: sollen ebenfalls alle 3 Jahre für die letzten 3 Jahre geprüft werden, falls sich dabei keine größeren Differenzen ergeben.
Klein- und Kleinstbetriebe: sollen alle 7 bzw. 10 Jahre für die letzten 3 Jahre geprüft werden.

Die Richtwerte einzuhalten gelingt den Finanzämtern kaum. Kleinbetriebe werden ca. alle 7 Jahre, Kleinstbetriebe gar nur alle 35 Jahre geprüft. Die Klein- und Kleinstbetriebe, die geprüft werden sollen, werden ausgelost.

Betriebsprüfungs-Größenklassen ab 1995

Unternehmensart	Großbetrieb über TDM	Mittelbetrieb über TDM	Kleinbetrieb über TDM
Handelsbetriebe			
Gesamtumsatz oder	11 500	1300	250
steuerlicher Gewinn	450	90	48
Fertigungsbetriebe			
Gesamtumsatz oder	6500	800	250
steuerlicher Gewinn	400	90	48
Freie Berufe			
Gesamtumsatz bzw. Betriebseinnahmen aus freiberuflicher Tätigkeit	6500	1200	250
oder steuerlicher Gewinn	850	200	48

2. Prüfungen wegen Besonderheiten

Klein- und Kleinstbetriebe haben also, statistisch gesehen, kaum etwas zu befürchten, es sei denn, sie fallen auf. Auffällig sind alle steuerrelevanten Veränderungen: Untypische Umsatzentwicklung, Umwandlung der Rechtsform, Betriebsaufgabe mit Grundstückentnahme.

Keinen Grund für eine Sonderbehandlung bieten Betriebseröffnung oder Inhaberwechsel, d. h., Unternehmensgründer werden nicht von vornherein häufiger geprüft als bestehende Unternehmen. Häufig jedoch müssen Gründer zu Beginn ihrer Tätigkeit mit anderen Prüfungen rechnen, z. B. Lohnsteuer- oder Umsatzsteuersonderprüfungen.

3. Prüfung auf Grund von Verdachtsmomenten

Unternehmen werden zudem geprüft, wenn sie Verdacht erregen, beispielsweise durch langjährige Verlustausweisung oder untypische Verhältnisse zwischen Umsatz und Wareneinsatz.

Diese Verhältnisse sind dem Finanzamt bekannt. Aus der Unzahl aller durchgeführten Außenprüfungen wird nämlich eine Datensammlung erstellt, die sogenannte Richtsatzsammlung. So ist bekannt, daß in der Lebensmittelbranche (Einzelhandel) der Rohgewinnaufschlag ca. 20% beträgt. Wenn in eurer Bilanz seit Jahren immer nur ca. 10% ausgewiesen sind, erscheint das dem Innendienstbeamten Kark Kalkül höchst verdächtig. Er meldet euren Betrieb der Prüfungsstelle, da der äußere Betriebsvergleich unstimmig ist.

Auch die innere Konsistenz der Kosten kann dem Finanzamt auffällig erscheinen.

Beispiel: Aus der eingereichten Gewinn- und Verlustrechnung ersieht das Finanzamt, daß unser Saftladen für 20000,– DM Obst eingekauft hat. Da die Beamten aus dienstlichen und privaten Gründen gerade das Buch «Wie werde ich Unternehmer?» studiert haben, wissen sie, daß mit dem Obst 20000 Glas Saft hergestellt werden können. Erstaunlicherweise hat Doris Görg aber nur einen Verkaufserlös von 30000,– DM angegeben. Ein kurzer Blick in den Saftladen, und der Finanzbeamte weiß Bescheid. Ein Glas Saft kostet im Schnitt 4,– DM. Doris muß sich jetzt etwas einfallen lassen, um die 50000,– DM Umsatzdifferenz zu erklären. Ein Hinweis auf häufige nächtliche Saftdiebstähle dürfte nicht ausreichen; ebensowenig die Behauptung, daß in dem tropischen Klima Deutschlands immer wieder die Kühlung versagt und daher so viel Obst verdirbt.

Oft werden auch **Kontrollmitteilungen** geschrieben, d. h. beispielsweise, bei der Prüfung der Geschäftspartner werden einige Vorgänge quer geprüft.

Beispiel: Der Saftladen von Doris Görg und Hans Kaus wird geprüft. Der Prüfer registriert Rechnungen des Früchtegroßhändlers Fruchtig über 20000,– DM, die vom Saftladen ordentlich verbucht waren. Er schreibt eine Kontrollmitteilung und leitet sie seinem Kollegen im Innendienst zu, der Fruchtigs Steuererklärungen zu bearbeiten hat. Und siehe da: Fruchtig hat nur ganze 15000,– DM Umsatz für 1994 deklariert, während diverse Kontrollmitteilungen alleine bereits 50000,– DM nachweisen.

Fruchtig ist jetzt verdächtig und wird sofort als besonders prüfungswürdig an die Außenprüfungsstelle gemeldet.

Im Gegensatz zu privaten Unternehmen verschicken Behörden, öffentliche Anstalten und Volkshochschulen jährlich Mitteilungen an das Finanzamt darüber, welche freien Mitarbeiter wieviel Geld bezogen haben. Und falls der Mitarbeiter dies zu deklarieren vergaß, wird ihn das Finanzamt daran erinnern.

Beispiel: Langzeitstudent X jobbt freiberuflich bei der VHS, arbeitet als freier Übersetzer und bezieht aus diversen anderen Quellen steuerpflichtige Einkommen, die er allesamt nicht beim Finanzamt angibt. Daher erschüttert ihn der Brief: «Bitte deklarieren Sie Ihre Einkünfte für das Jahr 1994.» Ein letzter Warnschuß des Finanzamts. Da X nicht weiß, über welche Einnahmen das Finanzamt Bescheid weiß, wird er wohl kaum umhin kommen, alle angeben zu müssen. Das senkt den Stundenlohn gewaltig!

Schließlich gibt es noch die anonymen Hinweise, durch die übelmeinende Zeitgenossen dem Finanzamt Informationen zuspielen. Das Finanzamt kann den geschilderten Sachverhalten nachgehen, muß jedoch nicht.

Wie sind die Ergebnisse einer Betriebsprüfung?

Von 100 Betriebsprüfungen enden 95 mit Nachzahlungen, d. h., es besteht kaum eine Chance, ungerupft davonzukommen. In 10 Fällen kommt es zudem zur Einleitung eines Strafverfahrens, das bei kleineren Hinterziehungsbeträgen mit geringer Schuld meist mit einem Steuerordnungswidrigkeitsverfahren (Bußgelder bis 10000,– DM) endet. Die Entscheidung hierüber liegt bei der Strafsachenstelle des Finanzamts. Bei großen Beträgen wird der Fall an die Staatsanwaltschaft weitergereicht.

Was hat der Prüfer davon?

Außer ein sicherer Arbeitsplatz bietet sich dem Prüfer die Chance auf internen und externen Aufstieg. Prüfer müssen, wollen sie Karriere machen, sich beim «Punkte sammeln» und «Mehrergebnis holen» emsig beteiligen. Punkte sind jedoch vor allem bei der Prüfung von Großbetrieben zu holen, weshalb Prüfungen in Kleinbetrieben so unbeliebt sind. Zudem stößt man dort auch oft auf sehr cholerische Gemüter. In Großbetrieben dagegen genießen die Prüfer eine zuvorkommende Behandlung ohne *plumpe* Bestechungsversuche.

Außerdem bietet sich hier die Chance: stellt er an einem Großbetrieb nennenswerte Nachforderungen, so zahlt dieser anstandslos die Zeche. Anschließend bietet der Betrieb dem Gewinner die Stelle im Rechnungswesen an, die dieser durch seine Prüfung gerade freigeschossen hat. Eine sportliche Geste.

So verliert das Finanzamt seine besten Außenprüfer. Aber: Dadurch streben viele Außenprüfer auch erst zur Bestleistung.

In der Betriebshierarchie des Finanzamts gilt, daß meist nur die besten Leute in die Außenprüfung kommen.

Gibt es ein Frühwarnsystem?

Prüfungen können eventuell vermieden werden, indem den Beamten Besonderheiten in der Steuererklärung begründet werden (z. B.: 4 Monate kaum Umsatz wegen Straßenbaustelle) und eine exakte Erklärung, eine schlüssige Bilanz sowie Gewinn- und Verlustrechnung bzw. Überschußrechnung vorgelegt werden.

Den meisten Finanzbeamten signalisiert – traurig, aber wahr – die Vertretung über einen Steuerberater eher Seriosität. Sicher ist das alles nicht.

Ein deutliches Warnsignal ist jedoch der Zusatz auf dem Steuerbescheid: «Bescheid ergeht unter Vorbehalt der Nachprüfung.» Sollte nicht gerade ein Rechtsvakuum oder Arbeitsüberlastung beim Finanzamt vorliegen, so ist das ein Indiz für die bevorstehende Außenprüfung.

Was muß ich dem Betriebsprüfer bieten?

Wenn der Außenprüfer Adlerauge dann kommt, müßt ihr:

- einen geeigneten Raum zur Verfügung stellen
- die Betriebs- und Geschäftsräume zeigen
- alle Unterlagen, die den Prüfungszeitraum betreffen, vorlegen, z. B. Inventar, Bilanzen, Rechnungen, Kassenbuch, Hauptbuch, Kontoauszüge.

Ihr müßt nicht, aber solltet:

- den Nachschub an Kaffee für den Prüfer sicherstellen
- mehr wäre zuviel!

Der Prüfer seinerseits muß:

- euch über festgestellte Sachverhalte, die steuerliche Auswirkung haben, während der Prüfung informieren. Sind das «große Hämmer», muß er formell das Strafverfahren gegen euch eröffnen. Dies hat zur Folge, daß ihr ab dem Zeitpunkt wie ein Beklagter Aussageverweigerungsrecht habt.

Beispiel: Luigi Lasagne und Claudia Cannelloni betreiben eine Pizza TO GO. Sie kaufen jede Woche bei Maxi-Food für 1000,– DM Pizzarohstoff ein und verkaufen jede Woche für 3000,– DM Mitnehmpizzas. Jetzt wurde neben dem Pizzaladen ein Studentenwohnheim eröffnet. Der Umsatz verdoppelt sich, so daß jetzt zweimal wöchentlich zu Maxi-Food gefahren werden muß. Die clevere Cannelloni denkt: «Es fällt doch gar nicht auf, wenn ich, wie bisher, Einkauf und Umsatz bei 1000,– DM bzw. 3000,– DM wöchentlich lasse.»

Claudia hat allerdings eines vergessen. Die Pappkartons für die Pizzas kauft sie bei Großhändler Wellpapp einmal jährlich. Über die eingekauften Kartons kann Prüfer Adlerauge locker die Anzahl der verkauften Pizzas nachvollziehen.

Luigi und Claudia werden jetzt über eine längere Italienreise nachdenken müssen.

Wie wird geprüft?
Prüferdilemma – Unternehmerglück?

Bei der zur Verfügung stehenden Zeit kann der Prüfer natürlich nicht jeden Beleg der letzten 3 Jahre prüfen. Er beschränkt sich auf Stichproben, Kalkulationen, Betriebsvergleiche, Schwerpunkte usw. Die Techniken der Prüfung hier weiter auszuführen würde den Rahmen sprengen. Soviel solltet ihr euch merken:

1. In der Regel weiß der Prüfer über die Branche mehr als der Gründer selbst. Der Jungschreiner wird daher dem Prüfer ebensowenig «Holzzuschnittverluste» verkaufen können wie der neue Wirt die berühmten «Zapfverluste» wegen der langen Leitung.
2. Alle Vorgänge, über die ihr eine Rechnung ausgeschrieben habt, könnten in der Tasche des Prüfers sein, als Kontrollmitteilung.

Das Dilemma des Prüfers ist, daß er zuwenig Zeit hat, den Betrieb intensiv zu prüfen. Andererseits verfügt er über enorme Branchenkenntnisse.

Eine weitere Hilfe für den Prüfer, sein Soll an Mehrergebnis zu bringen, ist die Beobachtung privater Vorgänge.

Beispiel:

Adlerauge hat zwei Tage Zeit, das Bistro der Gründerin Susi Schikkeria zu prüfen. In seiner Mittagspause und beim Kaffee stellt er fest: Langzeitstudent und Freund Peter Parasitti tut nichts, außer im Bistro Baguette, Tortellini und Biere zu sich zu nehmen. Selbstverständlich auf Kosten des Hauses. Außerdem fährt er mit Susis geleastem Cabrio (Firmenwagen geleast, weil sie die Bistroeinrichtung gekauft hat) in der Gegend herum. Diese Beobachtung und die Vermutung, daß Peter auch Bares aus der Tageskasse erhält, läßt Adlerauge folgende Rechnung aufstellen:

Erhöhung privaten Kfz-Anteils um 30 %	4000,– DM
Erhöhung Sachentnahmen (Verpflegung Peter P.)	7000,– DM
Schätzung Barentnahme	6000,– DM
Mehr Umsatz = mehr Gewinn pro Jahr	17000,– DM

Die Mehrsteuern für die letzten drei Jahre, die jetzt auf Susi zukommen, liegen bei 20000,– DM. Hätte Susi Peter für die Zeit der Prüfung auf eine Single-Tour nach Lanzarote geschickt, so hätte das 2000,– DM gekostet.

Der Wirt und sein Hauswirt

In Zusammenhang mit der Steuermoral sei noch eine Geschichte erzählt, die Legalisten und Theoretiker aufschrecken wird.

Häufig will sich der Hausbesitzer über seine Miete hinaus am Erfolg des Gewerbemieters beteiligen – obgleich er selten etwas dafür kann oder tut. «Umsatzbeteiligung» ist die hierfür übliche Vokabel, weist aber auch gleichzeitig auf ein Problem hin:

Wie den Umatz kontrollieren?

Jeden Abend die ausgeschenkten Biere in einer Kneipe mitzuzählen wird den meisten Hauswirten schnell lästig. Aber darf er der Umsatzsteuererklärung des Kneipenwirts trauen? Denn wenn der die Unmoral aufbrächte, das Finanzamt zu betrügen, was sollte ihn daran hindern, den Hausbesitzer besser zu behandeln?

Die Frage beschäftigte mich: bestochene Bedienungen, Under-cover-Agenten in der Küche, Datenaustausch mit Brauerei und Lieferanten. Bis schließlich ein Rechtsanwalt (!) mir eine einfachere Lösung bot:

«Die machen das meist ohne schriftliche Verträge. Läuft die Kneipe gut, so lobt der Hausbesitzer den Wirt und hält die Hand mehr oder weniger offen auf. Der Wirt erkennt, wenn er schlau ist, die Zeichen und Druckmittel, die ein Hausbesitzer so hat: von der exakten Einhaltung der Sperrstunde über nicht vertraglich gesicherte Außenwerbung, Nutzung von Hof und Keller, Abzugsanlage und Sozialräume, illegale Zimmervermietung an illegale Küchenhilfen und Bedienungen bis hin zu der irgendwann anstehenden Vertragsverlängerung. Also greift er in die Kasse und steckt dem Hausbesitzer zwei oder drei Hunderter «Erfolgsbeteiligung» in die Tasche. Dieser ist hocherfreut: Geld, das weder das Finanzamt noch seine Frau kontrolliert, hat für ihn doppelten Wert. Das Spiel wiederholt sich mehr oder weniger häufig und sichert dem Wirt kulantes Entgegenkommen bei allen täglichen Problemen.»

Ich widerspreche: «Der Wirt kann die Gelder doch, da ohne Beleg ausgezahlt, nicht als Kosten absetzen, somit muß er sie aus dem versteuerten Gewinn zahlen, was doch unattraktiv für ihn ist!» Auch diese letzte Ladung geballter Theorie prallt an meinem Rechtsanwalt ab:

«Das Geld nimmt er aus einer **schwarzen** Kasse, d. h., es stammt aus unversteuertem Profit. Und die **schwarze** Kasse füllt er beispielsweise aus dem **schwarzen** Faß, das ihm entweder die Brauerei als Naturalrabatt gewährt oder er sich im Bargeschäft kauft, das also in beiden Fällen nicht über die Bücher läuft. **Schwarz** ausgeschenkt entziehen sich die Einnahmen dafür den Kontrollen des Finanzamtes, füllen **schwarze** Kassen, aus denen außer dem Hauswirt auch Bedienungen, konzessionsfördernde Beamte und andere mehr **schwarz** bezahlt werden.»

Mir wird schwarz vor Augen.
Ausnahme oder Realität?
Ein Leser der 2. Auflage dieses Buches schrieb uns: «Das Geschäftsgebaren auf dem Gastronomiesektor ist derart brutalisiert und fern finanzamtlicher Überlegungen, daß die grundlegend richtigen Informationen des Buches absolut nicht mehr ausreichend sind. So ist es allgemeiner Usus, wenigstens 50 % des gesamten Arbeitsaufkommens durch Aushilfskräfte tragen zu lassen, bei uns waren es 48 ständige, natürlich schwarz bezahlte, Aushilfen gegenüber 16 Angestellten!»

Wir gehen fest davon aus, daß das alles Ausnahmen und Übertreibungen sind, denn sonst könnte ja kein Gastwirt mehr Minister werden.

Der Erlebniskauf

Mehr als die angebotenen Waren tritt heute in vielen Bereichen das Umfeld, in dem gekauft wird, in den Mittelpunkt. Dazu gehören nicht alleine die gediegene Ladeneinrichtung und freundliches Personal, sondern die Abstimmung des gesamten Konzepts auf das Zielpublikum, kurz: Styling.

Die Vermittlung von Lebensfreude bzw. Lebensstil ist heute angesagt und wird zur wichtigsten Verkaufshilfe.

Gelingt diese Vermittlung nicht, so wird das wirtschaftliche Überleben zunehmend schwierig.

Beispiel: «Die verkaufen Käse, kein Erlebnis», jammert ein Feierabend-Unternehmer, der in einer Kleinstadt die Angestellten weitgehend selbständig seinen Käseladen führen läßt. Wohl wahr: Was hilft die hübsche Einrichtung, wenn die Verkäuferinnen wie Ölgötzen hinter ihrer Theke stehen, kein persönliches Wort für die Kundschaft finden und Fragen nach Probierhäppchen mit Entrüstung («Der Käse ist gut, das können Sie mir glauben.») beantworten. Dadurch kommt immer weniger Kundschaft, was den Besitzer zu einer Einschränkung der Käseauswahl veranlaßt und dadurch noch weniger Grund bietet, dem Laden treu zu bleiben, zumal ein Supermarkt mit *dieser* Art von Kundenbehandlung konkurrieren kann. Das Treueverhältnis bedarf eben der persönlichen Kundenbindung.
Gegenbeispiel: Der Feinkostladen in Mainz ist ganz auf französisch gestylt: französische Musik, Landwein aus den Fässern mit hübschen Glasflaschen zum Selbstabfüllen, Weine in dunklen Holzregalen, eine große helle Theke mit Pasteten, Schinken, Käse und Salaten. Hinter der Theke nur Franzosen und Französinnen. Da kommt Kauflust auf.

Wer stellt da noch Ansprüche an den Service, um zu bemerken, daß die Verkäufer ihre eigenen Käsesorten nicht kennen, die Frage nach altem Käse für eine Beleidigung halten und beim Versuch, die Pastete im Stück abzuschneiden, oft scheitern. Wen kümmert es, daß diese frischen Französinnen und Franzosen qualitativ bestenfalls «Le Tartar-Niveau» bieten, nur teurer als im Kaufhaus.

Man würde sich ja selbst die Stimmung kaputtmachen und sich das Kauferlebnis nehmen.

Für den oberflächlichen Betrachter verkauft dieser Laden französischen Lebensstil zum Mitnehmen, konkurrenzlos in Mainz, und er läuft gut.

Das Personalproblem stellt sich, will man Erlebniskauf bieten, mit besonderer Brisanz. Meist gelingt es nicht, einen Laden ohne persönliche Anwesenheit des Unternehmers* erfolgreich zu führen. Mit Recht nämlich zeigen die meisten Verkäufer keine Begeisterung zum persönlichen Engagement, bietet sich ihnen doch neben 8,– DM netto die Stunde und der Aussicht auf Wirbelsäulenschäden vom Stehen eine recht öde Tätigkeit. Zudem scheint es üblich, bei Teil- wie Vollzeitkräften möglichst keinen Pfennig in die Schulung zu stecken, so

* Manchmal auch nicht *wegen* seiner Anwesenheit!

daß selbst bei gutem Willen die Verkäuferin einem kritischen Publikum weder vom Wissen noch vom Verhalten her gewachsen ist.

Es sei denn, sie bringt diese Fähigkeiten mit.

Beispiel: Ein Boutiquebesitzer in Kaiserslautern wußte, daß ihm sein schicker neuer Laden alleine nichts bringen würde, hatte er doch nicht die richtige Geschäftsführerin. Also suchte er in seiner Zielgruppe, den besseren Kreisen der Stadt, eine Frau mit Langeweile, die eine Aufgabe brauchte.

Er fand sie auch prompt unter seinen Kundinnen, bot ihr eine Halbtagsstelle an und – die Sache klappte. Die Frau entwickelte Spaß an ihrer neuen Aufgabe, achtete auf Stil und Führung im Laden und fühlte sich bald auch für Personaleinstellung und die Auswahl der neuen Kollektionen mit verantwortlich.

Unter ihren Bekannten hat sich die neue Tätigkeit schnell rumgesprochen und siehe, eine gewisse Schicht wird zunehmend zu Kunden, denn im Laden erwartet sie ja jetzt ein vertrautes Gesicht. Die Anonymität ist überwunden, durch Kommunikation gerät Einkaufen zum Erlebnis. Was spielt der Preis da noch für eine Rolle?

Über seine Edelverkäuferin hat sich der Boutiquebesitzer also gleich deren Kontakte mitgekauft, zu einem sehr günstigen Preis übrigens, denn für sie war Geld nicht das entscheidende Moment für ihre Tätigkeit.

So etwas gelingt natürlich nicht häufig, ist jedoch nicht auf die lokale Oberschicht alleine begrenzt. Warum sollte ein Punker nicht Punk-Platten verkaufen können. Problem wird bleiben, die adäquaten Leute zu finden.

Zudem genießt nicht jede Branche das entsprechende Ansehen, oder könnt ihr euch vorstellen, daß diese Geschichte sich in einem Fischgeschäft abgespielt hat?

Der Potenzsprung – ein ungelöstes Problem

Bei Gründern ist der «Potenzsprung» für ihr ökonomisches Denken ein Problem. Jeder Mensch ist gewohnt, zu bestimmten Zahlengrößen ein mehr oder weniger sinnvolles Verhältnis aufzubauen. Dies ist durch Erfahrung geprägt. Die wichtigste ökonomische Zahlengröße bezieht sich hierzulande auf Geld.

Schon Kleinkinder werden mittels Taschengeld an Beträge der 1. Potenzstufe, also von 10,– DM bis 99,– DM gewöhnt. Bereits hier zeigen sich recht unterschiedliche Fähigkeiten und Einstellungen, die zum Teil lebenslänglich Bestand haben...

Lehrlinge erreichen die 2. Potenzstufe und ausnahmsweise und mit Papis Hilfe auch mal die 3., wenn das Auto fällig ist.

Der typische Lohnabhängige handelt täglich mit Beträgen zwischen 10,– DM und 999,– DM und erreicht nur hin und wieder die Potenzstufe 3 oder gar 4. Höchstens beim Hausbau kommt er in die Hunderttausender-Bereiche der Stufe 5, und das geht, wie der Regisseur Dieter Wedel in seinem legendären Film «Einmal im Leben – Geschichte eines Hausbaus» verdeutlichte, ziemlich schief.

Die Probleme des Gründers sind noch größer. Er wird aus seiner Welt der Zehner und Hunderter in den täglichen Umgang mit Tausendern und Zehntausendern geworfen. Das ist er nicht gewohnt, das hat er nie gelernt. Zudem fließt das Geld an ihm vorbei – zu und ab –, ohne daß er einen genaueren Überblick darüber hat, warum es kommt und wohin es geht. Beispiel sind alleine die zahlreichen Steuervorauszahlungen, Erstattungen, Nachzahlungen und Säumniszuschläge. Alle möglichen aperiodischen Zahlungen werden fällig. Bisher war klar: Was auf dem Giro ist, das gehört ihm. Und dann gingen gleich Miete, Strom usw. regelmäßig und periodisch ab. Schwierigkeiten gab es allenfalls, wenn die Gaswerke von monatlicher auf zweimonatliche Belastung umstellten, weil seltsamerweise plötzlich das Geld nicht mehr ausreichte. Oder wenn der Hauswirt eine Nebenkostennachzahlung verlangte.

Beim Gründer sind aperiodische Zahlungen häufig, und was auf dem Konto steht, könnte durchaus bereits dem Finanzamt, der Bank oder dem Lieferanten gehören.

Hier erweist sich die Diskrepanz zwischen Liquidität und Rentabilität als folgenreich (vgl. Kapitel III.3).

Auch die Zugänge sind nicht mehr regelmäßig wie das Gehalt am Monatsbeginn, sondern hängen nicht nur vom Umsatz, sondern auch noch von der Zahlungsmoral der Kunden ab.

Höhere Potenzen und kein Überblick über die Quellen der Zuflüsse und die Sickerlöcher des Abflusses. Dafür täglich eine Unzahl von Papier: Der Gründer sitzt in Verhältnissen, für die er kein Maß und kein kognitives Programm entwickelt hat. Er hilft sich durch ständigen Blick in Kasse oder Konto. Viel ist gut, wenig schlecht. Entsprechend sind Laune und Reaktionen: Von Angst-Geiz bis euphorische Großzügigkeit. Auch Dagobert Duck ist davon nicht frei: Eine Zeitung aus dem Müll zu retten macht ihn glücklich, während die Zinsverluste seiner gehorteten Talerberge ihn kalt lassen. (Ein Kleinbürgerskind offensichtlich. – Anmerkung der Soziologin.)

Nach einigen Jahren setzt allmählich eine Gewöhnung an die neuen Verhältnisse ein, was auch den Streß abbaut.

Für viele zu spät.

Einfacher haben es hier die Unternehmerkinder: Von früh auf lebten ihnen ihre Eltern mehr oder weniger bewußt den Umgang mit Geld, Kunden, Papier, Bank, Finanzamt vor. Das können sie dann in ihrer eigenen Gründung verwenden – bewußt oder unbewußt.

Gibt es eine Lösung? Wir bitten um Leser-Erfahrungen.

Sensibilität im Service

Nein, natürlich glaubt heute keiner mehr, er sei als «Kunde König». Aber es zeigt sich in der Krise, daß die Begründungen, mit denen während der Hochkonjunktur Unfreundlichkeiten entschuldigt wurden («Haben es nicht nötig.» – «Keine Zeit.» – «Völlig überlastet.») fadenscheinig waren.

Menschen können nicht zwischen freundlich und unfreundlich, zwischen sensibel und unsensibel umschalten, je nach Marktlage. Es ist vorwiegend eine Typfrage, wie sie sich verhalten. In Deutschland jedoch wird bei der Personalauswahl immer noch viel zuviel Wert gelegt auf Berufserfahrung und Fachkenntnis. Berufserfahrung bedeutet jedoch nur Routine, nicht jedoch die Bereitschaft, dem Kunden zu dienen. Und auch mitnichten gar Lust auf Leistung. Die Ausrede, es lohne sich nur bei größeren Kunden, einen großen Aufwand zu betreiben, entpuppt sich als Schutzbehauptung. Kauft ein Kunde mehr als üblich, so erfährt er tatsächlich eine Sonderbehandlung – unter Umständen eine besonders schlechte:

Beispiel: Kurz vor der Mittagspause betritt ein Bauarbeiter unsere Bäckerei. Die Verkäuferinnen sind gerade eifrig dabei, mit Ajax Glasrein die Glastheke anzusprühen. So bleibt der Störer erst mal unbeachtet. Ein gnädiges «Bitteschön» entlarvt den Bauarbeiter endgültig als Problemfall: «Dreißig Kaffeestückchen», bittet er. Eigentlich müßten jetzt die Verkäuferherzen höher schlagen und die Mienen auftauen. Das ist doch ein nettes Geschäft. Umgekehrt indes: Der Mann stört empfindlich – Rhythmus und Routine.

«Wie wollen Sie die denn nehmen? So große Tüten haben wir nicht. Sie haben ja auch nicht vorbestellt.»

Dem Mann ist's peinlich: «Geht schon, stecken Sie nur alles in die Tüten.» Und so kommt es. Es wird nicht gesteckt, sondern gestopft. Schwarze und weiße Amerikaner kleben multikulturell aneinander, Kirsch preßt sich an Aprikose, Puderzucker staubt über Croissants, Schokorollen werden zu Schokofladen umgepreßt. Eine Tüte reißt. Die Verkäuferin kommentiert es deftig, die Kollegin bekräftigt. Geplatzte Tüte wird vereint in neuer Tüte versenkt. Nachdem der Kunde dann noch bei der Rechnungstellung helfen durfte («Wieviel Schnekken war'n das jetzt?») hat er es überstanden. Zum Abschied setzt fast Menschlichkeit ein, als dem armen Mann noch ein «Geht's» nachgerufen wird, nachdem er voll beladen mühsam die Ausgangstür geöffnet hat.

Kaum ist er draußen, sputet sich die Belegschaft: Tür abschließen, denn wenn noch einer kommt, kostet es Minuten der Mittagspause.

Unser Vorschlag: Entlassen. Zu hart? Reicht nicht eine Ermahnung? Nein! Denn der erhobene Zeigefinger wirkt nur so lange, wie er Schatten wirft.

Doch mangelnde Sensibilität herrscht nicht ausnahmsweise, sondern regelmäßig. Gehen wir in eine kleine Konditorei.

Beispiel:
Ein Kunde betritt den Laden und wendet sich lustbetont der Tortentheke zu. Viel zu früh kommt ein «Bitteschön», was wie «Auf jetzt» klingt. Ein leichtes Lächeln wäre die anmutige Alternative. Der Kunde verharrt noch zögernd in seiner Lustphase und beginnt – zeitschindend – gedehnt zu sprechen: «Zwei Stücke... Erdbeerbiskuit...» Was passiert? Nein, die Verkäuferin gibt ihm keine Zeit, indem sie erst mal den Erdbeerbiskuit schneidet, sondern holt den Lustkäufer mit einer beinharten Routinefrage endgültig in die Realität zurück: «Wieviel Stücke insgesamt?»

Ja, Herrgott. Wieviel will ich denn? Wieviel brauch ich?

«Fünf.»

Jetzt ist der Kunde festgelegt. Wehe ihm, er hält sich nicht an seine voreilige Vorgabe. Die emotionale Phase wurde abgebrochen. Jetzt geht es nur noch darum, welche fünf Stücke bzw. welche drei, denn die zwei Erdbeer sind ja schon gewählt.

Der Kunde wurde in einer für den Verkauf optimalen Phase angetroffen. Er hätte sicher mehr gekauft und erst später gezählt. Bewahrt davor hat ihn die Verkäuferin. Verkehrte Welt. Und wofür das alles? Um von Anfang an und endgültig die richtige Pappdeckelgröße festlegen zu können, denn schließlich kostet der große Deckel sieben Pfennig mehr!

Ein letztes Beispiel aus der Welt der Service-Sensibilität.

Beispiel: Alles Wurst.
Stefanie Brotkorb gehört zu der bedauernswerten Minderheit von Deutschen, die die Wurst sehr dünn geschnitten lieber mag und auch noch darauf besteht. Gleichgültig, ob Wurstverkäuferin oder Metzgermeister, Supermarkt oder Einzelhandel, ob Mortadella oder teuerste Salami: Stets wird dieses Ansinnen als Zumutung oder gar Schikane empfunden. Mittlerweile kennt sie ihre Pappenheimer und verlangt stets die erste geschnittene Scheibe zu sehen. Sie gilt seitdem als Problemkunde. Außer mißbilligenden Blicken erntet sie Kommentare von «So dünn schmeckt nicht» über «Die fällt ja auseinander» bis «Sind Sie so arm?».

Dank Großhandelsausweis kauft sie jetzt 30 % billiger, italienische Qualität, dünn geschnitten und vakuumverpackt. Sie trifft im Großhandel häufiger unsere Metzger – beim Wursteinkauf.

Fazit: In einem Land, in dem es bereits Schwierigkeiten macht, die Wurst dünn geschnitten zu bekommen, muß man sich über die Standort-Deutschland-Diskussion nicht mehr wundern.

Was heißt das für Gründer?

Die meisten Arbeitskräfte im Servicebereich sind glatte Fehlbesetzungen. Nur wem das alles selbst auffällt, der wird bereit sein, es/sich zu ändern. Zumindest im eigenen Umfeld. Frauen scheinen uns dazu eher bereit als Männer, jüngere Menschen stärker als ältere. Der Erfolg von Schulungsmaßnahmen ist immer dann dürftig, wenn die Einstellung nicht stimmt. Und Einstellungen ändert man nicht in wenigen Tagen – höchstens die Masken. Damit bekommt aber auch die Personalauswahl einen neuen Schwerpunkt: Nicht mehr gelernte Buchhändler, die in elitärer Manier Kunden entweder belehren wollen oder unbelehrbare mißachten, sondern fröhliche und freundliche Menschen, die selbst gerne lesen, genießen in unserer Auswahl Priorität. Und was in dem nicht gerade einfachen Verkaufsbereich Buch möglich ist, müßte bei Bäcker, Metzger, Restaurantbedienung erst recht möglich sein. So zogen wir in einer Bäckerei die 26jährige Italienerin vor: mittelmäßiger Schulabschluß, Lehre geschmissen, aber absolutes Servicebewußtsein. Personalauswahl also nach Persönlichkeit statt nach «Fach»-Ausbildung, Ignorieren von Zeugnissen, die nicht bewerten können, was sie nicht prüfen: Sensibilität, Freundlichkeit und Servicebewußtsein. Man suche Servicekräfte, die es schaffen, daß der Kunde fröhlicher aus dem Laden herauskommt, als er hereingegangen ist. Dazu braucht es oft nur Augen-Blicke. Die Kunden sind da nicht verwöhnt. Fröhliche Menschen allerdings halten sich nur in gutem Betriebsklima. Das mag regelmäßig auch der kleinkarierte Chef versauen.

Nur wer dies beachtet, hat heute als Newcomer Chancen, Etablierten die Kunden abzujagen.

Lohnkosten – Wurzel allen Übels?

«Die Löhne sind zu hoch – und deshalb der Standort Deutschland nicht mehr konkurrenzfähig.» So blökt es einem seit Jahren von vielen Seiten entgegen. Konsequenzen: Wildes Gerangel um eine Stunde mehr Arbeit pro Woche bei nur 0,5 % Lohnerhöhung.

«Zu hoch» braucht immer eine Relation. Meint man zu hoch im Vergleich zu Tschechien, so retten solch heroische Tarifabschlüsse die Lage in den nächsten zehn Jahren noch nicht. Wir setzen jedoch andere Relationen. Unsere These: In Deutschlands Betrieben wird einfach unproduktiv gearbeitet. Die Löhne sind also zu hoch im Verhältnis zur verkaufbaren Leistung. Das gilt quer durch die Bank, liegt aber weniger am Band als am Büro. Nehmen wir – nicht nur, weil wir mit einer neuen Küche (Mann o Mann) gestraft wurden – exemplarisch das Handwerk als besonders Betroffene (hoher Arbeitsanteil) ins Visier. Eine Gesellenstunde kostet den Kunden nicht unter 70,– DM (plus MwSt). Der Geselle kostet den Unternehmer pro Stunde rund 35,– DM. Sein Nettolohn: 13,– DM pro Stunde. Lassen wir noch die sattsam bekannte Diskussion über die Lohnnebenkosten beiseite. Wir ändern daran sowieso nichts.

Das daraus erwachsende Problem liegt auf der Hand: Der Geselle arbeitet lieber für 30,– DM schwarz, als für seinen Chef Überstunden zu leisten. Und der Kunde zahlt die 30,– DM dankbar, zumal der weiße Geselle weder besser arbeitet noch schneller beikommt, jedoch samt Mehrwertsteuer rund 2,7mal soviel kostet. Doch weshalb hat der Handwerksmeister Probleme, wo doch der Geselle 70,– DM bringt und nur 35,– DM kostet?

Das Schlüsselwort heißt Produktivität.

Der Geselle arbeitet zwar 38 Stunden pro Woche Regelarbeitszeit, zieht man aber Urlaub und Krankheit sowie Feiertagsausfall ab, so bleiben bestenfalls 31 Stunden übrig. Selbst bei Vollbeschäftigung schafft es der Handwerksmeister im Vor-Ort-Einsatz jedoch nicht annähernd, die geleisteten 31 Stunden auch zu Geld zu machen.

Beispiel:
Eine Elektroingenieurin erzählt: «Um 7.00 Uhr ist offizieller Arbeitsbeginn. Die ersten warten auf die letzten, während die Kaffee-

maschine brodelt. Um 7.30 Uhr dann die Einsatzbesprechung. Wer ist gekommen, wer krank? Wer fährt wohin? Dann wird das Material gesucht und geladen. Mittlerweile herrscht Hektik. Lieferanten und Architekten stören um diese Zeit am liebsten, denn nur da sind wir regelmäßig erreichbar. Um 8.15 Uhr fährt der erste Wagen vom Hof: mitten hinein in die Rush-hour. 8.45 Uhr beim Kunden, der seit 7.30 Uhr auf uns wartet. Es reicht gerade noch zum Ausladen, denn Punkt 9.00 Uhr fallen Hammer, Schraubenzieher und Axt. Die Frühstückspause ist den Handwerkern heilig. Der Eindruck beim Kunden ist natürlich verheerend: 75 Minuten zu spät, 15 Minuten Auspacken, Pause. Der Kunde beschließt, das nicht zu zahlen und alles eifrig zu notieren, in Vorbereitung auf die zu erwartende Rechnung.»

Kürzen wir ab. Natürlich fehlen Vor-Ort-Materialien, die nachträglich geholt werden müssen. Wo es ein bestücktes Werkzeugfahrzeug gibt, wird dieses schneller geplündert als nachbestückt. Natürlich ist die Mittagspause überzogen, und natürlich bauen die Lehrlinge Mist, während der Meister bei einem Neukunden aufmessen muß. Mängelrügen, Nachbesserungen, innerbetriebliche Konflikte folgen später, fehlen nie.

Übertreibungen? Wir als Berater sind froh, wenn unsere Betriebe 50% der gekauften Arbeitszeit auch verkaufen können (und dann sogar noch bezahlt bekommen). Wenn ich jedoch von zwei gekauften Stunden zu je 35,– DM nur jeweils eine Stunde für 70,– DM verkaufen kann, dann verdiene ich am Gesellen nichts. Bleibt die Hoffnung auf Übervorteilung eines dummen Kunden und auf den Aufschlag beim eingesetzten Material. Also: lieber Heizkessel als Steckdosen verkaufen.

Das Resultat: Heute specken 15-Mann-Betriebe ab auf 5 Mann. Der Meister führt die Kolonne wieder vor Ort. Jedoch: Anrufbeantworter und Chaos beherrschen mittlerweile das Büro. Was vor Ort gewonnen wird, geht im back-office verloren. Auftragserteilung wird den Neukunden schwergemacht. Fünf-Mann-Betriebe werden zu Meister-plus-zwei-Lehrlinge-Einheiten. An größere Aufträge kommen sie aber nicht mehr dran. Und Kleinaufträge werden von dankbaren Privatkunden oft zwar bar (= meist schwarz) bezahlt, gelten aber als extrem unproduktiv.

Das Problem liegt also nicht an einer Mark Stundenlohn mehr oder weniger, sondern an der schlecht vermarkteten Arbeitskraft. Planlosigkeit und Ahnungslosigkeit der Handwerksmeister sind der Hauptgrund. Überall lösen wir mit unserer Frage, ob es eine funktionierende Arbeitszeiterfassung gibt, nur Staunen aus. Und wo es sie gibt, dient sie nur der Arbeitszeitkontrolle und der Rechnungsstellung, nie der Produktivitätsmessung.

Aber völliges Desinteresse und Unfähigkeit der Gesellen ist die Kehrseite der Medaille. Wer etwas leisten will und Ehrgeiz hat, der bleibt nur kurz Geselle oder leistet lieber nach Feierabend am eigenen oder fremden Haus.

Ein guter Heimwerker ist heute einem durchschnittlichen Gesellen hoch überlegen. Denn: Nur wer für sich selbst plant, achtet noch darauf, daß die Steckdose an sinnvoller Stelle sitzt. Der Geselle dagegen montiert ohne Risiko von Kopfschmerzen. Es ist im Handwerk wie fast überall. Die einen machen die Fehler, die anderen baden sie aus. Und solange das so ist, leidet die Produktivität und damit der Standort Deutschland. Fehler sind menschlich – nur, daß der Betroffene sich fast noch für seine Rüge entschuldigen und dann endlos auf Nachbesserung warten muß, das ist unmenschlich. Doch diese Fehler sieht der traditionelle Kleinunternehmer nicht. Meist verbrüdern sich Meister und Geselle gegen den gemeinsamen Feind, den unverschämten Kunden, der kaum noch widerspruchslos zahlt und für seine 80,– DM pro Stunde ordentliche Leistung fordert. Gute Chancen für sensiblere Gründer.

Aber Kiemen sollte man schon haben ...

Seit Tagen nur Regen und Kälte. Alle kleinen und großen Kriege der Welt sind nur noch Randnotizen wert. Dauerthema in den Nachrichten: die neuesten Hochwasserpegel. Tendenz stark steigend. Hier sitze ich nun in meinem Kämmerlein und lasse die letzten drei Jahre Revue passieren.

Gründerzeit. Jahrzehntelang ausgelaugt, dürstet ein Teil unserer Heimat nach Aufbau, Neubelebung und «Westwaren». Im Winter 90/91 machen wir uns an die Arbeit. Transporteure und Spediteure haben viel zu tun. Frisch gewagt ist halb gewonnen. Der erste LKW rollt. Der zweite muß ran. Viele Pisten sind eigentlich nur für Geländefahrzeuge geeignet, aber was soll's – auch die Werkstatt will leben.

Kurze Sonnenstrahlen brechen durch die Wolken, verirren sich in den Raum. Aber die Nässe prasselt unaufhörlich.

Im ersten Sommer startet auch der erste Vierzigtonner. Gebrauchte Fahrzeuge sind kaum zu haben, der Markt ist im Rausch. Also muß ein alter Magirus, sehr überteuert, aber sofort einsatzbereit, Leistung zeigen. Zig Tonnen karren wir vom Westen rein. Zurück fahren wir meistens leer, weil die Ossis nichts mehr produzieren. Macht nichts, der Preis stimmt dennoch. Große Speditionen haben sich hier breitgemacht, brauchen Trucker. Kreuz und quer mußten wir durch Deutschland fahren und telefonieren, bis wir endlich auch noch eine Sattelzugmaschine auftreiben konnten.

Verdammt, was ist das? Eine Wasserpfütze breitet sich auf dem Boden aus.

Die Aufträge steigen, wir leasen zwei Zehntonner. Als Subunternehmer im Auftrag einer Welt-Spedition haben wir nicht viel Arbeit mit diesen Autos, unsere Fahrer arbeiten selbständig und zuverlässig. Viel Konkurrenz belebt den Markt, die Preise beginnen zu bröckeln. Außerdem kann man sechs LKW nicht mehr von einer Wohnung in der City aus betreuen, und so kaufen wir uns ein Haus samt größerem Grundstück. Vielleicht müssen wir ja irgendwann eine Halle bauen.

Die Füße werden naß! Knöcheltief steht die kalte Brühe im Raum. Wenn das so weitergeht ...

Den ersten LKW plagen technische Probleme, ein Nachfolger wird geleast. Wenngleich die Umsätze nicht mit den Einsätzen mithalten können, entschädigen uns schöne Sommerabende am Grill. Es gibt Wichtigeres als teures Leben. Eigentlich wollten wir ja auch noch unsere Wohnung in ein menschenwürdiges Daheim verwandeln, aber die Finanzen lassen es nicht zu. Im Frühjahr 92 startet eine weitere Sattelzugmaschine. Chemietanktransporte bringen noch richtiges Geld. Wenn's so weitergeht, haben wir's in ein paar Jahren geschafft. Dann können wir auch wieder an uns denken und endlich einmal ausspannen.

Es darf nicht wahr sein! Das eisige Wasser erreicht empfindliche Rumpfregionen. Das Licht flackert, Nässe und Strom vertragen sich schlecht. Wenn das so weitergeht, steht mir bald das Wasser bis zum Hals. Aber nein, so weit kann's nicht kommen, es darf nicht!

Viel Arbeit, viel Ärger. Auf in den Kampf! Ladungen von Ost nach West werden Mangelware, fast alles ist in der Hand der Großen, nur zu Spottpreisen dürfen wir ab und an aufladen. Unser Verkehrsminister hat sich wieder einmal in Brüssel über den Tisch ziehen lassen. Wir sollen mit hohen Verkehrsabgaben super Autobahnen finanzieren, die Holländer dann, bei einem Drittel unserer Fahrzeugsteuern, kostenlos benutzen können. Von Polen ganz zu schweigen. Tschechische Tankzüge schippern deutsche Chemikalien schwarz überall hin. Ohne Sicherheitsstandards und bei Billiglöhnen können die uns auslachen. Steigende Kosten bei sinkenden Umsätzen: gegen derlei Konkurrenz anzugehen ist wie ein Spiel mit gezinkten Karten.

Der Fiskus verschickt erste Mahnungen. Wir sind aber froh, Fahrer und Lieferanten bezahlen zu können, der Staat muß eben warten. «Aus wirtschaftlichem Zwang illegal arbeiten müssen» nennt man das wohl.

Schwimmen ist angesagt, das Wasser steht zwei Meter hoch. Längst ist das Licht ausgegangen. Aber schwimmen heißt immer noch leben.

Nach der Wende glaubte jeder LKW-Führerscheinbesitzer, mit einem Laster reich werden zu können. Und ließ ihn sich von fixen Bankern finanzieren. Die Überkapazitäten spüren wir jetzt. Dumpingpreise lassen den Markt rutschen. Nach den ersten Pleiten stehen billige Fahrzeuge dutzendweise auf den Höfen der LKW-Händler. Die Autos haben keinen Wert mehr. Zwei alte Kisten mußten wir fast verschenken, einen Sattel fahre ich selbst. Sparen hoch vier. Übervolle Aufträge nähren Hoffnung. Zum Überleben reicht's, auf Sozialhilfeniveau. Im Sommer 93 steigt nur selten das Thermometer, dafür aber unser Schuldenstand. Arbeiten für Bank und Vaterland. Neues aus Bonn und Brüssel: Es geht aufwärts – mit den Abgaben. Erste zaghafte Proteste des Gewerbes – legal: egal, wen kümmert das? Wir machen uns allmählich Gedanken, ob wir überhaupt noch eine Chance haben. Unser Verschuldungsgrad erreicht Staatsniveau. Nur daß dieser sich's dabei auch noch gutgehen läßt.

Schwimmen kann ich nur mit dem Kopf über Wasser. Doch da ist die Decke. Ich sinke auf Grund, endlich wieder festen Boden unter den Füßen. Aber Kiemen sollte man schon haben ...

Wir geben auf. Frohe Weihnacht 93. Aber irgendwann muß man sich selbst gegenüber ja wohl mal ehrlich werden. Die politischen Marktbedingungen verheißen weitere Kostensteigerungen bei Umsatzrückgang, und in der EG wurden wir vom eigenen Verkehrsminister verkauft. Der hat bis heute noch nicht kapiert, wie ihn die Nachbarn ausgenommen haben. Aus der Traum. Bürokratismus, Mittelstandssterben, arrogante Volkszertreter. Was ist los im Staate südlich Dänemarks? Adenauer wäre heute sicher Terrorist. Das neue Geldwäschegesetz soll Finanzen obskurer Herkunft aufdecken. Aber dem Finanzamt, dem ist doch egal, wo die Steuern herkommen, solange sie bezahlt werden. Ehrlich erarbeitet sind die wenigsten. Und – Hochkonjunktur bei den Geldverleihern war schon immer ein Zeichen des Niedergangs. Banken vermelden Rekordgewinne. Hoch lebe die Administrative! So hoch, daß sie noch besser auf uns spucken kann. Aber wir alle wollten es wohl so. Wer zeichnete denn die Kreuzchen auf die Stimmzettel?

Mein Hirn schläft langsam ein. Sauerstoffmangel. Das Wasser fällt zu spät.

N. N., Leipzig

Engpaßfaktoren für Gründer in Ost und West

Unter Engpaßfaktoren verstehen wir die Minimum-Sektoren des Gründers, d. h. die Bereiche, die als knappe Ressourcen den Unternehmensaufbau erschweren.

Generell sind als Engpaßfaktoren im Westen anzusehen: Absatzmarkt, Finanzen, Gewerberaum, Personal und Zeit. Im Osten ist das zwar ähnlich – jedoch in ihrer Intensität sind die Probleme der Gründer unvergleichlich. Zudem müssen wir ergänzen: Bürokratie und Infrastruktur.

Wir eliminieren den Absatzmarkt in dieser Betrachtung, denn der Gründer kann nur dort tätig werden, wo sich zumindest temporär eine Marktchance bietet. Zudem ist – weder im Westen noch im Osten – gegenwärtig der Absatz das Problem der meisten Branchen. Symptomatisch ist vielmehr der Seufzer einer Tischlerin, die seit einem halben Jahr in Wiesbaden einen Dreimannbetrieb gegründet hat: «Wir ertrinken in Aufträgen, aber es bleibt nix hängen.» Und das bei einem Gesellenstundensatz von über 50,– DM!

Finanzen

Die Knappheit an Kapital ist bei Gründungen evident. Zu geringe liquide Eigenmittel einerseits und äußerst restriktive Gewährung von Gründerkrediten durch sicherheitsheischende Banken andererseits kennzeichnen die Lage. Knappheit in den Finanzen belastet jedoch alle Bereiche des Unternehmens und auch den Kopf des Unternehmers selbst. Zwar ist einerseits dadurch ein Effizienzdruck gegeben (erzieherischer Aspekt), jedoch belastet andererseits die durch Knappheit erforderliche Improvisation und Substitution durch menschliche Arbeitskraft (im Zweifel die des Gründers) ebendiese Effizienz wiederum erheblich.

Für Ost-Gründer ist die Sache noch erheblich komplizierter. Da die Kreditgewährung im wesentlichen auf banküblichen Sicherheiten und auf der Persönlichkeit beruht, kann der Banker sich aussuchen, was ihn mehr erschreckt: die völlige Hilflosigkeit im ökonomischen Denken und Handeln nach 40 Jahren Planwirtschaft oder die Probleme mit Grundbuch, Eigentumsverhältnissen und Bodenbelastung der Grundstücke, die als Sicherheit herhalten sollen.

Dennoch ist Licht am Ende des Tunnels. Einerseits schält sich heute bereits heraus, wer flexibel und dynamisch auf die neue Situation reagieren kann. Denn auch unter planwirtschaftlichen Bedingungen waren in Teilbereichen flexible Leute gefragt. So sagte uns ein Ingenieur: «Ich war immer stolz darauf, daß die meisten Anlagen, die ich geplant habe, auch gebaut worden sind, während mich meine Kollegen als arbeitswütig bedauerten.» Es gab also nicht nur Irrsinn und Monotonie, sondern auch Leistungsträger mit und ohne Orden.

Andererseits wird bald deutlich werden, daß Grund und Boden – jahrzehntelang eine Last – heute *die* Chance ist, Anschubfinanzierung zu bekommen. Problemfälle bleiben jene, die kein Grundstück besitzen. Annäherung an westdeutsche Verhältnisse also.

Personal

Den Grund-Losen bleibt aber doch hier wie drüben die Lohnarbeit, und damit dürfte Personal eigentlich kein Engpaßfaktor sein.

Nun, als wir dieses Buch in seine erste Auflage schickten, war Unternehmensgründung, um der Arbeitslosigkeit zu entrinnen, noch ein Thema. Heute ist das bereits wieder so, denn seit Frühjahr 1992 beginnt auch im Westen die Zahl der Arbeitslosen enorm zu steigen. Dennoch stoßen Arbeitslose, wenn nicht gerade Stahlarbeiter, auf keinerlei Verständnis, und trotzdem wird händeringend allenthalben noch Personal gesucht. Allerdings zu veränderten Konditionen. Warum sollte also die begehrte Arbeitskraft ausgerechnet bei einem Unternehmensgründer anheuern, der ihr doch weder Sicherheit noch das Salär, geschweige denn die Zusatzleistungen des Großbetriebes bieten kann. Im Höchstmaß gefordert und mit den Launen des entnervten Gründers entlohnt zu werden ist nun doch nichts für den typischen Angestellten. Für den Osten stellt sich das anders dar. Hier hat die Zahl der Arbeitslosen – je nach politisch bestimmter Zählweise – 1 Mio bis 2 Mio erreicht. Dennoch wollen wir den quantitativen Aspekt nicht über den qualitativen stellen. Häufig hat die Entlassungswelle nicht gerade die Leistungsträger, die Cleversten, die Flexiblen getroffen. Und wo das so war, haben diese häufig wieder Arbeit gefunden, selbst wenn sie weiblich und über 50 waren. Andererseits lebt die Masse der Arbeitenden im Osten derzeit auf einem Gehaltsniveau, das weder Zufriedenheit noch Motivation ermöglicht.

Die Masse der Arbeitslosen jedoch – so sei hier kühn behauptet – werden die wirklichen Opfer von 40 Jahren Entmündigung stellen. Menschen, die sich nicht mehr umstellen können, die aber gerade *nicht* als Personal für den harten Start eines Kleinunternehmers prädestiniert sind. Aber da, um Unruhen vorzubeugen, das soziale Netz anfangs stärker gefedert sein wird, als man es von hier gewohnt ist, wird der Existenzdruck nicht dem anderer Entwicklungsländer entsprechen.

Gewerberaum

Ein Gründer, der im Westen auf gute Lage angewiesen ist, wird schnell merken, daß die Vermieter Filialisten und den Expansionswünschen des Mittelstandes weit mehr Vertrauen schenken als einem Neuling, der außer Ideen und Hoffnungen gerade mal 3 Monatsmieten Avalbürgschaft der Bank darstellen kann. Hat er nicht Glück oder Beziehungen, so muß der Gründer mit einer schlechteren oder «verbrannten» Lage vorliebnehmen und auch noch eine Kleinigkeit mehr dafür zahlen.

Der Zustand der Räumlichkeiten ist bei Übernahme auch dann dürftig, wenn «Abstand für Einbauten» zu leisten ist.

Mit Ost-Gewerberäumen verglichen siedelt der Westgründer jedoch edel.

Nirgends in Europa haben wir für derartig heruntergekommene Räumlichkeiten so unverschämte Mietpreisforderungen zu hören bekommen wie im Osten.

Hinzu kommt, daß über Gewerberaumverordnungen eine Lenkung durch die alte Bürokratie noch immer möglich ist.

Die Gewerberäume in den Stadtzentren sind absolute Mangelware. Große Konzerne aus dem Westen übernehmen direkt die Räume von VEBs und zahlen bedenkenlos jede Miete, um bei Bedarf noch die Neubedachung des Gebäudes zu übernehmen. Dem Gründer bleiben – wie bei uns – die Peripherie und die Untermiete in bestehenden Betrieben.

Da innerhalb der Großstädte die Entwicklung durch Bürokraten und Eigentumsverhältnisse stark gebremst wurde, sahen die Gemeinden an den Stadträndern ihre Chance. Viele tausend Hektar Gewerbegebiet wurden ausgewiesen – ohne jede Regional- und Erschließungsplanung. Überall an den Straßenrändern entstanden Einkaufsmärkte, teils als reine Nomadendörfer in Zelten, teils in Schnellbauweise. Dies führte zu einem schnellen Ausbluten der Innenstädte. Mittlerweile hat sich jedoch die Entwicklung wieder umgekehrt. Die Innenstädte gewinnen an Attraktivität, während die Einkaufsmärkte auf der grünen Wiese unter ihrer mangelhaften Infrastruktur leiden.

Zeit

Unter Zeit soll die Zeitkapazität des Unternehmers selbst verstanden werden. Der Faktor wurde als Engpaß auch im Westen erst in den letzten Jahren zum Gegenstand der Diskussion vornehmlich im Management-Bereich.

Mangel an Kapital verstärkt – objektiv und subjektiv – die zeitliche Belastung des Unternehmers. Die Gründer vertun viel Zeit für unwichtige Dinge, machen aber dabei wichtige Erfahrungen.

Im Osten wird Zeit noch nicht als Faktor gesehen – Zeit muß man haben und mitbringen –, sonst verzweifelt man.

«Alles dauert dreimal so lange wie bei uns – und meist ohne erkennbaren Grund», warnt ein Profi im Grundstücksrecht in einem Vortrag vor Frankfurter Unternehmern.

Mit nichts außer der Natur hat die Planwirtschaft so verschwenderisch gehaust wie mit der Zeit der Menschen. Während jedoch eine nicht geringe Zahl von Menschen der alten Ordnung wegen ihrer Beschaulichkeit und Sicherheit bereits nachtrauert, stoßen sich die dynamischen Kräfte zunehmend an dieser Behinderung. «Was ist das für eine Scheiß-Gesellschaft», schreit ein verzweifelter Jungunternehmer, der nach zweistündigem telefonischem Versuch, die Ankunftszeit des Intercity zu erfahren, mit dem Auto selbst zum Bahnhof fuhr. Und er ist privilegiert: Er hat Telefon und Auto!

Die mangelnde Infrastruktur und die Lethargie einer großen Masse in Verwaltung und Apparat werden den Zeitfaktor für alle die, die etwas unternehmen wollen, auf lange Zeit zum Engpaßfaktor machen.

Wie rette ich meine Rente?

Kaum ein Problem außer der Steuer brennt den Unternehmern mehr auf dem Pelz als die Frage der eigenen finanziellen Absicherung. Und: Beide Probleme liegen eng zusammen.

Wir sind mit dem Thema anfangs sehr arrogant (1. Auflage: «Erkundigen Sie sich bei den Rentiers am Bodensee, wie man es macht»), später sibyllinisch (6. Auflage: «Es gibt eine Reihe von Möglichkeiten, Profit sicher anzulegen») umgegangen. Jedoch es ist an der Zeit, das zu ändern.

Wir wollen jedoch den zahlreichen Autoren auf dem Gebiet der Geldanlagen vorerst keine Konkurrenz machen, sondern Grundüberlegungen anstellen, die man nirgends liest und von Staat und Bank nicht hört.

1. Die staatliche Rentenversicherung

Für die staatliche Rentenversicherung spricht wenig, wie mittlerweile fast jedem klar ist, denn sie verspricht jedem, der nicht 35 Jahre eingezahlt und immer gut verdient hat, bestenfalls einen bescheidenen Lebensabend. Daumenregel: Wer 20 Versicherungsjahre mit einem Monatsbrutto von 5000,– DM eingezahlt hat, der kann auf 1000,– DM pro Monat hoffen. Die reichen jedoch nur für eine Woche Altenheim der niedrigsten Pflegestufe.
Aber vergessen wir nicht die Vorteile:

1. Wer mit seinem Geld nicht umgehen kann, der hat zumindest eine monatliche Abbuchungsgarantie. Die bekommt er jedoch bei jeder anderen Spar- und Versicherungsform auch.
2. Wer Pleite macht, dem kann seine Einzahlung in die Rentenversicherung nicht gepfändet werden. Und bis zum Rentenbezug sind die Gläubiger hoffentlich verblichen oder zumindest die Schuldtitel verjährt. Vor allen anderen Sparformen dagegen macht kein Konkursverwalter halt.

Ob mit oder ohne staatliche Rentenversicherung: Das darf doch nicht alles gewesen sein. Schließlich gilt aktueller denn je, was Norbert Blüm einmal – sträflich wenig beachtet – äußerte: «Ich bitte Sie, wer lebt denn heute ausschließlich von seiner staatlichen Rente?»

2. Alternativen

2.1. Zinspapiere und das Finanzamt

Wovon also sonst leben? Nun, vom «Gesparten» eben. Unter Zinspapiere seien hier alle Anlageformen verstanden, die vom Sparbuch bis zu Kommunalobligationen reichen. Kennzeichen ist ein stets gezahlter Zins auf das angelegte Kapital.

Neben die Problematik der Pfändbarkeit aller so angehäuften Werte durch die Gläubiger tritt der permanente Aderlaß durch Steuerforderungen des Finanzamtes.

Beispiel:
Wir sparen regelmäßig 1000,– DM im Monat. Der Anlagezins beträgt 8%, die Inflationsrate 5%, der Grenzsteuersatz 50%. Welchen Vermögenszuwachs haben wir durch unser Legal-Sparen?

Anlagezins	8%
⁒ Steuer	4%
= Zins nach Steuer	4%
⁒ Inflationsrate	5%
tatsächlicher Zinssatz	⁒ 1%

Von 1000,– DM sind in 20 Jahren dann noch gerade mal 800,– DM in heutiger Kaufkraft übrig! Das haben wir uns eigentlich anders vorgestellt! Wir können das Beispiel variieren, wie immer wir wollen: So macht Sparen keinen Sinn.

2.2. Illegal-Sparen und der kleine Unterschied

Also denkt mancher ans Illegal-Sparen: das heißt daran, die Zinsen dem Finanzamt nicht nur zu verschweigen, sondern auch dort zu beziehen, wo keine Quellensteuer (derzeit 30%) erhoben wird.

Das würde die Sache umdrehen:

Anlagezins	8%
⁒ Steuer	0%
⁒ Inflationsrate	5%
tatsächlicher Zinssatz	+ 3%

Der Steuer-Betrüger macht so aus 1000,– DM in 20 Jahren immerhin fast 2000,– DM in heutiger Kaufkraft, mithin gut das 2,5fache der Legal-Variante.

Skrupellos rechnet er sich aus, wievielmal 1000,– DM er braucht, um mit x Jahren sagen zu können: Es ist vollbracht! Noch einen Vorteil hat die Illegal-Lösung: Was das Finanzamt nicht findet, das könnte auch den Gläubigern verborgen bleiben.

2.3. Die Nutzenmaximiererin

Diabolisch war das Vorhaben einer Teilnehmerin unseres Existenzgründungskurses, Blüms Worte umzumünzen: «Wer lebt denn heute schon alleine von der Sozialhilfe.» Sie rechnet brutal.

Beispiel:
«Wenn ich, um später einmal 1000,– DM Rente im Monat zu bekommen, 20 Jahre lang rund 1000,– DM im Monat einzahlen muß, dann macht das für mich keinen Sinn. Soviel bekomme ich von der Sozialhilfe auch. Daneben spare ich lieber die 1000,– DM monatlich, statt sie der Sozialversicherung zu geben, und lege sie schwarz an. Nach obigem Beispiel habe ich bei 3% Realverzinsung in 20 Jahren rund 330000,– DM auf dem Konto. Und wenn ich die in den folgenden 20 Jahren restlos verbrauchen will, kann ich immerhin 1800,– DM im Monat ausgeben. Addiert zu den 1000,– DM Sozialhilfe, habe ich dann 2800,– DM netto im Monat. Oder wie sehen Sie das?»

Die Moral scheint nicht nur bei den Politikern zum Teufel zu sein. Aber klar muß sein: Wer erwischt wird, ist doppelt dran: Steuerhinterziehung auf alle Fälle, daneben im Pleite-Fall eventuell Konkursbetrug oder falsche eidesstattliche Versicherung. Das könnte für eine Haftstrafe reichen.

Offizielle und anonyme Anzeigen sind ein häufiger Grund für die Entdeckung. Will man dies verhindern, so kann frau auch man nicht mehr trauen.

Für unsere Kursteilnehmerin kein Problem: «Habe ich doch noch nie!»

Es gibt sicher noch mehr Formen der Geld-Vermögensbildung als reine Zinspapiere. Aber die Problematik bleibt stets die gleiche. Bestenfalls kann man höheres Risiko gegen bessere Verzinsung tauschen. Bestenfalls kann man Aktien stets erst nach Ablauf der Spekulationsfrist (½ Jahr) verkaufen und die Dividendenausschüttung meiden. Aber ob das steuerliche Timing so hinkommt, wenn daneben noch Hausse und Baisse drohen?

2.5. Haus- und Grundbesitz

Es bleibt jedoch eine Anlageform, die steuerlich außerordentlich begünstigt ist, im Wert dauerhaft steigt und auch noch Sicherheit verkörpert: Haus- und Grundbesitz. Die Ideallösung also?! Problematisch ist zunächst jedoch der Einstiegspreis. Selbst der erbärmlichste Wohnraum in einem von Gott und der US Army verlassenen Hunsrück-Dorf kommt auf mindestens 1000,– DM pro qm. Im Rhein-Main-Gebiet beginnt der Preis bei 3000,– DM pro qm.

Bauland wird in Flörsheim (verschlafene Kleinstadt im Rhein-Main-Gebiet) in den Bodenwerttabellen mit 500,– DM/qm angesetzt. Aber der Preis ist ein theoretischer, denn es verkauft niemand notlos Bauland, eben weil es beste, sicherste und steuerfreie Wertsteigerungen verspricht. Wenn doch etwas auf den Markt kommt, dann zu Preisen ab 800,– DM oder 1000,– DM.

Grund dafür ist eine äußerst restriktive Ausweisung neuer Baulandflächen. So gilt im Rhein-Main-Gebiet als sicher, daß auch ein Bankdirektor im Reihenhaus endet, wenn er nichts erheiratet oder ererbt hat. Das freistehende Einfamilienhaus bleibt dann auch bei einem Jahresbrutto von 200000,– DM ein fast unerfüllbarer Traum. Aber wir halten es ohnehin nicht für sinnvoll zu glauben, der Bau eines selbstgenutzten Einfamilienhauses sei eine sinnvolle Altersversorgung. Zum einen sind wir dadurch zu lebenslänglichen Schulden verurteilt, die anfangs bis zur Unterkante Oberlippe stehen. Geht in den ersten zehn Jahren etwas schief (Arbeitslosigkeit, Umsatzeinbruch, Scheidung, Krise, Tantiemenabsturz), dann kann man nicht nur das Haus verlieren, sondern auch noch Restschulden behalten.

Dies schädigt das Sozialprestige so nachhaltig, daß nur noch ein Ortswechsel möglich ist.

Zum anderen ist auch der Steuervorteil bei der eigengenutzten Immobilie bescheiden. Ausnahme: Wohnungsbau Ost. Da können frei wählbar in den ersten fünf Jahren 50% der Gestehungskosten als Sonderabschreibungen steuerlich geltend gemacht werden. Das Programm wurde gerade bis 31.12.1996 verlängert. Problem hier: Schnell hochgezogene Billigstbauten werden in mäßigen Lagen am Standort Leipzig derzeit ab 5000,– DM pro qm Wohnfläche angeboten und flugs verkauft. Knappheit und die Gier nach Steuerersparnis lassen wenig Blick auf dauerhafte Werthaltigkeit zu.

Unserer Meinung nach ist die Anlage in vermietete Immobilien der Eigennutzung vorzuziehen. Außerdem behaupten wir kühn, daß Investitionen in den Wohnungsbau keine vernünftige Rendite, dafür aber jede Menge Ärger bringen. Ja, aber Immobilien, ob Eigentumswohnung oder Mietshaus, steigen doch im Wert! Also mache ich doch eine – steuerfreie – Rendite über den Wertzuwachs. Ganz legal.

Richtig, aber: Wenn man die Wertentwicklung einer Immobilie beobachtet, dann sollte man auch die Wertentwicklung einer Geldanlage in Relation dazu setzen. Greifen wir auf das Beispiel vom Legal- und Illegal-Sparer zurück.

Beispiel:
Das Eigenheim hat vor 10 Jahren 300000,– DM gekostet. Hätten wir das Geld legal angelegt, hätten wir jährlich 4% Zinsen nach Steuer gehabt (Inflation bleibt außer Betracht, da auch der Hauspreis heute mit entwertetem Geld bewertet wird). Das Haus müßte 10 Jahre später rund 450000,– DM bringen, um gleiche Rendite zu garantieren. Beim Illegalsparen wären 8% pro anno möglich gewesen. Das Haus müßte also im Verkauf 650000,– DM bringen, um gleichzuziehen.

Aber Moment mal! Dafür habe ich doch mietfrei gewohnt. Sicher, aber auch zinsfrei? Die Rechnung relativiert sich, aber der Aspekt bleibt.

Und schließlich die Abschlußfrage: Selbst wenn das Haus gewaltig im Preis gestiegen ist, wem ist das zu verdanken? Dem Gebäude? Nun, sicher steigen die Baupreise ständig und vielleicht sogar über die Geldentwertungsrate. Aber es tritt auch Wertverlust durch Verschleiß (Abschreibung) auf. Und ob da anschließend noch ein realer

Wertzuwachs bleibt, ist sicher nicht zuletzt von Bauqualität und Nutzungsart abhängig.

Nein. Unsere These heißt: Der tatsächliche Wertzuwachs ist dem Grundstück zu verdanken. Grund steigt, Haus bleibt. Und daher ist für uns die sicherste Wertanlage das jungfräuliche Grundstück. Eine Baumaßnahme kann im Gegenteil sogar zu dessen Entwertung führen.

Unbebaute Grundstücke machen wenig Arbeit und Ärger, liefern über den steten Wertzuwachs legal steuerfreie Rendite und kosten kaum Vermögenssteuer. Das Grundstück als Sparbuch also. Gesellschaftlich zwar nicht opportun in Zeiten der Wohnungsnot. Aber auch als Hausvermieter wäre man nicht beliebter. Daher vielleicht nicht nur für Landwirte eine bedenkenswerte Form der Alterssicherung.

2.6. Was also tun?

Man mag unsere Thesen glauben oder nicht. Es bleibt immer unabhängig davon eine Typfrage, auf welche Art der Anlage man sich einläßt. Aber auf alle Fälle ist es ein Irrglaube, zu denken, man bekäme von irgend jemandem was geschenkt. Wer mehr Rendite will, der muß höheres Risiko fahren. Wer nur «sichere» Anlage will, der muß mehr Geld verdienen, um mehr zur Seite legen zu können. Doch was ist eigentlich sicher? Die Lebensversicherung, die 6,5 % versprochen hat und dann gerade mal 4,5 % auszahlt? Der Tip des Vermögensberaters, der goldene Berge verspricht und uns günstigstenfalls nur eine dicke Abschluß-Provision, schlimmstenfalls jedoch das ganze Vermögen kostet? Oder der seriös wirkende Anlageberater der Bank, der von seinen Vorgesetzten gesagt bekommt, welche Aktien und Wertpapiere «unser Haus» verkauft sehen will, während über das Warum diskret geschwiegen wird?

Nicht umsonst stellte der Hai Karl-Heinz Rottmann im Großen Bellheim klar: «Draußen ist Krieg.»

Er kennt die Banken – wir auch!

Gründen in der Krise?

Gründe zum Neinsagen gibt es zu allen Zeiten für Zauderer und Zögerer. Aber Krisenzeiten haben für diese den enormen Nachteil, daß sie ihr Nein nicht wortreich begründen müssen. Jeder sieht die Risiken vor sich, die ein freies Unternehmertum so mit sich bringen.

Seltsam jedoch: Die Gründungskurse sind voll, und unsere Existenzgründungsberatung boomt wie noch nie. Lauter Verrückte?

Nun, zunächst gilt auch beim Gründen die alte Börsenregel: Wenn jeder schreit «Wie **kannst** du nur!», dann **mußt** du es tun.

Wer liquide ist, ist in der Krise König. Viele Branchen liegen darnieder. Sachwerte in sechs- und siebenstelliger Höhe – gleichgültig, ob in Repro- oder Tonstudio, in Taxi, Teppichhandel oder Gourmet-Tempel investiert – wechseln für 10–20% ihres Restwertes den Besitzer.

Wenn sich überhaupt ein Käufer findet!

Denn Geld von den Banken zu bekommen ist für bestehende Unternehmen und mehr noch für Gründer schwieriger denn je. Die Rolläden sind runtergelassen, und selbst bei mittelprächtigen Handwerksbetrieben wird mittlerweile ernsthaft die Hinterlegung von 100000,– DM Sparkassenbriefen verlangt, bevor man 100000,– DM Kredit rausreicht.

Die Bank als Wechselstube also, die von Bank**beamten** organisiert wird, denen jeder Risikogedanke auch persönlich fremd ist. Daher können sie auch den Wunsch nach 50000,– DM Kredit für eine Einbauküche viel leichter nachvollziehen als den nach investiver Verwendung in eine Geschäftsgründung.

Folglich wird ein Gründer heute rein auf eigenes Risiko starten müssen. Die Eigentumswohnung ist also weg, wenn es schiefgeht.

Gründer in der Krise unterscheiden sich häufig von den Gründern in normalen Zeiten.

Ist es gewöhnlich der Reiz von Freiheit und Abenteuer, die Überzeugung, besser zu sein und mehr verdienen zu können als im Angestelltenverhältnis, so tritt in der Krise noch ein Gründertyp auffallend in Erscheinung: der Not-Gründer.

Ohne Chance auf einen neuen Arbeitsplatz und getrieben von dem Wunsch, wieder Platz und Status in der Gesellschaft zu finden, noch mal allen zu zeigen, daß man es schaffen kann, stößt er – geleitet von der Staatspropaganda – auf die Perspektive Selbständigkeit. Mit 100000,– DM aus Omas Wäscheschrank und versehen mit ihren guten Wünschen sucht er sein Glück. Und das braucht er auch.

Unsere Erfahrung: Die Not ist ein schlechter Ratgeber. Und wer vorher nie nach Selbständigkeit dürstete, der sollte in Notzeiten besonders vorsichtig sein.

Wir sind heute mehr denn je der Überzeugung, daß es Unternehmertypen (und natürlich auch Typistinnen) gibt. Peter Goebel hat in seinem Buch «Erfolgreiche Jungunternehmer» sehr plastisch beschrieben, wie dieser Typus Mensch aussieht: unangepaßt, renitent, nicht bereit zur Unterordnung, nicht mutig, sondern eher verrückt und voller Energie und Selbstvertrauen. Fällt er auf die Schnauze, was häufig vorkommt, so steht er wieder auf. Menschen also, die vom Unternehmensberater gebremst und nicht geschoben werden müssen. Wir wünschen uns mehr solcher Kunden und sehen bei ihnen Erfolgschancen – auch und gerade in der Krise.

Wenn der Gerichtsvollzieher zweimal klingelt

Einmal monatlich hat er seinen großen Auftritt. Und er genießt ihn auch. Leicht könnte man ihn mit seinem Publikum verwechseln: Kleinbürger und Flohmarktgauner, Rentner und Studenten, eine Handvoll soziale Problemfälle und Geschäftsleute und manchmal geschickte Strohmänner. Doch unser Mann kann jedem vermitteln, wo die Kulisse endet und die Bühne beginnt. Er beherrscht viele Tonlagen und wechselt sie bei Bedarf. Kurz: Er beherrscht sein Publikum. Aber er ist kein Schauspieler, sondern – Gerichtsvollzieher. Seine Bühne: die Zwangsversteigerung. Seine Ware: die Pfandbeute des Monats.

Wir treffen ihn in einer pfälzischen Kleinstadt und kommen zu einem Erfahrungsaustausch auf der Beziehungsebene Arzt und Leichenbestatter.

Er ärgert sich über das Bildnis, das wir so über seinesgleichen pflegen:

«Der alte Beamtentypus ist in unserem Job fast ausgestorben. Vor Wut geplatzt oder von den Kunden erschlagen. Er hätte auch heute keine Chance mehr. Allein schon das Outfit ‹Köfferchen vor dunklem Stangenanzug› schreckt niemanden mehr, sondern belustigt. Gerichtsvollzieher dürfen heute einfach nicht mehr aussehen wie weiland der Tschibo-Onkel auf der Kaffeeplantage im Werbefernsehen. Dynamische, professionelle und pragmatische Typen beherrschen die Szene. Leute in Jeans und Lederjacke, denen man sofort zutraut, daß sie den PC eigenhändig wegschleppen.»

Wenn's lohnt. Schon mal dabei Prügel bezogen?

«Zweimal in 15 Jahren. Gewalttätigkeiten sind sehr selten. Wir fangen viel häufiger Dienstaufsichtsbeschwerden und Strafanzeigen.»

Mit dem dritten Glas Pfälzer Wein entdecken wir Gemeinsamkeiten:

«Ich denke unternehmerisch! Effizienz ist mein Gebot: Wo ist was zu holen? Wie komme ich am kostengünstigsten und zeitsparendsten ran? Wovon lasse ich lieber die Finger?

Deshalb bekomme ich auch ständig Ärger mit unserem Innendienst, wo noch die echten Beamten sitzen. Die halten mir alle paar Wochen eine neue Kommentierung der Zivilprozeßordnung unter die Nase. Ich lese lieber die Schriften der Gegenseite: einschlägige Schuldnertricks. Denn damit ist man doch tagtäglich konfrontiert.»

Wir wagen Zweifel an soviel verbeamteter Arbeitslust.

«Natürlich gibt es auch unter uns manche Faulenzer. Mir ist es verdächtig, daß meine drei Kollegen aus den Nachbarbezirken zusammen weniger Sachwerte pfänden als ich alleine. Sicher, mir ist ein pfändbares Gehaltskonto auch lieber als ein 20 Kilo schwerer Zweitfernseher. Aber es muß einfach sein. Das Ganze ist nämlich auch eine Frage der psychologischen Kriegsführung. Eigentlich könnte ich an meinem wöchentlichen Aktionstag mit dem Caravan auf Beute gehen. Aber dann glaubt mir ja keiner meine ernsthaften Absichten. Also investiere ich: Möbelwagen mit zwei Trägern gemietet und ab die Post. Und es lohnt sich: die Hälfte der Kundschaft kommt einem schon mit Geld in der Hand entgegengerannt und zahlt zumindestens was an.»

Was hält er überhaupt von seiner Kundschaft?

«Clevere Schuldner sind die Ausnahme. Viel häufiger sind die armen Würstchen, bei denen es mir manchmal leid tut, daß ich zuschlagen muß. Aber es gibt auch Absprachen, die das Leben erleichtern. Wenn ich meinen Stammkunden sage, paß auf, wenn ich zweimal klingele, dann brauchst du nicht aufzumachen, und ich gehe wieder. Dann hast du 10 Tage Zeit, mir Geld zu bringen. Aber wenn ich dreimal klingele, dann mach keinen Fehler.

Ich verliere so mein Schreckensimage. Und das ist auch wichtig. Unsere Kunden sind nur so lange kooperativ, solange sie psychisch noch stabil sind. Wenn sie aber ausrasten, ist nichts mehr berechenbar. Auf denen lastet ja auch ein enormer Druck. Der feucht-fröhliche Schuldner, der über seine Gläubiger lacht, ist die große Ausnahme. Und nur bei dem entwickele ich Jagdinstinkt. Dann schlage ich mir auch mal eine Nacht um die Ohren, um an ihn ranzukommen. Und was man da so erlebt: Ich könnte ein Buch darüber schreiben.»

Nicht schwätzen – tun!

Kompanie is' Lompanie

Vermutlich hat der Begriff seine Wurzeln im Französischen. Auch in Hessen weiß jedoch jeder, was gemeint ist: Finger weg von einem gemeinsamen Unternehmen.

Die Zeit spricht gegen gemeinschaftliche Gründungen, und wenn heute drei GründerInnen hoffnungsvoll vor uns sitzen, müssen wir sie in der Beratung böse erschrecken: Es ist unwahrscheinlich, so schleudern wir in die entsetzten Gesichter, daß ihr in einem Jahr noch zu dritt zusammen seid.

Tatsächlich dominiert die Single-Gründung, bestenfalls ergänzt um das Duo. Und wir haben derzeit mehr damit zu tun, Ausstiegslösungen zu realisieren, als neue Großgebilde zu flechten.

Früher glaubten wir, gute Verträge wirkten Wunder, gerade als Instrument für schmerzlose Trennungen. Heute sehen wir weit mehr die Macht des Faktischen und die Begrenztheit juristischer Erfolgschancen. Besonders übel sind die Fälle, in denen drei Gründer trotz vieler Jahre harter Arbeit und mäßigstem Lohn nie aus den Schulden rausgekommen sind. Fast unmöglich, jetzt vom Ausscheidenden zu verlangen, er möge als sein Anteil 150000,– DM Schulden mitnehmen: Ausscheiden eines Gesellschafters bei negativem Unternehmenswert – nie war ein Vertrag nutzloser als dann.

Natürlich gibt es auch sie noch – unsere Tischler aus Rheinhessen, die seit 10 Jahren zu dritt jede Krise überstehen. Aber warum sind sie zu Paradiesvögeln geworden? Warum kommen keine neuen, beständigen Partnerschaftsgründungen nach?

Die Tatsache, daß voreilig Partnerschaften geschlossen werden trotz mangelnder Erfahrung damit, wie die Beteiligten in Extremsituationen reagieren – und eine Existenzgründung ist eine Extremsituation –, ist uralt. Auch die Zwangsläufigkeit, daß mit jedem Partner, der vom Unternehmen leben will, die notwendige Betriebsgröße und damit der Kapitalbedarf steigt, ist ein alter Hut. Da das Eigenkapital nicht entsprechend Schritt hält, steigt ebenso die Verschuldung und damit das Risiko.

Es müssen **neue Gründe** sein, die heute gegen die Dauerhaftigkeit partnerschaftlicher Gründungen sprechen. Ein Gespräch mit einem FAZ-Redakteur (dahinter steckt manchmal ein kluger Kopf!) schaffte Klarheit. Wir entwickelten zwei sich ergänzende Vermutungen:

1. Die Startbedingungen sind härter geworden, wobei sich die Partner die Auswirkungen auf die eigene Lebensführung in der – zudem viel länger als geplant andauernden – Gründungsphase nicht genügend klarmachen. Gleichzeitig ist die Bereitschaft, auf vertraute Ansprüche an das Leben zu verzichten (Opferbereitschaft), geringer geworden – sowohl bei den Gründerpartnern selbst als auch in deren häuslichem Umfeld. Daher setzt Erfolglosigkeit = reduzierte Lebensführung Konflikte in Gang.
2. Die Fähigkeit, mit Konflikten umgehen zu können (Streitkultur), ist heute erheblich niedriger als früher. Herrschte noch in den siebziger Jahren in Uni und Betrieb eine zum Teil wilde Entschlossenheit, für die Rechte von irgendwem oder für 200,– DM mehr im Monat auf die Straße zu gehen, ist heute eher Individualität und Rückzug üblich. Bestenfalls zahlt man seine Interessenvertreter und kauft sich damit seine Ruhe. Stellt der Dozent heute Studenten zwei Theorien vor, so bekommt er als Replik nicht eine dritte oder gar Widerstand an den Kopf geknallt, sondern lediglich die piepsige Frage: «Und welche sollen wir lernen?»

Da wundert es dann nicht mehr, wenn Partnergründungen schon bei den ersten Konflikten enden wie «Ehen vor Gericht».

Solange das Umfeld so bleibt, wie es ist, braucht es also sehr gute Gründe, bevor wir Dreier-, Vierer- oder gar Fünfer-Partnergründungen befürworten.

Und der Anwalt hilft sofort...

Lehrer und Juristen haben mindestens eine Gemeinsamkeit: Beide wissen alles (besser). Aber es ist weder neu noch nötig, sich darüber auszulassen.

Existenzgründer sollten wie jedermann zusehen, daß sie – wo immer möglich – ohne Juristen auskommen. Es gibt zwei Fallgruppen, in denen ein Rechtsbeistand vom Gründer gesucht wird: bei der Vertragsgestaltung und im Streitfall. Eigentlich sind damit zwei völlig unterschiedliche Anwaltstypen zu beschäftigen. Typische Anlaufadresse ist jedoch in beiden Fällen **ein** Rechtsanwalt. Als Auswahlkriterium dominieren Bekanntschaft und unqualifizierte Weiterempfehlung.

Gerade in Kleinkanzleien, die mäßig laufen, trauen sich die Anwälte schier alles zu: von Strafverteidigung bis Vertragsgestaltung, von Scheidung bis Schuldrecht. Die Qualität bleibt dabei natürlich auf der Strecke. Ein Fall wird angenommen, wenn der Streitwert stimmt. Denn er bestimmt den Stundenlohn des Anwalts.

Der Gründer ermöglicht dieses Verhalten. Hat er einmal zu «seinem» Anwalt Vertrauen gefaßt, so tritt er mit allen möglichen Rechtsfragen an ihn heran, vielleicht sogar mit steuer- oder betriebswirtschaftlichen Problemen. Das Verhältnis hält in der Regel jedoch nur bis zum ersten restlos verlorenen Prozeß.

Ein erstes Gütekriterium für einen Anwalt ist, wenn er Fälle mit der Begründung abweist, er habe von der Sache keine Ahnung. Selten jedoch empfiehlt er in einem solchen Fall einen kompetenten Kollegen. Anwälte kennen einander nur sehr mäßig, und wo sie sich kennen, trauen sie sich gegenseitig wenig zu.

«Aber ein Anwalt hat doch sowieso von nichts Ahnung, ist aber in der Lage, sich in jede Problematik einzuarbeiten», wird der kultivierte Jurist uns erwidern. Die Richtigkeit dieses Bonmots unterstellt, hegen wir doch Zweifel, ob der stets gestreßte Advokat noch Zeit und Lust hat, sich stets neuen Anforderungen zu stellen, die Rechtsprechung zu verfolgen und Kommentierungen zu lesen, nachdem er seine Zulassung erreicht hat und die ersten wilden Jahre vorüber sind. Schon die hoffnungslos veraltete Präsenzbibliothek der Kleinkanzleien läßt den Kenner erschaudern. Kommentare sind halt teuer und lesen sich nicht von selbst. Hat ein Anwalt mal seine Zulassung – er verliert sie kaum noch. Jedenfalls nie durch veraltetes Wissen.*

Also lieber hin zu den großen Sozietäten in Städten? Es ist nicht der horrende Stundensatz (ab 400,– DM), der dagegen spricht. Vielmehr scheint uns der Output der nobel wirkenden und mit Literatur, EDV und Sekretärinnen top ausgestatteten Großkanzleien auch nicht unbedingt unumstritten. Bei den Mahagoni-Anwälten herrscht strikte Arbeitsteilung: Die Partner und Seniorpartner (an der Kanzlei beteiligte Anwälte) akquirieren, je älter sie werden, zunehmend nur noch

* Gerade dumme Anwälte leben jedoch in permanenter Angst davor, ihre Zulassung zu verlieren, und teilen dies auch wortreich immer dann den Mandanten mit, wenn sie in ihrer Tätigkeit bis zur Grenze des Vertretbaren gehen sollen. Meist ängstigen sie sich lebenslänglich zu Unrecht. Wir haben einige Fälle verfolgt, in denen die Zulassung wirklich entzogen wurde, und können sagen: Es braucht sehr viel dazu und dauert unendlich lange.

Aufträge und gehen mit den besseren Mandanten (Großwild) essen. Selten und nur in wichtigen Fällen bemühen sie sich noch selbst um die Akten. Das erledigen fleißige und stets übernächtigt wirkende Jungjuristen, die in Hoffnung auf den Aufstieg zum Partner für 60000,– DM Anfangsgehalt robotten. Sie sind auch für das Kleinvieh zuständig. Täglich sehen sie bei ihren Vorgesetzten, wie man lebt. Das motiviert.

Den Jungjuristen fehlt die praktische Erfahrung, die eigentlich die Partner beisteuern könnten, doch die haben meist Besseres vor. Da die Jungjuristen häufig wechseln, ohne je den Golfplatz gesehen zu haben, besteht die Gefahr, daß der Mandant von mehr oder weniger guten Hochschulabsolventen und damit praktisch von Anfängern vertreten wird.

Ob Klein- oder Großkanzlei, vor **einem** sollte jeder sich hüten: dem **Krieg der Schriftsätze**. 80% der Anwälte konzentrieren ihre Arbeit darauf, ersparen sich lästige Direktkontakte und lasten so Diktiergerät und Sekretärin aus.

Wie entwickelt sich so ein Rechtsstreit?

Ein Unternehmer hat Ärger mit seinem Kompagnon, Kunden oder Konkurrenten. Er geht zum Anwalt. Der läßt sich nach dem Sachvortrag eine «anwaltliche Vertretungsvollmacht» unterschreiben, taxiert im stillen den Streitwert und verfaßt einen wuchtigen Schriftsatz, nicht ohne seinen Mandanten kräftig bestärkt zu haben. Ein anwaltliches Schreiben wirkt wie eine Granate. Auch die Gegenseite rennt jetzt zum Anwalt und schießt zurück. Die Stimmung heizt sich auf, Argumente werden nur schriftlich ausgetauscht, es wird bestritten und gefordert, Fristen gesetzt und gedroht. In dieser Phase tritt mit der Kommunikationslosigkeit zwischen den jetzt verfeindeten Parteien eine wachsende Abhängigkeit vom eigenen Anwalt auf. Der wird auch Seelentröster, was ihm gar nicht so recht ist, denn Geschwätz kostet Zeit und erhöht nicht den Streitwert, immerhin aber den Einfluß auf den Mandanten.

Das Ganze endet nach einem halben bis einem Jahr vor Gericht. Bis dahin wurden auf beiden Seiten Vorschüsse kassiert, der Klagende muß zudem noch Gerichtskosten vorfinanzieren. Der erste Gerichtstermin ist ein großes Oha-Erlebnis, denn wer hätte gedacht, daß sich der brummige Richter so gar nicht für die «Wahrheit» interessiert, sondern die dicken Schriftsätze, die er vielleicht oberflächlich gelesen hat, nur billig vom Tisch haben will. 10 bis 30 Minuten dauert so eine Zivilprozeß-Verhandlung, auf die man so lange und erregt gewartet hat. Die Anwälte plustern sich auf und finden mehr oder weniger starke Worte. Die Mandanten spenden nickend Beifall, und der Richter schaut auf die Uhr. Mit einem Blick erkennt er, ob Formfehler vorliegen – seine beste Chance auf einen kurzen Prozeß. Ansonsten zweifelt er beide Seiten etwas an, läßt seine Meinungstendenz erkennen und lotet die Vergleichsbereitschaft aus. Bei Widerstand droht er mit einer langen Prozeßdauer und einer teuren Beweiserhebung.

Die Anwälte nehmen jetzt ihre Mandanten zur Seite und beschwichtigen: Zeit, Geld und der Richter dienen plötzlich als Argument für etwas, was von Anfang an eigentlich nie Thema war: den Frieden durch Vergleich. Vielleicht braucht es noch eine oder zwei weitere Sitzungen, d. h., ein weiteres Jahr, bis es soweit ist. Seltener als man glaubt endet jedoch ein Zivilprozeß mit einem Urteil.

Wer profitiert vom Vergleich? Die Anwälte natürlich, die dafür jeder zusätzlich eine volle Gebühr kassieren. Völlig zu Recht: Schließlich haben sie die Wiederherstellung des Rechtsfriedens gefördert. Auch der Richter profitiert, da ihm ein aufwendiges Urteil erspart bleibt. Und die Richter der nächsten Instanz sind zufrieden, denn sie bleiben vor möglichen Berufungen verschont. Beide Parteien haben im Vergleichsfall ihre Anwälte selber zu bezahlen. Die Gerichtskosten werden in aller Regel geteilt. Jede Partei zahlt schließlich die Hälfte.

Anwälte lieben dieses Distanzgeschäft, Kläger und Beklagte sollten es meiden.

Wir plädieren dafür, Anwälte zu suchen, die in direktem Kontakt und ohne Schriftsatz und Gericht die Verhandlungslösung suchen. Auch außerhalb ihrer Kanzlei. Das wird nicht nur etwas billiger*, sondern es spart dem Gründer Zeit und Nerven und bringt schnell ein Resultat, das ansonsten in ein bis zwei Jahren zu erwarten wäre und solange andere Aktivitäten blockiert. Und: Je schmerzloser die Auseinandersetzung, desto besser die Chance für geringere Folgeschäden. Anwälte als Verhandlungstaktiker also – ein neues Berufsbild?

* Uns liegen Beratungsfälle vor, in denen die Anwaltskosten in manchem Jahr 10% bis 15% vom Umsatz ausmachten.

Phasenschema einer Unternehmensgründung

Einstiegsphase	Beschäftigung mit dem Gedanken an «Selbständigkeit», beeinflußt von der persönlichen Lebenssituation und dem Umfeld. Sporadische Abwägung diverser Gründungsideen auf Kneipengesprächsniveau. Mehr oder weniger klare Entscheidung für eine bestimmte Branche («Irgendwas mit Obst»), mehr oder weniger abstrakter Beschluß, es zu versuchen. Häufige Hoffnung: «Ein bißchen Selbständigkeit» – Zeh ins kalte Wasser.
Orientierungsphase	Viele zielgerichtete und zufällige Gespräche, Literaturbeschaffung, Besuch eines Gründungskurses. Immobilienteil der Zeitung gewinnt Bedeutung. Selektive Wahrnehmung von Nachrichten. Auswahl spezieller Sendungen und Zeitschriften-Artikel. Gespräch mit Freunden über Teilhaberschaft oder Anstellung. Vorfühlen bei Banken, IHK usw. Erkenntnis, wie komplex alles ist. Konzentration auf das, was Spaß macht. «Traumphase» bis hin zur harmlosen (da zunächst folgenlosen) Euphorie.
Akutphase	Ein Ereignis tritt ein, das eine Entscheidung verlangt: die Chance. Traumphase wird durch Bewußtwerden der Realität abgebrochen. Bisher harmlose Euphorie kann jetzt gefährlich werden. Beispiele: Räumlichkeiten werden angeboten; Geschäftsübernahme möglich. Entscheidungsdruck wird quälender, je schneller die Entscheidung verlangt wird, je geringer die Gründungseuphorie ist, je mehr Teilhaber beteiligt sind, je nüchterner das Umfeld reagiert (Familie, Freunde, Vermieter, Bank), je weniger das bisherige Leben quält (Beruf, Arbeitslosigkeit). Problem: obwohl die Entscheidung jetzt zu treffen ist, besteht das Konzept weitgehend aus Fragmenten und Träumen.
Entschlußphase	Beendigung des belastenden Entscheidungsdrucks entweder durch eine klare Entscheidung für das Angebot oder – was zukünftig belastet durch Zurückweisung des Angebots («Verpatzte Gelegenheit»). Auch bei eigener negativen Entscheidung eventuell starkes Unbehagen, vor allem, wenn von anderen erzwungen («Verpaßte Chance»). Bei positiver Entscheidung zunächst kurze Erleichterung, da jetzt Klarheit. Beispiel: Vertrag ist unterschrieben.
Gründungschaos	Am Anfang wird noch sorgfältig geplant bzw. Zeit vergeudet. Am Ende ist das Chaos absolut. Alle an den Rand gedrängten, weil unangenehmen bzw. unwichtig scheinenden Probleme und Entscheidungen kommen jetzt mit solchen zusammen, die erst jetzt behandelbar sind. Sie werden jetzt ad hoc gelöst und/oder bleiben damit ungelöst «Stunde der Überwirte», die schnelle Lösungen versprechen und zur schnellen Unterschrift verführen. Konzeptionslose Delegation von Aufgaben zur Eigenentlastung. Flucht aus der tonnenschwer lastenden Verantwortung.

Eröffnung	Unter beängstigendem zeitlichen Druck lebt der Gründer nur noch für ein Datum: die formelle Eröffnung. Ähnlich dem Hochzeitstag wird alles viel weniger tragisch als befürchtet. Aber: Die Eröffnung ist meist äußerst unvollkommen (nicht nur an den eigenen Ansprüchen gemessen), da bis zum Schluß mehr Energie für das Putzen der Räume vergeudet wird als für eine sinnvolle Ablaufgestaltung. Steife bis peinliche Ouvertüre. Abschluß des Eröffnungstages führt zur entspannenden Erleichterung des Gründers.
Vollspannungsphase	Am nächsten Tag dämmert langsam die Erkenntnis, daß mit der Eröffnung erstmals ein neuer, «geregelter» Tagesablauf begonnen hat. Geregelt zunächst nur formal («Öffnungszeiten»), was zur äußeren Disziplin zwingt trotz fortdauerndem inneren Chaos. Betriebsabläufe noch völlig dilettantisch. Anspruch und Wirklichkeit geraten in Konflikt. Euphorie und Resignation bei der Kundengewinnung wechseln sich ab. Klare Einschätzungen fehlen. Kritik dennoch unerwünscht. Prinzip des ‹Später›. Angst im Nacken erzeugt ständige Stressituation. Überwirte, die bisher geschlafen haben, wachen auf und suchen ihr Glück.
Routinephase	Allmählich entwickelt sich eine gewisse innere Ordnung, auf welchem sinnvollen oder sinnlosen Niveau auch immer. Träume werden zunehmend der Realität geopfert, Ansprüche – meist unbewußt – aufgegeben. Gründer: hat eine gewisse Sicherheit gewonnen. Ruhephasen werden möglich, selten jedoch dafür genutzt, Fehlentwicklungen zu korrigieren oder zu reflektieren. Angst vor dem Rückfall ins Chaos. Erste – oft trügerische – Phase finanzieller Überschaubarkeit nimmt Existenzangst.
Alltag	Ordnung hat sich gefestigt. Stärken und Schwächen des Unternehmens und seiner Organisation sind zum täglichen Leben geworden, akzeptiert von den noch verbliebenen Kunden, Partnern und dem Personal. Träume sind weitgehend der Realität gewichen. Alltagstrott wird nur durch besondere Ereignisse durchbrochen. Finanzen überschaubar, sofern nicht ein Damoklesschwert droht (Finanzamt, AfA, ERP-Tilgung). Je größer die Frustration, desto entscheidender wird der Faktor Geld. Ökonomisierung. Frage des ‹Sichlohnens› und des ‹Wofür›. Rationalisierung. Fehlersuche mit Profitinstinkt. Ansätze zu den üblichen Verhaltensweisen von Kleinunternehmern.

Phasenschema einer Pleite

Glücksphase	Da die Sicherheiten nicht ausreichen und der Optimismus trotzdem groß ist, starten fast alle Gründer unterkapitalisiert – und merken es nicht mal. Denn: Die Kreditlinie ist endlich eingeräumt und scheint unendlich hoch. Der Unternehmer nutzt das Girokonto daher auch heftig zur privaten Wunscherfüllung. Hifi-Anlage, Designer-Möbel und ein standesgemäßer Wagen sind angesagt. Die betrieblichen Einnahmen werden's schon richten.
Vorphase	Geld wird knapper. Das Minus auf dem Girokonto übersteigt am Monatsende regelmäßig die eingeräumte Kreditlinie. Das Konto fängt sich aber im weiteren Verlauf stets wieder. Die Bank spielt stillschweigend mit. Rechnungen werden eher pünktlich bezahlt. Umsatzsteuervoranmeldungen großzügigst zu eigenen Gunsten geschätzt. Vorauszahlungen auf die Einkommensteuer werden vermieden. Rückstellungen für Risiken oder Neu- und Ersatzinvestitionen sind kein Thema.
Situations-verschärfung	Es tritt ein stets als schicksalhaft empfundenes Ereignis ein, dem der Gründer später alle Schuld gibt: Umsatzeinbruch, Forderungsausfall, Eintritt eines Risikofalls, Flucht des Ehepartners oder auch nur Notwendigkeit von Neuanschaffungen. Die Lage wird erst mal kritisch. Girokontominus übersteigt dauerhaft die eingeräumte Kreditlinie. Zahlungen werden verzögert, den eigenen Forderungen wird wild hinterhertelefoniert.
Warnphase I	Die Überziehung erreicht die (interne) Kreditlinie (Schmerzgrenze) der Bank. Eine kleine Bankangestellte (Kontoführerin) wird vom Kreditbanker beauftragt anzurufen: keine Kompetenz, aber stupide Fragen und sanfte Warnungen. Erste Aktenvermerke für den Kreditbanker werden erstellt. Der Schalter wird beauftragt, keine Euro-Schecks mehr auszugeben. Der Geldautomat spuckt nur noch 400markweise Beträge aus. Der Unternehmer gerät erstmals in Panik: Nervosität belastet Kundenkontakt. Hektisches Bemühen um Neukunden. Kundengewinnung um jeden Preis.
Warnphase II	Überweisungsaufträge werden tagelang zurückgehalten oder zum Teil ohne weitere Vorwarnungen postwendend von der Bank zurückgeschickt. Der Kunde wird zum Schuldner. Erste Panikreaktionen. Versuch, wichtige Überweisungen per Bareinzahlung durchzuführen (Telekom, Finanzamt, Krankenkasse, Löhne). Alle anderen Lieferanten werden hingehalten. Unternehmer geht nicht mehr selbst ans Telefon und läßt sich verleugnen. Kundenakquisition leidet darunter erheblich.

Warnphase III	Gespräch mit dem Kreditbanker. Dieser fordert: Hosen runter, Erklärungen, Listen, neue DATEV-Auswertungen. Im positivsten Fall gewährt er dafür: befristete Linienerweiterung, Tilgungsaussetzung, Kreditstreckung, Umschuldung, selten und nur gegen Sicherheiten dauerhaft frisches Geld. Erste Lieferanten werden unruhig und verweigern weitere Lieferungen. Lieferantenvertröstung, Lieferantenwechsel. Unternehmer beginnt sich zu verstecken und Kontakte zu meiden. Keine Neukunden-Akquisition mehr. Kunden mahnen Leistungen an.
Erste Akutphase	Das Konto ist dicht. Überweisungen werden nicht mehr ausgeführt, Schecks nicht mehr akzeptiert (außer Euro-Schecks bis 400,– DM). EC-Karte wird gesperrt, eventuell per Geldautomat eingezogen. Geldeingänge auf dem Konto werden einbehalten. Bankgebühren, Zinsen und Tilgungen anderer Kredite werden dagegen munter weiterbelastet. Das Konto ist nicht mehr funktionsfähig. Unternehmer reagiert mit Umlenkung des Zahlungsverkehrs im Eilverfahren auf neue Kontenverbindungen. Vorsorglich beantragt er bei anderen Instituten neue EC- und Kreditkarten. Seine Nerven sind aufs äußerste gespannt. Er meidet Direktkontakt zu Lieferanten und Banken. Frisches Geld besorgt er sich durch die Nicht-Abführung von Umsatzsteuer, Lohnsteuer und den Sozialversicherungsbeiträgen der Arbeitnehmer. Erste Lieferanten erlassen Mahnbescheide. Erster Auftritt des Gerichtsvollziehers – ein denkwürdiges Ereignis und viel undramatischer als gedacht. Gerüchte verbreiten sich und führen zu massiven Kundenabwanderungen.
Zweite Akutphase	Die Hausbank bemerkt die Bewegungslosigkeit auf dem Girokonto und droht mit Kreditkündigung. Unerfreuliches Bankgespräch mit dem Kreditbanker. Vorwurf des Vertrauensbruchs. Tilgungsvereinbarungen werden aufgestellt. Bank bildet Wertberichtigungen, sondiert die Verwertungsmöglichkeit vorhandener Sicherheiten und fordert ultimativ weitere Sicherheiten. Gefährlichste Phase für den Gründer, da er keine Klarheit über sein weiteres Vorgehen hat und daher eventuell sogar bereit ist, der Bank weitere Sicherheiten zu geben, die er nie mehr wiedersehen wird. Gefährlichste Phase auch für Familie und Freunde, die flehentlich um Geld und Bürgschaft angepumpt werden. Frage nach den Chancen stellt sich. Spätester sinnvoller Termin für eine Sanierungsberatung.

Krise	Der Tilgungsplan wird nicht eingehalten. Erste Pfändungsversuche von Gläubigern gehen bei der Bank ein. Die Krankenkasse beginnt ungemütlich zu werden und droht mit Konkursantrag. Sie wird daher, soweit noch möglich, weit vor dem Finanzamt bedient. Kreditbanker zeigt sich in einem weiteren Gespräch plötzlich versöhnlich. Die Zinsen des Dispositionskredits werden auf Minimalniveau gesenkt, gegen das Versprechen neuer Tilgungsleistungen. Jedoch strikte Befristung jedes Zugeständnisses auf wenige Monate. Kein Pfennig frisches Geld. Kreditakte wandert in die Rechtsabteilung.
Depression	Die Kredite werden gekündigt. Ultimativ fordert die Bank die sofortige Rückführung aller geliehenen Gelder und beschließt den Vollziehungsakt einzuleiten. Weitere Aktivitäten hängen davon ab, wann in der Rechtsabteilung der Bank mal keiner krank oder im Urlaub ist. Mittlerweile ist auch das Finanzamt aufgewacht und wird schnell massiv. Mahnbescheide und Vollstreckungsbescheide durch eigene Vollstrecker mit dem Ziel, sich vorrangig Vermögenswerte zu sichern. Auch die kleinen Gläubiger gehen mit mehr oder weniger brachialen Mitteln gegen den Unternehmer vor. Dieser fängt an, sich und sein Vermögen zu verstecken und zu übertragen. Vollzugsbeamte, Gerichtsvollzieher, militante Kleingläubiger belagern Unternehmen und Privatwohnung. Jeder hofft, noch etwas zu bekommen. Zeitdauer bis zum Vollstreckungstitel in der Praxis: 6 Monate bis 2 Jahre. Unternehmer ist im täglichen Geschäft praktisch nicht mehr handlungsfähig. Permanenter Lieferantenwechsel führt zu Lieferungsausfällen bei eigenen Kunden. Eventuell sind bereits erste Forderungen gepfändet worden, was seine Zuverlässigkeit erkennbar einschränkt. Gerüchte werden zur Gewißheit. Das Personal sucht, ob bezahlt oder nicht, das Weite. Der Unternehmer ist nervlich am Ende und kaum noch berechenbar. Die schlimmste Phase hat begonnen.
Das Leben nach dem Tod	Bereits lange vor der eidesstattlichen Versicherung kann der Unternehmer ein zweites Leben beginnen. Werte werden auf die Ehefrau übertragen, außer Landes gebracht oder schlicht weg nur versteckt. Mit der Auflösung des alten Unternehmens folgt entweder der persönliche Zusammenbruch oder, und hier zeigt sich wahre Unternehmereigenschaft, bereits die Geburt eines neuen, nunmehr vielleicht besser geplanten Unternehmens. Gesamtdauer von der ersten bis zur letzten Phase: minimal 2, maximal 6 Jahre.

Literaturliste

Ratgeber zur Unternehmensgründung

Kotsch-Faßhauer, Lieselotte: Wie mache ich mich selbständig? Rechtliche und praktische Hilfen zur Existenzgründung. Taylorix Fachverlag, 4. Aufl. Stuttgart 1988.

Nathusius, Klaus (Hrsg.): Praxis der Unternehmensgründung. Köln 1990.

Schneider, Ernst: Erfolgreich sich selbständig machen. Frankfurt/M. 1988

Kirschbaum, Naujoks: Erfolgreich in die berufliche Selbständigkeit. Freiburg i. Br. 1985. Sehr empfehlenswert.

Kirschbaum, Günter: Erfolgreiche Unternehmensgründung. Bonn 1990

Broschüren für Existenzgründer

Bundesministerium für Wirtschaft: Starthilfe. Bonn 1995.
Alle übrigen bis 1995 erschienenen Broschüren und Schriften der Bundesregierung kann man getrost vergessen.

Bundesverband der Volksbanken und Raiffeisenbanken:
Selbständig machen – selbständig bleiben. Praktische Tips für Ratsuchende. Bonn 1992.

DIHT und IHK (Hrsg.): Planungshilfe Existenzgründung
1. Hotel und Gaststätten
2. Einzelhandel
3. Dienstleistungen

Vorsicht: die Hefte sind fast identisch!!! (Mogelpackung)

Haufe-Verlag (Sonderdrucke des Kundendienstes)
Knapp, Reinhart: Der Bankkredit.
Linke, Klaus: Eröffnung eines Handwerkbetriebes.
Martin, Gustav: Wie schreibe ich an das Finanzamt?
Mittelbach, Rolf: Steuerfragen bei Betriebseröffnung.
Mittelbach, Rolf: Steuerfragen beim Ausscheiden eines Gesellschafters.

 Pakulat, Wolfgang: Eröffnung einer Gaststätte.

Schmidt, Eberhard: Finanzierungs- und Kreditmöglichkeiten für kleinere und mittlere Betriebe.
Schmidt, Harald: Ordnungsmäßigkeit der Buchführung.
Slomma, Hans: Die Bilanz: Steuern sparen mit System.
IHK Hessens: Ich mache mich selbständig. Berlin 1978.
IHK zu Koblenz: Idex-Wegweiser für den Unternehmer von morgen. o. O., o. J. Besteht zum größten Teil aus der Starthilfe-Broschüre der Bundesregierung und einem dekorativen Plakat!

«Alternative» Literatur

Flieger, Burghard (Hrsg.): Produktivgenossenschaften – oder: Der Hindernislauf zur Selbstverwaltung. München 1984.
Kück, Marlene: Neue Finanzierungsstrategien für selbstverwaltete Betriebe. Diss. Worpswede 1984.
Neuling, Matthias: Auf fremden Pfaden. Rechtsformen für selbstverwaltete Betriebe. Berlin 1985.
Stattbuch Verlag (Hrsg.): Unter Geiern. 3. Aufl. Berlin 1983.
– Der Schatz im Silbersee. Berlin 1984.

Zu Steuerfragen

Konz, Franz: 1000 ganz legale Steuertricks, München 1996. (Mit Recht ein Bestseller! 800 Seiten für 12 Mark)

Zu Vereinsfragen

Hessischer Minister der Finanzen (Hrsg.). Steuerwegweiser für gemeinnützige Vereine.
Kempfler, Herbert: Wie gründe und leite ich einen Vercin? München 1991.
Radau/Wochinger: Steuerliche Besonderheiten bei Vereinen. Freiburg i. Br. 1991. Haufe Broschüren – Sonderdienst Nr. 30.90.

Zu Versicherungsfragen

Bund der Versicherten (Hrsg.): Lebensversicherung – Was Gesellschaften und Vertreter verschweigen. Hamburg 1983. (Verlag für Versicherungsinformation, Ifflandstr. 75, 22087 Hamburg).

Meyer, Hans Dieter: Versichern – ja, aber für weniger Geld. Reinbek 1991.

Perina, Udo: Altersvorsorge. Reinbek 1995: glasklare Analyse auf 100 Seiten.

Sonstige Spezialliteratur

Aden, Menno: Bankrecht. Frankfurt/M. 1995.

Balser, Meyer, Piorreck: Die GmbH. 9. Aufl. Freiburg i. Br. 1991.

Balser, Bökelmann, Meyer: oHG, KG, Einzelkaufmann. Freiburg i. Br. 1986.

Gerlach u. a.: Die Gewerbeimmobilie als Kapitalanlage. Freiburg i. Br. 1988.

Nirk, Rudolf: Das Kreditwesengesetz. Frankfurt/M. 1985.

Obst, Hintner: Geld-, Bank- und Börsenwesen. 37. Aufl. Stuttgart 1980.

Schmitz, Rolf: Das Recht des Handwerks. Baden-Baden 1981.

Steuer- und Wirtschafts-Kurzpost: Loseblatt-Sammlung des Haufe-Verlags, Freiburg i. Br.

Vereine Creditreform e. V., Unternehmensentwicklung. Neuss, jährlich neu.

Allgemeine Ratgeber

Gans, Grobian: Die Ducks – Psychogramm einer Sippe. Hamburg 1990.

Groth, Ulf: Schuldnerberatung. Praktischer Leitfaden für die Sozialarbeit. Ffm. 1984. (So weit braucht es eigentlich nicht zu kommen!)

Goebel, Peter: Erfolgreiche Jungunternehmer – Welche Fähigkeiten brauchen Firmengründer? München 1990.

Herrling, Erich: Der Kredit-Ratgeber. München 1990.

Schweickhardt, Udo (Hrsg.): Typische Fehler beim Start in die berufliche Selbständigkeit. Bonn 1990.

Kleines Begriffsregister

Absatzmengen: Zahl der verkauften Produkte (in Mengeneinheit gerechnet, z. B. Stück).
Abschreibung: buchmäßige Erfassung des Wertverlust, z.B. Pkw. Überhöhte Abschreibung führt zu stillen Reserven, d. h., der Pkw ist mehr wert, als im Buch steht.

Aktiendepot: Aktienbesitz, den die Bank für ihre Kunden verwaltet.

Aktiv: Soll.

Anfangsverluste: Verluste, die durch hohe Kosten und noch mangelhafte Erlöse am Anfang typisch sind.

Anlagevermögen: der Teil des Vermögens, der dauerhaft im Betrieb zu bleiben bestimmt ist (z. B. Schreibtisch).

«Anzeigenfriedhof»: der Teil der Zeitung, in dem ausschließlich Anzeigen stehen.

Baisse: Abschwung der Aktienkurse.

Bedarf: der Teil der Bedürfnisse, zu deren Deckung genügend Kaufkraft vorhanden ist.

Bedürfnis: allgemeine Wünsche der Nachfrager.

Betriebsmittelkredit: Überziehungskredit für den Betrieb, d. h., er kommt auf dem Girokonto ins Soll.

Betriebsstoffe: Stoffe, die bei der Produktion nötig sind, jedoch nicht in die Waren eingehen (z. B. Schmieröl für Holzverarbeitungsmaschine).

Bonität: finanzielles Ansehen eines Unternehmens oder eines Privatmannes.

Break-even-point: bestimmte Absatzmenge (oder Umsatz), deren Überschreitung Gewinn bedeutet.

Darlehen: mittel- oder langfristige Verbindlichkeiten.

Deckungsbeitrag: der Teil des Erlöses, der über die direkt zurechenbaren Kosten hinausgeht und damit zur Deckung der Fixkosten beiträgt.

Disagio: (= Abgeld, Damnum) der Teil des Kredits, der gar nicht erst ausgezahlt wird (steuerliche und Bonitätsgründe).

Doppelte Buchführung: Zahlungssystem, in dem jeder Geschäftsvorfall zweimal erfaßt (gebucht) wird und daher der Gewinn sich doppelt ermitteln läßt. Differenzen bringen den Buchhalter zur Verzweiflung.

Dumping: Verkauf unter Einstandspreis, d.h. z.B., man kauft Bananen für 1,– DM/kg und verkauft sie für 0,50 DM/kg. Nach dem Gesetz gegen unlauteren Wettbewerb verboten, daher z.Z. das Theater um den armen Massa.

Durchschnittsteuersatz: Steuersatz, dem euer gesamtes Einkommen unterliegt (z.B.: 44% von 130001,– DM).

Einnahme-Ausgabe-Überschußrechnung: primitive Form der Buchführung, die nur Einnahmen und Ausgaben erfaßt.

Exposé: Kurzbeschreibung, z.B. zur Darstellung des geplanten Unternehmens oder eines Hauses, das ein Makler verkaufen will.

Extensive Kaufentscheidung: Kauf, der nach langer (nicht unbedingt rationaler) Überlegenszeit getätigt wird.

Fixkosten: Kosten, die von den Produktions- oder Verkaufsmengen unabhängig sind und stets in gleicher Höhe anfallen (z.B. Miete, Nachtwächter).

Fixkostendegression: sinkende Stückfixkosten bei höherer Ausbringung. Der Nachtwächter stellt z.B. fixe Kosten von 2000,– DM/Monat dar. Bei monatlicher Produktion von 1000 Autos ist jedes Auto mit 2,– DM Fixkostenanteil Nachtwächter belastet. Verdoppelt sich die Autoproduktion, so halbieren sich die Nachwächterfixkosten auf 1,– DM pro Auto.

Forderungen: Geld, das man vom Kunden kurzfristig zu bekommen hat.

Freiberufler: unterscheidet sich vom Gewerbetreibenden dadurch, daß ohne seine persönliche Arbeitsleistung der Geschäftsverkehr nicht aufrechterhalten werden könnte (z.B. Arzt, Steuerberater, Künstler). Da Freiberufler nicht gewerbesteuerpflichtig und nur zur einfachen Überschußrechnung verpflichtet sind, ist der Status heiß begehrt und durch zahlreiche Gerichtsurteile definiert.
Nachteil: können nur als BGB-Gesellschaft oder GmbH gemeinsam Geschäfte führen.

Grenzsteuersatz: Steuersatz, der auf der letzten Mark eures Einkommens lastet (z.B.: 53% für die 120001. Mark).

Grundrente: Miete, die stets vom Bodenwert und vom Gebäudewert abhängig ist.

Haben: rechte Seite von Konten in der «doppelten Buchführung». Sinnvolle Erklärungsversuche des Wortes stets sinnlos.

Hausse: Aufschwung der Aktienkurse.

Hilfstoffe: zur Verarbeitung bestimmte Stoffe, die Nebenbestandteile der Waren werden (z. B. Leim für Möbel).

Illiquidität: Zahlungsunfähigkeit, die zur Insolvenz führen kann.

Impulskraft: Kauf, der aus einem spontanen Bedürfnis heraus getätigt wird.

Inflation: Geldentwertung.

Insolvenz: Zahlungsunfähigkeit, die zum Konkurs führt.

Istzahlen: die tatsächlich eingetretenen Umsätze, Kosten etc.

Käuferpotential: Anzahl und Zusammensetzung möglicher Käufer.

kalkulatorische Kosten: Kosten, die nicht zu Ausgaben führen, aber dennoch in der betrieblichen Kalkulation anzusetzen sind (z. B. die unentgeltliche Arbeitsleistung der Familie).

Kapital: im Unternehmen steckende Geld- und Sachwerte.

Kaufkraft: der Teil des Einkommens, über den noch frei verfügt werden kann (vagabundierende Kaufkraft).

Kommissionsgeschäft: Einzelhändler übernimmt die Ware nur versuchsweise und bezahlt nur, was er selbst verkauft. Ware bleibt also im Eigentum des Großhändlers bzw. Produzenten, der dies als einzige Möglichkeit sieht, ins Geschäft zu kommen. Es werden nur Kommissionszettel ausgeschrieben (Lieferscheine), die Gesamtrechnung erst am Jahresende erstellt oder – aus Steuergründen – «vergessen».

Kompetenzgrenze: festgelegter Spielraum, bis zu dem ein Mensch ohne seinen Vorgesetzten entscheiden darf.

Konkurs: Pleite, amtlicher Eingriff zur Verwertung der noch vorhandenen Vermögensmasse und Gläubiger nach festgelegten Riten.

Konsument: Käufer, der für den privaten Verbrauch kauft.

Konsumentenrente: der Teil des Betrags, um den der Preis unter der Toleranzgrenze des Kunden liegt. Beispiel: Ein Kunde würde bis zu 25,– DM für eine Kosmetikbehandlung zahlen. Sie kostet jedoch nur 17,– DM. Konsumentenrente: 8,– DM.

Kontierung: Zuordnen von Geschäftsvorfällen auf Buchhaltungskonten.

Kosten: betrieblich bedingter Leistungsverzehr einer Periode.

Kostpreis: Gesamtkosten für ein Produkt, d. h. fixe und variable Kosten.

Kreditbedienung: (= Kapitaldienst) Zinszahlung und Tilgung.

Kundenpotential: Anzahl und Zusammensetzung möglicher Kunden. Abgrenzung: der Kunde entscheidet, der Käufer bezahlt. Dies kann durchaus auseinanderfallen: Kinder entscheiden, welchen Homecomputer sie wollen, die Eltern (Käufer) zahlen.

Lage: nähere Ortsbestimmung innerhalb des Standorts, z. B. Zentrumslage (geograph. bestimmt) oder Lauflage (durch Passantenfrequenz bestimmt).

Leasing: Miete, meist von Maschinen oder Kraftfahrzeugen. Kaufoption nach Ablauf des Leasing-Vertrages üblich.

Liquidität: Fähigkeit des Unternehmens, seinen Zahlungsverpflichtungen rechtzeitig nachzukommen. Auch: (Geld-)Flüssigkeit.

Marktlücke: fehlendes Angebot, das von den Konsumenten sowohl gewünscht würde als auch bezahlt werden könnte. Nicht entscheidend ist, ob dem Konsumenten die Marktlücke bewußt ist oder nicht.

Mehrwertsteuer: (= Umsatzsteuer) Steuer, die der Unternehmer beim Verkauf erhebt (15 % / 7 %).

Minderkaufmann: Unternehmen, das nach Art und Umfang keinen vollkaufmännisch eingerichteten Geschäftsbetrieb fordert.
Umsatz unter 200000 DM/Jahr im Dienstleistungsgewerbe bzw. 400000,– DM/Jahr im Industriebetrieb sind Anhaltspunkte.

Nachfrager: kann Konsument (privat) oder gewerblicher Verbraucher sein.

Obligo: Verpflichtung, etwas zu tun (z. B. Mindestabnahmeverpflichtung).

Opportunitätskosten: Kosten des entgangenen Gewinns. Nutzt man ein Ladengeschäft im eigenen Haus selbst, so entgeht einem die sonst mögliche Mieteinnahme.

 Option: Möglichkeit, etwas zu bekommen (z. B. Vorkaufsrecht).

Passiv: Haben.

Profit: in Deutschland meist vermiedener Begriff für Gewinn.

Rentabilität: Profitträchtigkeit des Unternehmens.

Rentier: kein Nutztier der Lappländer und auch kein Tippfehler, sondern ein Mensch, der von den Erträgen seines Vermögens lebt und zwar unabhängig von der Altersgrenze (sonst: Rentner!).

Revision: Kontrolleure im Großunternehmen. Ähnlich gefürchtet wie der Bundesrechnungshof im öffentlichen Dienst.

Risikofinanzierung: Kredite, die ohne besondere Sicherheiten und auf den erhofften Erfolg des Projekts hin vergeben werden. In Deutschland äußerst unterentwickelt (joint venture capital), weshalb darauf kaum ein Anfänger hoffen darf.

Rohstoffe: zur Verarbeitung bestimmte Stoffe, die Hauptbestandteile der Ware werden (z. B. Holz für Möbel).

Routinekauf: Kauf, der gewohnheitsmäßig und ohne großes Nachdenken getätigt wird.

Signet: charakteristisches graphisches Zeichen des eigenen Unternehmens.

Skonto: Rabatt bei vorzeitiger Zahlung.

Soll: linke Seite von Konten in der «doppelten Buchführung». Sinnvolle Erklärungsversuche des Wortes stets sinnlos.

Sollzahlen: was wir uns so an Umsatz, Kosten etc. gedacht hatten.

«Sommerloch»: steht für umsatzschwache Jahreszeiten und liegt für Badeartikel natürlich im Winter.

Standort: allgemeine Ortsbestimmung, z. B. Mainz, Südwestdeutschland, Küstenregion.

Stille Reserven: der den Buchwert übersteigende Teil des tatsächlichen Wertes. Z. B. steht ein Haus mit 50000,– DM in der Bilanz. Es hat jedoch einen Verkehrswert von 400000,– DM. Die 350000,– DM Differenz sind stille Reserven.

Strukturkrise-Entwicklung: besondere Entwicklung von bestimmten Branchen, z. B. Stahlkrise, die dort besonders stark wirkt, wo die Branche dominiert (Ruhrgebiet).

Teilmarkt: abgrenzbarer Teil unseres Gesamtmarktes.

Testmarkt: Teilmarkt, auf dem wir diverse Maßnahmen (z. B. Werbung, Preis, Gestaltung) testen.

Thesaurierung: Belassung der Gewinne in der Kapitalgesellschaft. Gegenteil: Ausschüttung.

Tilgung: Rückzahlung eines Kredits.

Umlaufvermögen: der Teil des Vermögens, der den Betrieb nur durchläuft und zum Verkauf oder Verbrauch bestimmt ist (z. B. Waren, Rohstoffe, Benzin).

Umsatz: Erlös der verkauften Produkte (in Werteinheiten gerechnet, z. B. DM).

Umschlagsgeschwindigkeit: Zeit, die vergeht, bis der Bestand des Warenlagers verkauft ist. Beispiel: 1 Mio. Warenumsatz/Jahr bei durchschnittlich 100000,– DM Lagerbestand. Warenlager schlägt also 10mal/Jahr um (Umschlagshäufigkeit). Bei 360 Tagen pro Jahr ist daher die Umschlagsgeschwindigkeit 360 : 10 = 36 Tage.

Umschuldung: ein neuer Kredit löst den alten ab.

variable Kosten: Kosten, die mit der Produktions- oder Verkaufsmenge variieren (z. B. Materialkosten, Personalkosten für eine Bedienung, die auf der Basis von Umsatzprozenten ohne garantiertes Fixum arbeitet).

Verbindlichkeiten: Geld, das man jemandem kurzfristig schuldet.

Vollkaufmann: Unternehmen, das nach Art und Umfang eines vollkaufmänn. eingerichteten Geschäftsbetriebs bedarf (siehe Minderkaufmann).

Vorlaufkosten: alle Kosten, die im Rahmen der geplanten Unternehmensgründung entstehen, jedoch vor der Gewerbeanmeldung.

Vorsteuer: Steuer, die der Unternehmer beim Einkauf zahlen muß (15 %/7,5 %).

Werbeträger: Medium, das unsere Werbung trägt, z. B. Zeitung. Handzettelverteilung, TV.

Waren: zum Verkauf bestimmte Fertigprodukte.

Zielgruppe: der Teil der Nachfrager, den wir besonders als Käufer im Auge haben und entsprechend umwerben.